Abitur und M

vorbereitung

MW01716435

Franz Eberle · Barbara Schneider-Taylor
Dorit Bosse (Hrsg.)

Abitur und Matura zwischen Hochschulvorbereitung und Berufsorientierung

Springer VS

Herausgeber
Franz Eberle
Zürich, Schweiz

Dorit Bosse
Kassel, Deutschland

Barbara Schneider-Taylor
Wien, Österreich

ISBN 978-3-658-06089-3
ISBN 978-3-658-06090-9 (eBook)
DOI 10.1007/978-3-658-06090-9

Die Deutsche Nationalbibliothek verzeichnet diese Publikation in der Deutschen Nationalbibliografie; detaillierte bibliografische Daten sind im Internet über http://dnb.d-nb.de abrufbar.

Springer VS

Springer VS ist eine Marke von Springer DE. Springer DE ist Teil der Fachverlagsgruppe Springer Science+Business Media.
www.springer-vs.de

Inhalt

Grußwort

Liebe Kolleginnen, liebe Kollegen
Meine Damen und Herren

Im Namen der Philosophischen Fakultät heiße ich Sie herzlich willkommen zu diesem bildungswissenschaftlichen Symposion, das Expertinnen und Experten aus Deutschland, Österreich und der Schweiz zusammenführt. Die Fakultätsleitung freut sich über diese trilaterale Initiative zur Förderung der internationalen Zusammenarbeit im Bereich der Schnittstelle Gymnasium – Hochschule, und ich danke dem Institut für Erziehungswissenschaft, insbesondere meinem Kollegen Franz Eberle und seinen Mitarbeitenden, für die Organisation dieses Treffens.

Die Philosophische Fakultät ist nicht nur durch die Erziehungswissenschaft und die Didaktik, sondern über eine ganze Reihe weiterer Disziplinen eng mit den das Gymnasium betreffenden Fragen befasst, trägt sie doch die Verantwortung für die wissenschaftliche Ausbildung der Lehrkräfte aller geistes- und sozialwissenschaftlichen Gymnasialfächer.

In der Schweiz ist die Verbindung zwischen Universität und Gymnasium traditionell sehr eng. Nicht wenige unserer Privatdozierenden und Titularprofessorinnen und -professoren sind an Gymnasien tätig. Die akademische Karriere in der Schweiz führt – im Bereich der Geisteswissenschaften – oft über eine kürzere oder längere Unterrichtserfahrung als Gymnasiallehrkraft, was in anderen Ländern eher unüblich ist. Ich selber unterrichtete während der Arbeit an meiner Habilitationsschrift ein halbes Pensum romanische Sprachen an einer Kantonsschule, wie hier die öffentlichen Gymnasien meist genannt werden.

Neben der Lehrtätigkeit auf beiden Stufen gibt es verschiedene Formen der institutionellen Zusammenarbeit von universitärer Hochschule und Gymnasium. So beschäftigt sich das seit einigen Jahren laufende Projekt HSGYM mit der Schnittstellenproblematik und dem Übertritt der Maturanden an die Universität. Die in diesem Rahmen abgegebenen

Empfehlungen der einzelnen Fachgruppen werden eingehend diskutiert und sind zum Teil schon umgesetzt.

Nicht wenige Dozierende der Universität stellen sich zudem regelmäßig als Expertinnen und Experten an den Maturitätsprüfungen zur Verfügung und kennen so die Leistungsanforderungen der Gymnasien aus eigener Anschauung. Die Zusammenarbeit der beiden Stufen konkretisiert sich auch in den Schulkommissionen, d.h. den Aufsichtsgremien der einzelnen Kantonsschulen, denen in der Regel auch Universitätsprofessorinnen und -professoren angehören.

Aus dieser Schnittstellenperspektive ist das Thema des Symposions ganz besonders relevant. Die Diskussion, die seit der Einführung des Bologna-Modells an den Universitäten geführt wird, nämlich ob schon der Bachelor-Abschluss zur Berufstätigkeit qualifizieren soll, scheint sich nun in ähnlicher Form auf der Stufe Matur bzw. Abitur abzuspielen. Selbstverständlich will ich den Beratungen der hier anwesenden Spezialisten nicht vorgreifen; als Universitätsdozent bin ich aber in Sorge, dass das Gymnasium, das in den letzten Jahren verschiedene Reformphasen durchlebt hat und auch eine zeitliche Verkürzung hinnehmen musste, durch etwaige zusätzliche Aufgaben oder Profilierungen überfordert werden könnte. Die Universitäten sind auf eine anspruchsvolle, wissenschaftlich fundierte Grundausbildung der zukünftigen Studierenden angewiesen. Angesichts der unterschiedlichen Profile, die an den Gymnasien bereits angeboten werden, braucht es aus meiner Sicht nicht noch mehr Spezialisierung. Vielmehr sollte der allgemein bildende Charakter des gymnasialen Unterrichts bewahrt und gestärkt werden. Nur auf dieser Grundlage ist die an der Universität notwendige Spezialisierung möglich und sinnvoll.

Nun geht das Wort aber an die Expertinnen und Experten. Ich wünsche allen Teilnehmenden ein ertragreiches Symposion, angeregte Diskussionen und einen angenehmen Aufenthalt an der Universität Zürich.

Prof. Dr. Peter Fröhlicher
Dekan der Philosophischen Fakultät
der Universität Zürich (2011-2013)

Einleitung

Das Gymnasium war ursprünglich die vorbereitende Schule der Begabtesten für ein anschließendes universitäres Studium. Die Realität hat diese Tradition längst aufgeweicht, indem erstens die Akademisierungsquote zugenommen hat, zweitens längst nicht alle Maturandinnen und Maturanden ein Studium aufnehmen und drittens andere Zugänge zur Universität geschaffen wurden. Dabei bestehen zwischen verschiedenen Ländern bezüglich Akademisierungsquote und Zugangsregelungen zu den Universitäten erhebliche Unterschiede. Muss das Gymnasium künftig explizit auch auf berufsbildende, nicht universitäre Ausbildungsgänge auf der Tertiärstufe des Bildungswesens vorbereiten? Sind in diesem Lichte Standardisierung und Kompetenzorientierung brauchbare Konzepte zur Steuerung der Inhalte gymnasialer Bildung? Welcher Stellenwert kommt heute der wissenschaftspropädeutischen Bildung zu und was beinhaltet sie? Wo und wie soll künftig die Selektion zum Zugang zu tertiären Bildungswegen erfolgen: an der abgebenden Stufe Gymnasium oder durch die aufnehmenden Bildungsgänge? Welches ist die richtige Maturitätsquote?

Die Beiträge des vorliegenden Bandes gehen auf das Symposion „Matura und Abitur zwischen Hochschulvorbereitung und Berufsorientierung" zurück, das vom 31. Januar bis 1. Februar 2013 an der Universität Zürich stattgefunden hat.[1] Nach den Vorgänger-Symposien in Wien und in Kassel wurden erneut die Schnittstelle zwischen Gymnasium und Universität unter die Lupe genommen, Antworten auf die obigen Fragen vorgelegt und diskutiert. Das dreiteilige Kooperationsprojekt der Universitäten Wien, Kassel und Zürich hatte es sich zur Aufgabe gemacht, aktuelle schulische Entwicklungen rund um Abitur und Matura aus Sicht von Pädagogik, Empirischer Bildungsforschung und Wirtschaft aufzuzeigen

1 Finanziert wurde das Symposium durch den Schweizerischen Nationalfonds und die Hochschulstiftung der Universität Zürich. Weitere Förderer waren die Credit Suisse und der Tagungsfonds der Vereinigung akademischer Mittelbau der Universität Zürich.

und kritisch zu beleuchten. Mit dem dritten Symposion in Folge wurde die Reihe nun vorläufig abgeschlossen.

Diejenigen Beiträge, die auf den im Plenum gehaltenen Vorträgen basieren, werden jeweils durch eine zusammenfassende Verschriftlichung der sich anschließenden Diskussionen komplettiert. In der als Schlusspunkt konzipierten Podiumsdiskussion wurden die zuvor gestellten Fragen nochmals aufgenommen und unter Einbezug jener Akteure der schweizerischen Bildungspolitik, der Wissenschaft und der Medien diskutiert, die sich mit der Schnittstelle Gymnasium – Universität befassen. Viele der dort angesprochenen und durchaus umstrittenen Aspekte wurden bereits in den Vorträgen und Workshops thematisiert und diskutiert.

Lucien Criblez nimmt die historische Perspektive ein und rekonstruiert die Entwicklung des Schweizer Gymnasiums seit der Konstituierung des neuhumanistischen Gymnasiums in der ersten Hälfte des 19. Jahrhunderts. Er arbeitet drei zentrale Fragen heraus, die sich im Zusammenhang mit dem Gymnasium zu verschiedenen Zeiten immer wieder stellten: die Inhaltsfrage (Soll das Gymnasium einheitlich allgemeinbildend sein oder Spezialisierungen ermöglichen?), die Niveaufrage (Sind an alle Schülerinnen und Schüler in allen Fächern dieselben Anforderungen zu stellen?) und die Mengenfrage (Braucht es mehr oder weniger Maturanden?). Insbesondere Letztere ist mit der Diskussion um die Maturitätsquote wieder sehr aktuell.

Bernd Hackl kritisiert die jüngsten Reformen des österreichischen Schulsystems, welche u.a. die Reifeprüfung im Sinne einer Zentralmatura umgestalten, und identifiziert die Konzepte „Kompetenzorientierung" und „Standardisierung" als Kern der reformerischen Gesamtstrategie. Anhand einer sorgfältigen Analyse des Kompetenz-Begriffs sowie der Art des Einsatzes von (Bildungs-)Standards weist er nach, wie problematisch die Implikationen und Auswirkungen der derzeitigen Maßnahmen sind. Er entwirft eine alternative Vorgehensweise, die dem konstatierten Reformbedarf ebenso Rechnung trägt wie einer Vorstellung von Bildung und Pädagogik, die sich an den Bedürfnissen und Möglichkeiten der Heranwachsenden orientiert.

Dorit Bosse konzentriert sich in ihrem Beitrag auf die wissenschaftspropädeutische Bildung der Abiturientinnen und Abiturienten, die eines der Hauptziele der gymnasialen Oberstufe in Deutschland darstellt. Nach einer Definition des Begriffs „Wissenschaftspropädeutik" erläutert sie anhand zweier praktischer Beispiele (dem sog. Seminarfach in Thüringen und dem sog. Projektseminar in Bayern) die Bedingungen, Erfahrungen und Lernchancen solcher innovativer Formen des forschenden Lernens und kommt zu dem Schluss, dass diese nicht zuletzt aufgrund der positiven Forschungsergebnisse fortgeführt und ausgeweitet werden sollten.

Philipp Sarasin nimmt in seinem Beitrag Stellung zu einem der umstrittensten Themen im Zusammenhang mit dem Schweizer Gymnasium: der Maturaquote. Seine These, in der Schweiz gebe es zu wenig Maturandinnen und Maturanden, untermauert er zum einen mit dem Hinweis auf neue bildungspolitische Realitäten („Wissensgesellschaft") und zum anderen, indem er Datenmaterial z.B. zur Entwicklung der Bildungsabschlüsse und zu den Erfordernissen des Arbeitsmarktes heranzieht. Er plädiert für eine möglichst hohe Matura- und Akademikerquote, um allen Jugendlichen eine hohe Bildung zukommen zu lassen und das Innovations- und Kreativitätspotenzial der heranwachsenden Generation auszuschöpfen.

Günter Trost stellt in seinem Beitrag – vor dem Hintergrund seiner langjährigen berufspraktischen Erfahrung mit Zulassungstests – zehn Thesen auf, die um die Funktion und Ausgestaltung von Studierfähigkeitstests kreisen. Thematisiert werden u.a. die Prognosefähigkeit solcher Tests, ihre Akzeptanz bei den Personen, die sie durchlaufen (müssen) sowie die Aussagekraft von Persönlichkeitstests. Schlussfolgernd wird auf die Bedeutung der allgemeinen Zugangsberechtigung zum Studium durch das Abitur bzw. die Matura verwiesen, die sich gut ergänzen lässt mit der Orientierungs- und Prognosefunktion, die ein studienspezifischer Test bietet.

Maren Oepke und Franz Eberle fokussieren das Thema Studierfähigkeit, indem sie untersuchen, nach welchen Kriterien sich Maturandinnen und Maturanden, die trotz gleicher Qualifikation (Matura) über sehr unterschiedliche fachliche Kompetenzen verfügen, für ein bestimmtes Studienfach entscheiden. Im Ergebnis zeigt die von ihnen vorgestellte Längsschnittstudie, die sich über sechs Jahre erstreckte und gut 1.000 Maturanden bzw. Studierende aus der Deutschschweiz erfasste, einen für die meisten Maturandinnen und Maturanden gut gelingenden Übergang in die Tertiärstufe; es lassen sich jedoch einige beunruhigende Tendenzen sowie Handlungsbedarf an der Schnittstelle ausmachen.

Stephan Schumann und Franz Eberle stellen mit ausgewählten empirischen Ergebnissen der Studie OEKOMA erstmals für die Deutschschweiz vergleichende, repräsentative Ergebnisse (N = 2.328) zum Kenntnisstand von Lernenden am Ende des Gymnasiums und der Berufsmaturitätsschule in den Bereichen Wirtschaft, Mathematik und Deutsch sowie zu deren kognitiven Grundfähigkeiten vor. Nebst einem Defizit an wirtschaftlichem Wissen bei gymnasialen Maturandinnen und Maturanden, die nur die obligatorische „Einführung in Wirtschaft und Recht" besucht haben, weisen sie für Berufsmaturandinnen und -maturanden geringeres Wissen und Können in Mathematik und Erstsprache sowie tiefere allgemeine kognitive Fähigkeiten nach. Dieses letzte Ergebnis verknüpfen sie auch mit der Diskussion um die „richtige" gymnasiale Maturitätsquote.

Christel Brüggenbrock wirft einen Blick über die Grenzen der Schweiz und fragt nach der Art des Hochschulzugangs in anderen europäischen Ländern. Trotz wichtiger systembedingter Unterschiede lassen sich in vielen Bildungssystemen der EU ähnliche Strukturen und Übergangsmöglichkeiten nachzeichnen. Vielerorts ist eine Tendenz zu verstärkter Standardisierung zu beobachten, die zu zentral angelegten oder gesteuerten Prüfungen am Ende der Sekundarstufe II führen. Die Ausnahme bildet hier die Schweiz, welche als einziges Land noch eine allgemeine Hochschulreife im eigentlichen Sinne kennt.

Marko Neumanns Beitrag gibt einen Überblick der jüngsten Veränderungen der Oberstufe und des Abiturs in Deutschland. Thematisiert werden dabei ebenso die Abiturientenquote wie die umstrittene Umstellung auf G8, die inhaltliche Konzentration auf die sog. Kernfächer und die zunehmende – bundeslandübergreifende – Standardisierung und Vereinheitlichung der Anforderungen. Als eine der großen künftigen

Herausforderungen betrachtet er die Schaffung ausreichender Freiräume und Lerngelegenheiten, um die Schülerinnen und Schüler individuell zu fördern und ihre studienrelevanten, wissenschaftspropädeutischen Kompetenzen auszubilden.

Danken möchten wir zunächst Birgit Hartog-Keisker und ihren zahlreichen Helferinnen und Helfern für die mustergültige Organisation und Betreuung der Tagung. Sie hat sich zudem um die Zusammenstellung des Tagungsbandes gekümmert, bevor sie in Mutterschutz gegangen und diese Aufgabe an Christel Brüggenbrock übergeben hat. Letzterer gebührt deshalb der nicht mindere Dank für das Lektorat und die Zusammenstellung des Druckmanuskripts, das sie mit hoher Sachkompetenz, grosser Sorgfalt und viel Geduld in die vorliegende Endfassung gebracht hat.

Zürich/Wien/Kassel, im März 2014

Franz Eberle, Barbara Schneider-Taylor und Dorit Bosse

Das Schweizer Gymnasium: ein historischer Blick auf Ziele und Wirklichkeit

Lucien Criblez

Die gymnasiale Maturitätsquote in der Schweiz war in den letzten beiden Jahren verschiedentlich Gegenstand der Medienaufmerksamkeit. Die öffentliche Debatte ist vom Zürcher Historiker Philipp Sarasin (Sarasin, 2011) initiiert worden, der forderte, die Maturitätsquote müsse erhöht werden, unter anderem weil die Schweiz und ihre Wirtschaft auf mehr gut qualifizierte Fachkräfte angewiesen seien. Die Bildungsfeindlichkeit müsse überwunden werden. Andere[1] sehen in der steigenden Maturitätsquote eine Bedrohung des dualen Berufsbildungssystems. Durch die Erhöhung der gymnasialen Maturitätsquote gingen der Berufsbildung die schulleistungsstarken Jugendlichen verloren. Mitunter wird auch utilitaristisch argumentiert: Die hohe gymnasiale Maturitätsquote führe zu (zu) vielen Studierenden in den eigentlich „nutzlosen" Geistes- und Sozialwissenschaften[2].

Diese Debatte um den quantitativen Anteil des Gymnasiums ist letztlich eine *normative,* keine wissenschaftliche Debatte. Eine zeitlos und kontextfrei „richtige" gymnasiale Maturitätsquote kann es nicht geben, nur eine einigermaßen rational begründbare und adäquate im Hinblick auf die *Funktion* des Gymnasiums im Gesamtkontext des Bildungssystems. Allerdings definiert der jeweilige Anteil an einem Schülerjahrgang zumindest teilweise die Funktion und den Charakter der Schulform mit: Die High School hat eine andere Funktion im amerikanischen Bildungssystem als das Gymnasium im schweizerischen. Das Gymnasi-

---

1 Etwa der „Bildungsminister" Johann Schneider-Ammann (NZZ am Sonntag vom 28.10.2012), der ehemalige Preisüberwacher und Apologet des dualen Berufsbildungssystems Rudolf Strahm (Tages-Anzeiger vom 04.12.2012) oder der Volkswirtschaftler Mathias Binswanger (NZZ 23 vom 29.01.2013).

2 Eine vollkommen andere Bewertung hat kürzlich Martha C. Nussbaum in ihrem Buch mit dem bezeichnenden Titel „Not for Profit" vorgenommen. Sie zeigte auf, dass die Demokratie auf die Geisteswissenschaften („humanities") angewiesen ist (Nussbaum, 2010).

um, das in der Schweiz noch Mitte des 20. Jahrhunderts nur von zwei bis drei Prozent eines Schülerjahrgangs besucht wurde, war eine andere Schule als das heutige Gymnasium mit durchschnittlich 20 Prozent eines Schülerjahrgangs (Criblez, 2003). Die Funktion des Gymnasiums im Bildungssystem entscheidet sich aber nicht allein am Gymnasium selbst, sondern auch an seinem Verhältnis zu anderen Teilen des Systems: horizontal am Verhältnis zu anderen Schulformen der Sekundarstufe II (Berufslehre/-maturität, Fachmittelschule/-maturität) und vertikal am Verhältnis einerseits zur Sekundarstufe I (im Falle des gebrochenen Bildungswegs) bzw. zur Primarschule (im Falle des Langgymnasiums), andererseits zu den Hochschulen. Diese vertikalen Beziehungen sind unter den Titeln „Zulassung" und „Studienberechtigung" immer wieder Gegenstand öffentlicher Diskussionen gewesen.

Dass die Debatte nur über *einen einzigen* der Eckwerte, welche die Funktion des Gymnasiums definieren, nämlich über die Maturitätsquote, geführt wurde und wird, ist zumindest irritierend; andere Eckwerte und andere Schulformen der Sekundarstufe II kommen in der Diskussion kaum vor. Der folgenden Chronologie vorgreifend sollen deshalb einleitend einige Differenzierungen vorweggenommen werden.

Am Beispiel der Kantone des Bildungsraums Nordwestschweiz (Aargau, Basel-Landschaft, Basel-Stadt, Solothurn) wurde im „Bildungsbericht Nordwestschweiz 2012" (Criblez, Imlig & Montanaro, 2012) unter anderem auf die sehr unterschiedlichen Maturitätsquoten[3] der vier Kantone der Nordwestschweiz hingewiesen und dabei auch zwischen den Geschlechtern unterschieden.

---

3 Berechnungsgrundlage für die Maturitätsquote: Verhältnis der Anzahl Maturitäten zur entsprechenden Alterskohorte der ständigen Wohnbevölkerung am Jahresende (gymnasiale Maturität: 19-Jährige; Berufsmaturität: 21-Jährige; Fachmaturität: 20-Jährige). Die Summenbildung der drei Maturitätsquoten führt zu geringfügigen Verzerrungen, weil sich die drei Maturitätsquoten auf je unterschiedliche Grundgesamtheiten beziehen und weil Doppelabschlüsse möglich sind.

	AG	BL	BS	SO	BRNW	CH
Gymnasiale Maturität	15.3% (11.4/19.4)	19.6% (16.8/22.6)	28.7% (24.8/32.8)	14.6% (11.1/18.2)	17.5% (13.9/21.3)	19.8% (16.4/23.4)
Berufs-maturität	13.1% (14.1/12.0)	13.4% (15.9/10.9)	7.6% (8.6/6.7)	10.9% (12.5/9.3)	12.0% (13.5/10.6)	12.8% (13.5/12.0)
Fach-maturität	1.6% (0.2/3.1)	5.8% (1.9/9.8)	6.0% (3.4/8.4)	1.9% (0.6/3.3)	3.0% (1.0/5.1)	1.5% (0.5/2.5)
Alle Maturitäten	30.0% (25.7/34.4)	38.8% (34.6/43.3)	42.3% (36.8/47.9)	27.4% (24.2/30.8)	32.5% (28.4/36.9)	34.1% (30.4/37.9)

Tabelle 1: Maturitätsquoten in den Kantonen Aargau, Basel-Landschaft, Basel-Stadt und Solothurn, im Bildungsraum Nordwestschweiz und in der gesamten Schweiz, 2010, nach Wohnkanton; in Klammern: männlich/weiblich in Prozent (Daten: BfS, 2011, 2012; detaillierte Darstellung: Criblez, Imlig & Montanaro, 2012, S. 129ff.)

Diese Tabelle lässt unterschiedliche Interpretationen zu. Im Folgenden sollen nur drei Aspekte erläutert werden: Anders als dies in der öffentlichen Debatte suggeriert wird, geht es erstens nicht um eine durchschnittliche Maturitätsquote von rund 20 Prozent, sondern von 34 Prozent, wenn alle Maturitätstypen berücksichtigt werden, also um ein Drittel der jungen Erwachsenen, die sich eine Hochschulzulassungsberechtigung erwerben. Zweitens zeigt die Tabelle sehr große Differenzen zwischen den Kantonen. Und drittens geht es um deutliche Unterschiede zwischen den Geschlechtern: Die summierten Maturitätsquoten zeigen für 2010 in der Nordwestschweiz eine sehr große Differenz zwischen den Maturae aus dem Kanton Basel-Stadt (rund 48 Prozent) und den Maturi aus dem Kanton Solothurn (rund 24 Prozent). Die Chancen einer jungen Frau in Basel, sich einen Hochschulzulassungsausweis zu erwerben, sind demzufolge doppelt so hoch wie die entsprechenden Chancen für einen jungen Mann im Kanton Solothurn. Und: Offensichtlich sind die je kantonal definierten Selektionsverfahren mit sehr unterschiedlichen Aufnahmepraxen in die drei Maturitätsschultypen verbunden.

Ein differenzierter Blick auf die Maturitäten macht einerseits auf regionale und geschlechtsspezifische Differenzen, andererseits auf Unterschiede zwischen den drei Maturitätstypen aufmerksam. Zudem wird die Aufmerksamkeit auf die Schulangebote auf der Sekundarstufe II gelenkt, also die Konstellation von Schulformen im nachobligatorischen Schulbereich, die sich über die Zeit maßgeblich verändert hat. Die Funktion des Gymnasiums und deren Veränderung ist deshalb nur vor dem Hintergrund der Gesamtkonstellation richtig zu interpretieren, dies sowohl in horizontaler Hinsicht (Verhältnis zu den anderen Schulformen der Sekundarstufe II) als auch in vertikaler (Verhältnis zu den abgebenden Schulen und zu den Hochschulen).

Unter diesen Perspektiven wird im Folgenden die Geschichte des Gymnasiums in der Schweiz in einigen wenigen, ausgewählten Aspekten rekonstruiert, wobei der Endpunkt dieser Geschichte nun teilweise bereits benannt ist.[4] Auf die lange Vorgeschichte des Gymnasiums in der Form von Lateinschulen und Collegien bis in die 1830er-Jahre wird verzichtet; die Analyse beginnt mit der Konstituierung des neuhumanistischen Gymnasiums in der ersten Hälfte des 19. Jahrhunderts. Zweitens wird am Beispiel des so genannten Berner Gymnasialstreits gezeigt, wie sich das Gymnasium von seiner neuhumanistischen Konzeption im letzten Drittel des 19. Jahrhunderts abzuwenden beginnt – ein Prozess, der sich anschließend über rund hundert Jahre hinzieht. Drittens wird auf die maßgeblichen Veränderungen des Gymnasiums während der Zeit der Bildungsexpansion in den 1960er- und 1970er-Jahren verwiesen. Abschließend werden die wichtigsten Veränderungen seit den 1990er-Jahren dargelegt.

4 Der vorliegende Text erhebt nicht den Anspruch, die Geschichte des Gymnasiums in der Schweiz darzustellen. Er kann lediglich auf einige wenige entscheidende Veränderungen hinweisen. Eine Geschichte des Gymnasiums in der Schweiz bleibt vorderhand ein Desiderat. Auch eine Geschichte der Maturität, ähnlich wie sie vor kurzem für das Abitur in Deutschland vorgelegt wurde (Bölling, 2010) fehlt. Je einen Teilüberblick über die Entwicklung der Maturitätsanerkennung geben Barth, 1919; Vonlanthen, Lattmann & Egger, 1978 sowie Meylan, 1996.

1 Die neuhumanistische Bildungskonzeption

1893 publizierte der Rektor des städtischen Gymnasiums Bern, Georg Finsler[5], im Auftrag der kurz zuvor gegründeten Eidgenössischen Maturitätskommission eine Studie mit dem Titel: „Die Lehrpläne und Maturitätsprüfungen der Gymnasien der Schweiz" (Finsler, 1893). Er legte damit – sieht man von kleineren Analysen ab, die seit den 1860er-Jahren zunächst im „Neuen Schweizerischen Museum" (1861-1866), dann in den „Jahresheften des Vereins Schweizerischer Gymnasiallehrer"(1869-1906) erschienen waren – die erste gesamtschweizerische Analyse der Schulform Gymnasium vor. Aufgrund der vergleichenden Analyse kommt er unter anderem zum Schluss:

> „Vor allem wird jeder, der mit den Verhältnissen bisher nicht näher vertraut war, über die Buntscheckigkeit des sich bietenden Bildes erstaunt sein, und mancher wird die Frage aufwerfen, ob denn von einem schweizerischen Gymnasium wirklich gesprochen werden könne. In der Tat ist die Verschiedenheit zwischen den einzelnen Schulen eine ganz bedeutende. Die Gymnasien haben nicht die gleiche Zahl von Jahreskursen, sie beginnen nicht mit demselben Altersjahr, ihre Schüler erreichen bis zur Reifeerklärung ein ganz verschiedenes Alter, die einen Schulen schließen im Frühjahr, die andern im Herbst, die einen setzen mehr Primarschuljahre voraus als die anderen. Kurz: es ist ein vollkommener Wirrwarr. Aber nicht geringer ist die Verschiedenheit der eigentlichen Lehrpläne" (Finsler, 1893, S. 257).

Dass große strukturelle und inhaltliche Differenzen beklagt werden konnten, ist auf die schweizerische Ordnung der Bildungspolitik, kon-

---

5 Georg Finsler (1852-1916) studierte klassische Philologie in Zürich, promovierte da mit einer „Kritischen Untersuchung zur Geschichte der griechischen Anthologie" und erwarb das Diplom für das höhere Lehramt; Studienaufenthalt in Berlin, anschließend Lehrer am neu gegründeten Stadtzürcher Realgymnasium und an der Zürcher Kantonsschule; 1886 Ruf als Rektor und Lehrer ans städtische Gymnasium in Bern. Finsler war Gründer der Literarischen Gesellschaft in Bern und galt als einer der führenden Schweizer Gräzisten sowie als einer der besten Kenner der Entwicklung und der Situation des Gymnasiums in der Schweiz; zur Biografie Finslers vgl. Historisches Lexikon der Schweiz, Bd. 6, S. 522; verfügbar unter http://www.hls-dhs-dss.ch/textes/d/D43436.php

kreter auf die föderalistische Ordnung des Schweizer Bildungssystems, zurückzuführen. Auch nach der Bundesstaatsgründung 1848 blieb das Bildungswesen in der Regelungskompetenz der Kantone, so dass jeder Kanton autonom und souverän seine Schulangelegenheiten – und damit auch seine Gymnasien – gebietshoheitlich regelte (Criblez, 1998). Die unterschiedlichen Entwicklungen in den Kantonen lassen sich über die bekannten Konfliktlinien[6] - reformiert versus katholisch, liberal versus konservativ oder Stadtkanton versus Landkanton - erklären. Und sicher unterschieden sich die privaten, insbesondere die konfessionell gebundenen Gymnasien von den öffentlichen Gymnasien. Diese Unterschiede gab es und es gibt sie noch, wenn auch in vermindertem Ausmaße. Sie zeigen sich zum Beispiel in den deutlich schulspezifischen Resultaten der Schweizer Gymnasiastinnen und Gymnasiasten in der TIMSS-Studie[7] der 1990er-Jahre (Ramseier et al., 1999), in den Resultaten der EVAMAR II-Studie (Eberle et al., 2008) oder natürlich auch in den einleitend erwähnten unterschiedlichen Maturitätsquoten.

Trotz dieser Differenzen: Für das 19. Jahrhundert ist allen kantonalen Entwicklungen – und davon sind die privaten Gymnasien nicht aus-

6 Linder et al. (2008, S. 14f.) nennen vier „klassische Spaltungen" bzw. „Cleavages": Laizismus versus Kirchengebundenheit, Stadt versus Land, Arbeit versus Kapital sowie Zentrum versus Peripherie. Der Stadt/Land-Gegensatz und der Zentrum/Peripherie-Gegensatz dürften für den Bildungsbereich im 19. Jahrhundert zusammenfallen; der Arbeit/Kapital-Gegensatz spielt für die Gymnasialgeschichte insofern eine Rolle, als dass das Gymnasium trotz meritokratischer Grundprinzipien immer vor allem von Jugendlichen aus bildungsnahen Bevölkerungsgruppen besucht wurde und weniger von solchen aus bildungsfernen Milieus. Der Gegensatz Laizismus/Kirchengebundenheit ist für das Gymnasium relevant, obwohl die öffentlichen Gymnasien (Kantonsschulen) im Gegensatz zu den privaten de jure in der Regel nicht einer Konfession verpflichtet waren. Die Konfession (katholisch versus reformiert) spielte aber bis in die 1960er-Jahre nicht nur bei den privaten Gymnasien, die in aller Regel konfessionell gebunden waren, eine wichtige Rolle, sondern auch bei den öffentlichen, weil die klaren konfessionellen Mehrheitsverhältnisse der meisten Kantone auch mit konfessionellen Orientierungen der öffentlichen Schulen verbunden waren. Konservativ versus liberal wird als Konfliktlinie eingeführt, weil sich die Bildungspolitik liberaler und konservativer Kantone im 19. Jahrhundert hinsichtlich des Tempos der Weiterentwicklung der Schulen wesentlich unterschied.

7 TIMSS: Third International Mathematics and Science Study (fortgesetzt durch: Trends in International Mathematics and Science Study, allerdings ohne Schweizer Beteiligung).

genommen – gemeinsam, dass sich zunächst die neuhumanistische Konzeption des Gymnasiums flächendeckend durchsetzte, die in der Schweiz anschließend die dominante Ausprägung des Gymnasiums bis in die 1970er-Jahre blieb.

Zu den Errungenschaften neuhumanistischer Gymnasial- und Universitätspolitik[8] in der ersten Hälfte des 19. Jahrhunderts gehörte, dass der semiakademische Teil der *septem artes liberales*, der vielerorts als Vorbereitungsstufe für die oberen Fakultäten (Theologie, Medizin, Jurisprudenz) als Teil der Universität, andernorts in eigenständigen Kollegien organisiert war (Vischer, 1960, S. 245ff.), zur selbstständigen Fakultät aufgewertet wurde. Diese grundlegende Strukturveränderung vollzog sich in der Schweiz im Verlauf des 19. Jahrhunderts an unterschiedlichen Orten zu unterschiedlichen Zeitpunkten. In Basel, zunächst Sitz der einzigen Universität in der Schweiz, wurden Universität und Gymnasium 1818 maßgeblich reformiert und auf das neuhumanistische Konzept ausgerichtet (vgl. Bonjour, 1960, S. 350ff.; Staehelin, 1960; Trümpy, 1971, S. 27ff.; Vischer, 1906, S. 27f.). Ein zentraler Teil dieser Reform war die Gleichstellung der Philosophischen Fakultät mit den drei „Berufs"fakultäten und die Delegation des wissenschaftspropädeutischen Unterrichts an die oberen Klassen des Gymnasiums, in Basel als „Pädagogium" bezeichnet. Die beiden Universitäten Zürich und Bern wurden zu Beginn der 1830er-Jahre bereits mit dieser Struktur gegründet. In Genf dagegen wurden die Veränderungen erst in der zweiten Hälfte des 19. Jahrhunderts vollzogen. Auch alle französischsprachigen Kantone orientierten sich bei der Universitätsgründung bzw. bei der Umwandlung ihrer Akademien in Universitäten jedoch stark am (deutschen) neuhumanistischen Universitätsmodell.

8 Eine umfassende historische Analyse der bildungspolitischen Diskussionen um die neuhumanistische Bildungskonzeption und die entsprechenden institutionellen Folgen für Gymnasium und Universität fehlt bislang in der Schweiz; für den am Anfang des 19. Jahrhunderts einzigen Universitätsstandort Basel vgl. u.a. die Studie von Staehelin, 1960; allgemein zur neuhumanistischen Bildungskonzeption vgl. u.a. Ash, 1999; zu den „Grundschriften" der neuhumanistischen Universitätskonzeption vgl. Anrich, 1956.

Das Gymnasium wurde dadurch zur *propädeutischen Institution der Universität*. Vorerst blieb der Kontakt zwischen Universität und Gymnasium allerdings eng; als Beispiel dafür lässt sich anfügen, dass in Basel, Bern und Zürich die Universitätsprofessoren zunächst noch am Gymnasium zu unterrichten hatten. Erst in der zweiten Hälfte des 19. Jahrhunderts wurde die personelle Trennung zwischen Universität und Gymnasium vollständig vollzogen. Die Funktion des Gymnasiums blieb aber eng auf die Universität ausgerichtet. So heißt es zum Beispiel im Zürcher Unterrichtsgesetz von 1859, das mehr als 100 Jahre gültig blieb:

> „Der Zweck des Gymnasiums ist, vorzugsweise durch das Mittel der altklassischen Studien, den Grund zur wissenschaftlichen Ausbildung der Schüler zu legen, insbesondere ihnen die für den Besuch der Hochschule nothwendigen Vorkenntnisse zu verschaffen" (Unterrichtsgesetz ZH, 1859, § 166).

Die Funktion des Gymnasiums war wissenschaftliche Propädeutik, das Mittel zum Zweck waren die altklassischen Studien.

Die Legitimation des Gymnasiums als propädeutische Institution der *Philosophischen* Fakultät war in der gemeinsamen Tradition begründet. Wie aber sollte das Gymnasium neuhumanistischer Konzeption auch für die Berufsfakultäten vorbereiten? Die Neuhumanisten bedienten sich dafür zweier Konstruktionen, die über viele Jahrzehnte immer wieder bemüht wurden:

Erstens wurde dem Konzept der beruflichen oder utilitären, also auf Nützlichkeit ausgerichteten Bildung, ein Konzept *zweckfreier Bildung* entgegengesetzt. Wahre Bildung, die nicht einfach den „Tiermenschen" zur „Bestialität" erzieht, wie es der Neuhumanist und Aargauer Kantonsschulrektor Ernst August Evers[9] in seiner Schrift „Über die Schul-

9 Ernst August Evers (1779-1823) studierte klassische Philologie in Hannover, Halle und Göttingen; Schüler des Neuhumanisten Friedrich August Wolf; Evers war Lehrer am Pädagogium in Halle, 1804-1817 Rektor des Gymnasiums bzw. der Kantonsschule Aargau; ab 1817 Inspektor und Professor an der Ritterakademie St. Michaelis in Lüneburg; vgl. Historisches Lexikon der Schweiz, Bd. 4, S. 350; verfügbar unter: http://www.hls-dhs-dss.ch/textes/d/D28146.php

bildung zur Bestialität" 1807 formulierte (Evers, 1807/2002), sondern Vernunft, Freiheit, sittliche Vollkommenheit, Wahrheit und Schönheit ausbildet, also alle Eigenschaften, die den Menschen vom Tier unterscheiden, kann sich nicht an kurzfristigem Genuss, an Eitelkeit, an einem beruflichen oder gar einem pekuniären Zweck orientieren. Zweckfreie Bildung zielt auf die Formung der ästhetisch und ethisch hervorragenden Persönlichkeit. Als solche bereitet sie auf *alle* Studiengänge an der Universität vor.

Auch nach Rudolf Hanhart[10], einem der wichtigen Vertreter des neuhumanistischen Bildungskonzepts in der Schweiz (Hanhart, 1825, 1830), sollte Bildung nicht einfach nützlich sein, sondern zum allgemein Menschlichen hinführen, was sie nur als *formale Bildung* vermöge. Die Schule müsse Denkschule, nicht bloße Kenntnisschule sein (Hanhart, 1827, S. 2ff.). Hanhart verstand die sprachliche Bildung als Kern der formalen Bildung. In dieser Überzeugung folgte er seinem Lehrer Friedrich August Wolf, einem der Begründer des Neuhumanismus (Hanhart, 1825). Der wissenschaftspropädeutische Charakter des fachlich sehr spezifischen neuhumanistischen Bildungskonzepts konnte also zweitens auch für die Berufsfakultäten behauptet werden, weil der neuhumanistische Fächerkanon mit einer Generalisierungs- und Transferhypothese verbunden wurde: Inhaltlich richtete sich das neuhumanistische Gymnasium zwar einseitig an der Sprache und Kultur der Antike und der deutschen Klassik (in der man zumindest teilweise die Wiederaufnahme antiker ästhetischer Ideale sah) aus. Diese Fächer sollten jedoch nicht nur material bilden, sondern auch *formal*: Die am Stoff der klassischen Antike und der deutschen Klassik erworbenen kognitiven, ethischen und ästhetischen Fähigkeiten sollten die Jugendlichen so bilden, dass sie auf

10 Rudolf Hanhart (1760-1856) studierte Theologie und Altphilologie bei Friedrich August Wolf in Göttingen; Promotion und Ordination 1800; nach längerer Tätigkeit als Pfarrhelfer und Lehrer in Diessenhofen (Kanton Thurgau) wurde er 1817 als Rektor des Gymnasiums nach Basel berufen; 1822-1830 war Hanhart auch außerordentlicher Professor für Philosophie und Pädagogik an der Universität Basel; 1831 Rückzug auf eine Pfarrerstelle in Gachnang (Thurgau); vgl. Historisches Lexikon der Schweiz, Bd. 6, S. 104; verfügbar unter:http://www.hls-dhs-dss.ch/textes/d/D28151.php

alle andern Gegenstände übertragen werden konnten. Diesen Transfer ermöglichte aber nur ein bestimmtes, eben das neuhumanistische Bildungsprogramm. Es musste deshalb jeder ‚wahren' Bildung zugrunde liegen.

Dagegen wurde allerdings schon früh Widerspruch erhoben. Bereits bei der Basler Reform 1818 war ein heftiger Streit zwischen den Neuhumanisten und den Apologeten naturwissenschaftlicher Bildung ausgetragen worden (Staehelin, 1960). Diese Kritik brach nicht mehr ab – auch wenn der Konflikt zwischen neuhumanistischer und realistischer Bildung in der Schweiz nie so heftig geführt worden ist wie in Deutschland. Bernhard Studer[11] fasste den Konflikt bei der Eröffnung der 1829 gegründeten Berner Realschule so zusammen: Die neuhumanistische Bildungskonzeption greife „das Princip der Realbildung selbst an und muss es für einen unverzeihlichen Verrath an der Jugend erklären", weil sie davon ausgehe, „dass die Erlernung der alten Sprachen der einzige Weg zu allgemeinerer und höherer Geistesbildung überhaupt sei, dass eine weite, nie auszufüllende Kluft die Philologen und durch Philologie Gebildeten von der übrigen Menschheit trenne, und alle Fortschritte wahrer Cultur an die Alleinherrschaft der klassischen Sprachen in den Schulen nothwendig gebunden sei" (Studer, 1829, S. 23f.).

11 Bernhard Studer (1794-1887) studierte Theologie in Bern sowie Mineralogie, Chemie und Astronomie in Göttingen, Freiburg/Br., Berlin und Paris; 1825 wurde er außerordentlicher Professor für Mineralogie und Geografie an der Berner Akademie, 1834 für Mathematik und Naturwissenschaften an der neu gegründeten Berner Universität; 1845-1872 war er dort ordentlicher Professor für Mineralogie und Geologie, physikalische Geografie und Physik; Studer war 1829-1866 Mitglied der Realschuldirektion der Stadt Bern, 1853-1866 deren Präsident; vgl. Historisches Lexikon der Schweiz, Bd. 12; verfügbar unter: http://www.hls-dhs-dss.ch/textes/d/D28957.php

2 Neuhumanistisches und/oder realistisches Gymnasium – am Beispiel des Berner Gymnasialstreits[12]

Der Berner Erziehungsdirektor Albert Gobat[13] publizierte im Dezember 1885 Änderungsvorschläge für die Unterrichtspläne der Sekundarschulen, Progymnasien und Gymnasien des Kantons Bern (Gobat, 1885). Sie zielten auf die Reduktion der altsprachlichen Fächer und die Aufwertung der realistischen Fächer: der modernen Fremdsprachen, der Naturwissenschaften und der Geschichte. Das Revisionsprojekt geriet sehr rasch in Kritik, als deren Wortführer, der neue Rektor des städtischen Gymnasiums Bern, Georg Finsler, sich etablierte (Finsler, 1887a, 1887b). Er setzte sich vehement gegen die Relativierung der neuhumanistischen Konzeption des Gymnasiums ein.

Gobat führte in seinem Revisionsplan fünf hauptsächliche Gründe für seine Reformvorschläge an: Die hohen Stundenbelastungen würden erstens die Schülerinnen und Schüler in ihrer psychischen und physischen Gesundheit gefährden[14], eine Entlastung sei insbesondere im Progymnasium notwendig. „Die dem Kinde angeborenen Fähigkeiten" (Gobat, 1885, S. 253) sollten zweitens besser ausgenützt werden, indem

12 Für eine ausführlichere Darstellung des Berner Gymnasialstreits vgl. Criblez, 2012.

13 Albert Gobat (1843-1914), aus Tramelan, studierte in Basel, Heidelberg und Paris Rechtswissenschaften, Geschichte und Literatur; Promotion 1864 und Habilitation 1866 in Rechtswissenschaften an der Universität Basel; seit 1868 Anwalt in Delsberg. Gobat war 1882-1906 Berner Erziehungsdirektor, anschließend Direktor des Innern in der Berner Regierung; 1884-1890 zusätzlich auch Ständerat und 1890-1914 Nationalrat. Gobat war Pazifist, engagiertes Mitglied der Liga für Frieden und Freiheit und 1892-1909 auch Generalsekretär der Interparlamentarischen Union für den Frieden. Für dieses Engagement erhielt er 1902 zusammen mit Elie Ducommun den Friedensnobelpreis. Nach dem Tod Ducommuns 1906 leitete Gobat das Internationale Friedensbüro in Bern, das 1910 mit dem Friedensnobelpreis ausgezeichnet wurde; vgl. Historisches Lexikon der Schweiz, Bd. 5, S. 505f.; verfügbar unter: http://www.hls-dhs-dss.ch/textes/d/D4505.php

14 Die „Überbürdung" im Gymnasium war vor allem dadurch entstanden, dass dem neuhumanistischen Bildungsprogramm neue Anliegen (insbesondere: Fremdsprachen und Naturwissenschaften) additiv hinzugefügt wurden. Sie erreichte in den 1880er-Jahren einen ersten Höhepunkt, dauerte aber bis ins 20. Jahrhundert an und bestimmte wesentlich die „reformpädagogische" Diskussion in den Gymnasien (Criblez, 2006).

die Kinder in den lebenden Sprachen unterrichtet werden, die leichter zu erlernen seien als die alten Sprachen, aber auch in den Naturwissenschaften und in Geschichte, die für Kinder „einen unmittelbaren Reiz haben" (Gobat, 1885, S. 253). Drittens wollte Gobat den Bildungskanon neu ausrichten: Die „Verbreitung der allgemeinen Kultur" (Gobat, 1885, S. 253) könne nicht mehr einfach an die Kenntnis der alten Sprachen gebunden werden, sondern zu dieser Kultur gehörten wesentlich auch die modernen Fremdsprachen, die Naturwissenschaften und die Geschichte. Wer nicht Latein und Griechisch lernen wolle oder könne, sei durch den bisherigen Bildungskanon von der allgemeinen Kultur ausgeschlossen. Die gleichen Ziele im Unterricht der alten Sprachen seien viertens dank moderner Methoden und Lehrmittel in Zukunft in kürzerer Zeit erreichbar. Die Inhalte des Unterrichts sollten letztlich stärker auf Berufe ausgerichtet werden. Gobat begründete die Revision etwas später im Vortrag an die Berner Regierung (Gobat, 1887) auch gesellschaftspolitisch: Er bezeichnete die geltenden Regelungen als aristokratische Überreste in einem inzwischen demokratischen Staat, denn die alten Sprachen seien das Kernstück einer frühen und sozialschichtspezifischen Selektion:

> „Die Kinder aus den sogenannten besseren Ständen treten ins Progymnasium und zwar in die Litterarabtheilung ein; weniger bemittelte begnügen sich mit der Realabtheilung, die andern bleiben in der Primarschule oder werden in eine mindere Sekundarschule aufgenommen, minder, weil man da selbst keine alten Sprachen zu lernen das Glück hat. Diese Ausscheidung der Kinder vom früheren Alter (...) an, begründet Klassenhass und ist in einem Volksstaat ein schreiendes Unrecht" (Gobat, 1887, S. 11).

Die Gegner Gobats argumentierten mit dem Standardargument neuhumanistischer Bildung, mit der zweckfreien, auf Humanität ausgerichteten und an den Idealen der klassischen Sprachen und Kultur orientierten Bildung. Zudem zweifelten sie an den versprochenen Reformeffekten und wiesen darauf hin, dass die Reformen zu anderen als den erwarteten Effekten führen würden: Die Überbürdung werde nicht vermindert, sondern im Gegenteil verstärkt, die Einheit gymnasialer Bildung sei nicht mehr zu gewährleisten, die Qualität gymnasialer Bildung werde reduziert und das Gymnasium werde für Schüler geöffnet, die nicht ans Gymnasium gehörten. Ein Progymnasium ohne Latein und Griechisch sei kein Progymnasium mehr: Die höhere wissenschaftliche Bildung habe die „Kenntnis des antiken Staatslebens, der klassischen Literatur und der alten Sprachen zur nothwendigen Voraussetzung" (Lindt & Gerster, 1886a, S. 5).

Vergleicht man die Lektionentafeln vor und nach der Revision, zeigt sich, dass vor allem die Unterrichtszeit in den beiden alten Sprachen sowohl im Literar- als auch im Realgymnasium reduziert wurde. Das Realgymnasium wurde lateinlos, auch auf der progymnasialen Stufe. Die Revision beförderte damit die Typendifferenzierung des Gymnasiums in zwei Abteilungen. Die traditionelle Einheit des Gymnasiums als neuhumanistisches Gymnasium war im Kanton Bern nicht mehr aufrecht zu erhalten – eine Entwicklung, die sich nicht auf den Kanton Bern beschränkte, zeitlich aber nicht überall parallel verlief (vgl. Barth, 1919).

	Unterrichtsplan 1879		Unterrichtsplan 1889		Differenz	
	Literar	Real	Literar	Real	Literar	Real
Latein	42	18	30	-	-12	-18
Griechisch	31	-	22	-	-9	-
Deutsch	29	27,5	37	39	+8	+11,5
Französisch	31	30,5	36	38	+5	+7,5
Englisch/Italienisch	[6]	9	[9]	11	[+3]	+2
Mathematik*	38	48	37	49	-1	+1
Naturkunde**	18	30	22	28	+4	-2
Geschichte	19	14	19	19	-	+5
Geografie	10	10	12	12	+2	+2
Kunstzeichnen	17	16	16	15	-1	-1
Techn./Geometr. Zeichnen	-	12	-	10	-	-2
Schreiben	6	6	6	6	-	-
Buchhaltung	-	2	-	-	-	-2
Singen	11	10,5	10	10	-1	-0,5
Turnen	16	15	16	16	-	+1

Legende: [...] fakultativ
* Rechnen, Algebra, Geometrie; im Realgymnasium 1879 inkl. 3 Lektionen praktische und 5 Lektionen darstellende Geometrie, 1889 inkl. 4 Lektionen darstellende Geometrie
** Physik, Chemie, Naturgeschichte, 1879 inkl. 3 Lektionen Mechanik im Realymnasium

Tabelle 2: Total Lektionen der Schulfächer in den Unterrichtsplänen 1879 und 1889 des Progymnasiums und des Literar-/Real-Gymnasiums des Kantons Bern für 8 Klassen (ohne fakultative Fächer Religion und Hebräisch) (Quellen: Unterrichtsplan 1879, 1889)

Von der Revision des Unterrichtsplans profitierten auf Kosten der alten Sprachen Deutsch, die modernen Fremdsprachen, Geografie, Geschichte im Realgymnasium sowie die Naturwissenschaften im Literargymnasium. Mit Ausnahme der Entwicklungen im Bereich Deutsch, der im Reformprogramm kaum erwähnt worden war, folgte die Reform also im Wesentlichen dem angekündigten Programm. Sie führte allerdings nur im Literargymnasium zu einer bescheidenen Stundenentlastung. Die Programme der beiden Abteilungen begannen sich durch die Reform zudem anzunähern: Die sehr einseitige naturwissenschaftliche Ausrichtung der Realabteilung wurde relativiert. Die Eliminierung der alten Sprache erlaubte den Ausbau in den Bereichen Deutsch, Fremdsprachen und Geschichte. In der Literarabteilung dagegen wurde der Unterricht in Deutsch, in den modernen Fremdsprachen sowie in den Naturwissenschaften und in Geografie ausgebaut. Mit diesen Änderungen kamen das Realgymnasium der Forderung des Polytechnikums nach Verstärkung der Allgemeinbildung und das Literargymnasium der allgemeinen Forderung nach Stärkung der realistischen Fächer im Hinblick auf die gesamtschweizerische Anerkennung nach.

Die Revision im Kanton Bern war – wie ähnliche Reformen in anderen Kantonen – aber nicht nur den in Gobats Revisionsplänen genannten Gründen geschuldet: Die Zulassung zum Polytechnikum und die gesamtschweizerische Maturitätsanerkennung spielten in den 1880er-Jahren insofern eine bedeutende Rolle, als sich eine neue Gymnasial-„policy" zu etablieren begann.

1881 erhöhte das 1855 gegründete Eidgenössische Polytechnikum in Zürich das Eintrittsalter vom 17. auf das 18. Altersjahr, reduzierte die Anforderungen im mathematisch-naturwissenschaftlichen Bereich und erhöhte diejenigen in Sprache und Geschichte (Barth, 1919, S. 20ff.). Mit diesen Änderungen verfolgte der Schulrat des Polytechnikums eine neue Politik: Die Aufnahmeregelungen sollten von der Überprüfung fachspezifischer Voraussetzungen in Richtung einer breiten Allgemeinbildung und Wissenschaftspropädeutik – also hin zu einer Maturität – verlagert werden (Oechsli, 1905, S. 93f.). Mit dem Argument der neuen Aufnahmebedingungen setzte der Schulrat im Herbst 1883 alle Verträge außer Kraft, mit denen die Abgangszeugnisse der Real- und Industrieschulen als Zulassungsausweise zum Polytechnikum anerkannt worden waren (Barth, 1919, S. 21ff.). Die Real- und Industrieschulen gerieten dadurch unter Druck, sich auf die neuen Aufnahmebedingungen einzustellen: Die Unterrichtszeit bis zur Matur wurde verlängert und die Programme wurden stärker auf allgemeine statt auf technische und naturwissenschaftliche Propädeutik ausgerichtet – eine Entwicklung, die am Beispiel des Kantons Bern sehr schön zu zeigen ist.

Etwa zeitlich parallel zu dieser Entwicklung am Polytechnikum führte der Bund auch Normen für die Maturität ein, die in Zukunft für die eidgenössische Anerkennung kantonaler Maturitätszeugnisse gelten sollten. Mit der Revision der Bundesverfassung 1874 hatte der Bund die Kompetenz erhalten, kantonale Fähigkeitsausweise zur Ausübung wissenschaftlicher Berufsarten per Bundesgesetz für die ganze Schweiz als gültig zu erklären[15] (für einen Überblick vgl. Fischer, 1927). Die Freizügigkeit für das Medizinalpersonal war von verschiedenen Kantonen bereits 1867 durch ein Konkordat geregelt worden (Konkordat, 1867). 1877 erließ der Bund aufgrund seiner neuen Regelungskompetenz nun aber ein entsprechendes Bundesgesetz (BG Freizügigkeit, 1877) und im Anhang der Verordnung für die eidgenössischen Medizinalprüfungen vom 02.07.1880[16] (Medizinalverordnung, 1880) wurden die Anforderungen an die Maturität erstmals national festgelegt. De jure galten diese Anforderungen zwar nur für diejenigen, die Medizin studieren wollten, aber de facto waren die Gymnasien darum bemüht, ihre Unterrichtsprogramme diesen Vorgaben anzupassen. Deshalb hatten die Mediziner während Jahrzehnten sehr großen Einfluss auf die Maturitätsprogramme (Fischer, 1927). Der Streit um die Medizinalmaturität war denn wesentlich auch ein Streit um die Anerkennungsbedingungen und um die inhaltliche Konzeption des Gymnasiums (Vischer, 1960), insbesondere um die Gewichtung der altsprachlichen und der realistischen Fächer. Da die Gymnasien sowohl die seit 1880 formalisierte eidgenössische Anerkennung ihrer Maturitätsausweise als auch die Zulassungsberechtigung

15 „Den Kantonen bleibt es anheimgestellt, die Ausübung der wissenschaftlichen Berufsarten von einem Ausweise der Befähigung abhängig zu machen. Auf dem Wege der Bundesgesetzgebung ist dafür zu sorgen, dass derartige Ausweise für die ganze Eidgenossenschaft gültig erworben werden können" (BV, 1874, Art. 33).

16 „Um den Zutritt zur propädeutischen Prüfung zu erlangen, hat der Kandidat folgende Nachweise beizubringen: a. über vollständig und befriedigend absolvierte Gymnasialstudien durch ein als Ergebnis einer Prüfung ausgestelltes Abgangs- resp. Reifezeugnis (vgl. die Bestimmungen des Maturitätsprogramms für Mediziner im Anhang)" (Medizinalverordnung, 1880, Art. 10).

zum Polytechnikum anstrebten, passten die Real- und Industrieschulen ihre Programme in Richtung neuhumanistisches Gymnasium und die neuhumanistischen Gymnasien ihre Programme in Richtung realistischer Fächer an.

Um das integrale neuhumanistische Bildungsprogramm zumindest für einen Teil des Gymnasiums erhalten zu können, schlug Georg Finsler 1893 vor, nicht nur die neuhumanistische Matur, sondern auch eine Realmatur als *allgemeine* Hochschulzulassung zu akzeptieren (Finsler, 1893, S. 377ff.). Mit der Revision der Maturitätsverordnung 1906 (Maturitätsverordnung, 1906) wurde jedoch lediglich eine Matur eidgenössisch anerkannt, in der eine moderne Fremdsprache das Griechische ersetzen konnte. Nach der Revision 1906 war aber das humanistische Programm nicht mehr das einzig mögliche gymnasiale Programm, das zur allgemeinen Hochschulreife führte. Die Einheitsmatur war dadurch für das 20. Jahrhundert abgeschafft. Aber der Aufstieg der naturwissenschaftlichen Fächer in der zweiten Hälfte des 19. Jahrhunderts wurde erst 1925 entsprechend eidgenössisch anerkannt, als auf der Grundlage der Vorschläge des Basler Rektors Albert Barth (Barth, 1919) auch die Matur mit realistischem Schwerpunkt ohne Latein die eidgenössische Anerkennung erhielt. Damit waren drei Maturitätstypen anerkannt: Typus A mit Latein und Griechisch, Typus B mit Latein und einer modernen Fremdsprache sowie Typus C mit einem Schwerpunkt in den mathematisch-naturwissenschaftlichen Fächern (MAV, 1925).

Zwei Entwicklungen im letzten Drittel des 19. und am Anfang des 20. Jahrhunderts sind nachzutragen: Obwohl die Schweiz und insbesondere Zürich zu den Pionieren des Frauenstudiums an den Universitäten gehörte[17], war die Öffnung der Gymnasien für junge Frauen eine Leidensgeschichte. Ab den 1870er-Jahren wurden in verschiedenen Städten zwar so genannte Höhere Töchterschulen gegründet; sie erlaubten den

17 1865: erste russische Studentinnen (Maria Knjaschnina und Nadeschda Suslowa) an der Universität Zürich, die nicht nur als Hörerinnen eingeschrieben waren, sondern einen Studienabschluss anstrebten; 1867: Abschluss Suslowas mit einem Doktorat in Medizin (vgl. Rogger & Bankowski, 2010, S. 25ff.); 1868: erste Schweizer Studentin: Marie Heim-Vögtlin (vgl. Müller, 2007).

Mädchen jedoch nur eine reduzierte gymnasiale Bildung. Erst 1890 führte zum Beispiel die Höhere Töchterschule der Stadt Zürich Latein ein, 1904 richtete sie einen vollwertigen gymnasialen Ausbildungsgang ein, der allerdings erst 1929 eidgenössisch anerkannt wurde (vgl. Hunziker, 1933, S. 275ff.). Die Mädchen setzten sich im Gymnasium erst seit der Bildungsexpansionsphase der 1960er- und 1970er-Jahre wirklich durch. Seit 1993 ist die gymnasiale Maturitätsquote in der Schweiz bei jungen Frauen höher als bei jungen Männern.

Das neuhumanistische Gymnasium erfuhr, wie gezeigt, einen Differenzierungsprozess in Richtung Literar- und Realgymnasium. Eine ähnliche Differenzierung wurde im Verlaufe des 19. Jahrhunderts in den Industrie- bzw. Realschulen notwendig: diejenige zwischen technischer und kaufmännischer Ausbildung. Während sich die technischen Abteilungen als Zubringer für das Polytechnikum allmählich zu mathematisch-naturwissenschaftlichen Gymnasien weiterentwickelten, dessen Abschluss ab 1925 auch eidgenössisch anerkannt werden konnte (vgl. oben), wurden die Handelsabteilungen nach dem Aufbau der Handelswissenschaften an den Universitäten zu Beginn des 20. Jahrhunderts (vgl. Burren, Honegger & Jurt, 2007) zunehmend in eine Diplom- und eine Maturitätsabteilung getrennt. Die kantonale Handelsmatur führte allerdings nicht zur allgemeinen Hochschulreife, sondern nur zur Fakultätsreife und erlaubte ein Studium in Staats- und Wirtschaftswissenschaften sowie in Jurisprudenz. Das Wirtschaftsgymnasium wurde erst in den 1950er- und 1960er-Jahren konzeptionell gefasst (Käfer, 1956; Dubs, 1968) und die Wirtschaftsmaturität erst seit 1972 eidgenössisch anerkannt.

3 Die Bildungsexpansion und das Gymnasium

„Volksschule oder Selektionsschule?" – so umschrieb der Zürcher Erziehungsrat 1964 (S. 101) die alternativen Entwicklungsperspektiven für das Gymnasium in der Schweiz in einer Zeit, in der die Bildungssysteme in fast jeder Hinsicht expandierten (Criblez, 2001, 2002). Der Nachholbedarf an wissenschaftlichem und technischem Nachwuchs sei nur aufzuholen, wenn sich „unsere Mittel- und Hochschulen in den Dienst der großen Zahl stellen und neue Wege in der Schulpolitik" beschreiten (Erziehungsrat, 1964, S. 99). Was waren die Hintergründe für diese Forderung der Zürcher Behörde?

Die Situation des Gymnasiums in der Schweiz präsentierte sich in den 1950er-Jahren, also kurz vor der Bildungsexpansion, in einigen wenigen Eckwerten kurz zusammengefasst, etwa wie folgt (vgl. Egger, 1978; Jenzer, 1998, S. 62ff.; Rieger, 2001; Criblez, 2003, S. 63ff.): Eidgenössisch waren drei Maturitätstypen anerkannt: A (mit Latein und Griechisch), B (mit Latein und einer modernen Fremdsprache) und C (mathematisch-naturwissenschaftlicher Schwerpunkt). Daneben führten die Kantone an ihren Mittelschulen die Handelsmatur mit entsprechender Fakultätsreife sowie Handelsdiplomschulen und – in Zürich – die pädagogischen Mittelschulen als Zubringer zur Lehrerbildung. Die C-Matur war den anderen Maturitätstypen im Hinblick auf den allgemeinen Hochschulzugang allerdings nicht gleichgestellt, mussten für ein Medizinstudium doch zusätzlich Lateinkenntnisse ausgewiesen werden. Ziel des Gymnasiums war Wissenschaftspropädeutik[18]. Der Weg zur Matur führte in der Regel über ein sechs- bis achtjähriges Langgymnasium, verschiedene Kantone kannten den so genannt „gebrochenen" Bildungsweg über die Sekundar- bzw. Bezirksschule, oft aber nur für den Bildungsgang mit Ziel C-Matur. Das Gymnasium umfasste etwa zwei bis drei Prozent eines Schülerjahrgangs, das Verhältnis zwischen jungen Frauen und jungen Männern betrug etwa eins zu fünf (genaue Daten fehlen). Bestimmte Gruppen Jugendlicher (Mädchen, katholische Jugendliche sowie Jugendliche vom Land und aus bildungsfernen Schichten) waren im Gymnasium stark untervertreten, obwohl die Kantone seit den 1830er-Jahren Bildungssysteme eingerichtet hatten, die grundsätzlich nur nach meritokratischen Prinzipien funktionieren sollten (vgl. Hess, Latscha & Schneider, 1966).

---

18 „Der Unterricht soll dem Schüler diejenige geistige Reife und Selbständigkeit im Denken vermitteln, die zu einem erfolgreichen akademischen Studium notwendig ist" (MAV, 1925, Art. 15).

Ende der 1950er- und Anfang der 1960er-Jahre verdichteten sich verschiedene gesellschafts- und wirtschaftspolitische Entwicklungen zur Forderung nach Öffnung des Gymnasiums und nach besserer Ausschöpfung der Begabungsreserven. Die zwei wichtigsten Motive für diese Forderung waren der Nachwuchsmangel – dieses Argument wurde vor allem von wirtschaftlicher Seite in den Vordergrund gerückt – und die gesellschaftspolitisch motivierte Diskussion um die Demokratisierung des Zugangs zur höheren Bildung und um Chancengleichheit (Hess, Latscha & Schneider, 1966). Die Zielkonvergenz beider Motive führte dazu, dass politisch breit abgestützt über weit reichende Reformen des Gymnasiums nachgedacht werden konnte.

Das Gymnasium war die einzige weiterführende Schule mit hohen kognitiven Ansprüchen im Anschluss an die obligatorische Schulzeit; seiner Öffnung kam bei der Lösung des Nachwuchsproblems deshalb eine entscheidende Bedeutung zu. Durch die Öffnung sollte aber die Qualität und Intensität der Arbeit am Gymnasium nicht sinken. Das Problem des akademischen Nachwuchses sei deshalb nur durch die Mobilisierung eines „ungenutzten ‚Reservoirs' an Nachwuchskräften" und „eine entschiedene Förderung des bildungsmässigen Aufstiegs von Personen, die bisher durch ihre gesellschaftliche oder geographische Herkunft benachteiligt worden sind", zu lösen – so die Eidgenössische Kommission für Nachwuchsfragen (1963, S. 137) in einem Bericht an den Bundesrat. Die primär ökonomisch ausgerichtete Zielsetzung der Förderung des Nachwuchses wurde also durch die gesellschaftspolitisch motivierte Zielsetzung ergänzt, die „Ungleichheit der Bildungschancen" (Hess, Latscha & Schneider, 1966) zu verringern. Der Berner Psychologieprofessor Richard Meili[19] fragte denn 1967: „Was heißt Begabung und wo finden wir Begabte in der Schweiz?" (Meili, 1967). Er

19 Richard Meili (1900-1991) studierte in Jena, Bern und Berlin Psychologie, Pädagogik und Philosophie; Promotion 1925 in Berlin, Habilitation 1931 in Genf; 1926-1943 Assistent am Institut des Sciences de l'Education in Genf, 1943-49 Berufsberater in Winterthur und Dozent an der Handelshochschule St.Gallen; ab 1949 außerordentlicher, ab 1954 ordentlicher Professor für Psychologie an der Universität Bern; vgl. Historisches Lexikon der Schweiz, Bd. 8, S. 436; verfügbar unter: http://www.hls-dhs-dss.ch/textes/d/D9040.php

machte unter anderem darauf aufmerksam, dass die Gymnasien bislang ein bestimmtes Begabungsprofil rekrutiert hätten, dass aber durchaus andere Begabungsprofile vorhanden seien. Zudem seien Begabte nicht nur in städtischen Agglomerationen zu finden.

Die hauptsächlichen bildungspolitischen Reaktionen auf die Forderung nach einer Öffnung des Gymnasiums waren deshalb einerseits die Dezentralisierung der Mittelschulstandorte und andererseits die zweimalige Revision der Maturitäts-Anerkennungsverordnung in kurzen Zeitabständen, 1968 und 1972. Insgesamt können die institutionellen Maßnahmen wie folgt zusammengefasst werden:

- Die gymnasialen Standorte wurden dezentralisiert.
- Der so genannte „gebrochene Bildungsweg" (via Sekundarschule statt Langgymnasium) fand stärkere Akzeptanz durch die Revision der Maturitäts-Anerkennungsverordnung 1968 (MAV, 1968).
- Der Maturitätstypus C wurde den Typen A und B im Hinblick auf das Studium in den Medizinalberufen durch die Maturitäts-Anerkennungsverordnung 1968 gleichgestellt (MAV, 1968).

Mit der Revision der Maturitäts-Anerkennungsverordnung 1972 (MAV, 1972) wurden zwei neue Maturitätstypen eidgenössisch anerkannt: die Maturitätstypen D (neusprachliche Fächer) und E (wirtschaftswissenschaftliche Fächer). Dadurch sollte die Rekrutierung neuer Begabungspotenziale erleichtert werden. Bildungspolitisch bestand jedoch weitgehende Einigkeit darin, dass eine allzu starke Differenzierung der Maturitätsschulen nicht sinnvoll sei, wenn das Maturitätszeugnis weiterhin als *allgemeines* Hochschulzulassungszeugnis gelten sollte. Weitergehende Begehren, etwa nach einem musischen oder einem pädagogisch-sozialwissenschaftlichen Maturitätstyp, wurden deshalb zurückgewiesen.

Zudem wurden neue, progymnasiale Standorte geschaffen. Allgemein wurden Jugendliche aus bislang untervertretenen Gruppierungen zum Besuch des Gymnasiums aufgefordert und die Erwachsenenmaturität wurde gefördert. Tabelle 3 zeigt, dass die Reformen des Gymnasiums ihre Wirkung in quantitativer Hinsicht nicht verfehlten:

	1947	1968	1983
Angebot an Ausbildungsgängen Typ A	40	48	95
Angebot an Ausbildungsgängen Typ B	41	51	111
Angebot an Ausbildungsgängen Typ C	27	33	85
Angebot an Ausbildungsgängen Typ D	--	--	52
Angebot an Ausbildungsgängen Typ E	--	--	48
$\sum$ angebotener Ausbildungsgänge	108	132	391
Anzahl anerkannter Maturitätsschulen	**50**	**57**	**129**

Tabelle 3: Typendifferenzierung und Anzahl anerkannter Maturitätsschulen in der Schweiz, 1947, 1968 und 1983 (Bähler, 1947, S. 9-11; Meylan & Ritter, 1985, S. 37-39)

Die Anzahl anerkannter Maturitätsschulen hat sich zwischen 1968 und 1983 mehr als verdoppelt (von 57 auf 129); die Anzahl der an diesen Schulen angebotenen Ausbildungsgänge hat sich verdreifacht (von 132 auf 391). Das quantitative Wachstum ist insbesondere auf die Gleichstellung des Maturitätstypus C und die Neuschaffung der Typen D und E zurückzuführen. Die Anzahl der Schülerinnen und Schüler im 10.-13. Schuljahr der schweizerischen Gymnasien verdoppelte sich zwischen 1970 und 1982 (Meylan & Ritter, 1985, S. 37). Die beiden Abbildungen zeigen am Beispiel des Kantons Zürich einerseits den exponentiellen Anstieg der Schülerzahlen seit 1960, andererseits, dass das Wachstum sowohl durch den Ausbau der bestehenden Schulen als auch durch Neugründungen erfolgte.

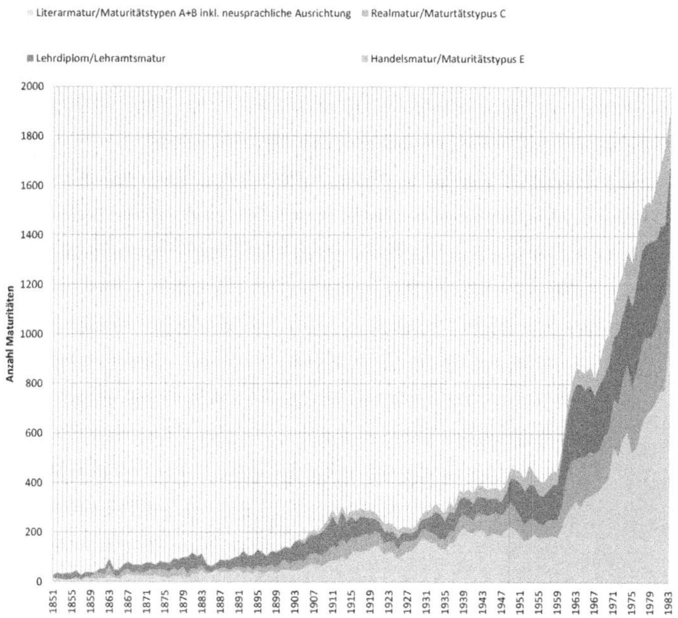

Abbildung 1: Maturitäten im Kanton Zürich nach Typen 1851-1983 (Quelle: Imhof, Delmore & Ottiger, 1984, S. 53ff.)

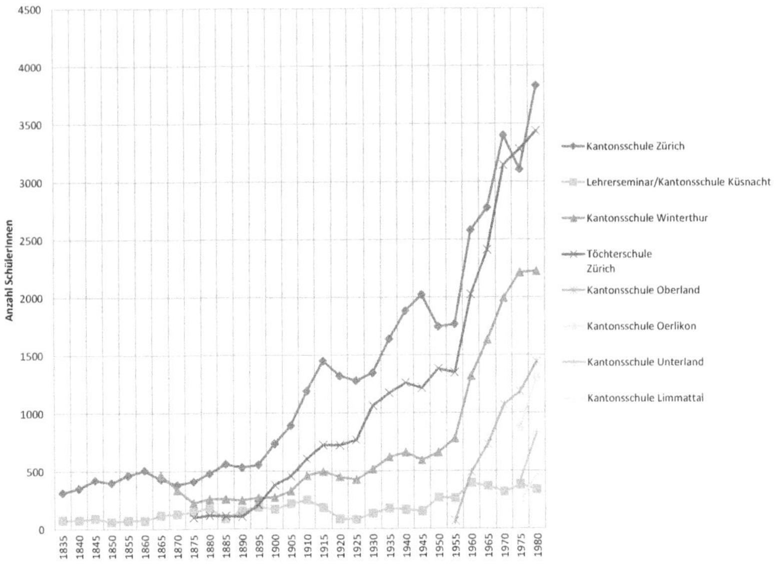

Abbildung 2: Mittelschulstandorte und Anzahl Schülerinnen und Schüler an Zürcher Mittelschulen 1835-1980; alle Mittelschultypen (Quelle: Imhof, Delmore & Ottiger, 1984, S. 24f.)

An dieser Expansion wurde allerdings schon bald starke Kritik geübt: Die steigende Maturitätsquote wurde als „Bildungsinflation im Gymnasium" interpretiert (Faerber, 1966), die zum Niveauverlust (Panchaud, 1966; Zweifel, 1967) führe. Die Gymnasien waren zudem mit neuen sozialen Gruppen konfrontiert und die Expansion führte zu großem Lehrermangel. Für die Mädchen war die Bildungsexpansion allerdings ein Erfolg: Ihre Maturitätsquote glich sich allmählich derjenigen der Knaben an.

Die Expansion des Gymnasiums entzog aber schon damals den Berufsschulen die leistungsstarken Schülerinnen und Schüler. Es stellte sich deshalb bereits in den 1960er-Jahren die Frage, ob die Öffnung des Gymnasiums eine hinreichende Maßnahme zur Reform der Sekundarstufe II sei oder ob nicht weiterreichende Reformen notwendig seien (vgl. Studienkommission für Typenfragen, 1961; Expertenkommission, 1972). Die Schweizerische Konferenz der kantonalen Erziehungsdirektoren (EDK) setzte 1970 zur Prüfung solcher Fragen eine Expertenkommission zum Studium der Mittelschule von morgen ein. Sie schlug in ihrem Bericht u.a. vor, das Gymnasium in eine Diplomstufe und eine Maturitätsstufe zu unterteilen (Expertenkommission, 1972). Dieser Vorschlag wurde jedoch nie realisiert.

1967 hatte der Basler Gymnasialrektor Lajos Nyikos (Nyikos, 1967, 1968) ein Programm für eine neue Schulform vorgestellt, die *zwischen* Gymnasium und Berufsbildung angesiedelt sein sollte, eine „Schule für mittlere Kader". Das Bedürfnis der Wirtschaft nach besser ausgebildeten Kadern sei ausgewiesen, und die traditionelle Berufsbildung genüge den Anforderungen einer „wachsenden Intellektualisierung der Berufe" (Sommerhalder, 1970, S. 19) nicht mehr. Die Berufsschulen reklamierten jedoch den neuen Schultyp für sich. Sie argumentierten, dass die technischen und wirtschaftlichen Kader nicht realitätsfern in den Gymnasien ausgebildet werden sollten. Der Konflikt wurde in einem Kompromiss aufgelöst: An den Berufsschulen wurden die Berufsmittelschulen (für Berufe in der Regelungskompetenz des Bundes), an den Gymnasien die Diplommittelschulen (zur Vorbereitung auf Berufe in kantonaler Regelungskompetenz, also auf Berufe im pädagogischen, sozialen, künstlerischen und paramedizinischen Bereich) eingerichtet. Das Gymnasium war nun nicht mehr die einzige Schulform mit erhöhten intellektuellen Ansprüchen auf der Sekundarstufe II. Nach der inneren Differenzierung waren die Mittelschulen auf dem Weg zur äußeren Differenzierung.

4 Die neusten Entwicklungen und ein kurzes Fazit

Konzeptionell blieb das Gymnasium bis 1995 (MAR, 1995) bei fünf Maturitätstypen, einem Differenzierungsgrad, der zwar die Expansion befördert, aber nicht alle Profilwünsche erfüllt hatte. Weil nicht noch mehr Maturitätstypen eingeführt werden sollten, wurden mit der Maturitätsreform 1995 nach langwierigen Vorbereitungsarbeiten (EDK, 1980;

Meylan, 1996) die Maturitätstypen abgeschafft und eine Art Einheitsmatur eingeführt. Mit der Einführung von Schwerpunkt- und Ergänzungsfächern neben zehn Grundlagenfächern sowie Wirtschaft und Recht hat man dem bereits in den 1970er-Jahren vorgebrachten Wunsch nach einer Aufwertung der musischen und der pädagogisch-sozialwissenschaftlichen Fächer (Meylan, 1996, S. 15) stattgegeben, dies nicht zuletzt auch im Kontext einer sich abzeichnenden Lehrerbildungsreform, mit der die allgemeinbildenden Unterseminare Teil der Maturitätsschulen werden sollten (Criblez, 2010). Aber unabhängig von den gewählten Schwerpunkt- und Ergänzungsfächern bleibt die gymnasiale Maturität mit einer allgemeinen Hochschulzulassungsberechtigung verbunden.

Mit der neuen Zielformulierung im Maturitätsanerkennungsreglement 1995 ist das Gymnasium seiner Tradition mehr oder weniger treu geblieben. Aber – wie eingangs erwähnt – ein Gymnasium, das 20 Prozent eines Schülerjahrgangs umfasst, ist nicht dasselbe wie eines mit zwei oder drei Prozent eines Schülerjahrgangs wie noch Mitte des 20. Jahrhunderts. Durch die „Verschulung" der Sekundarstufe II und die Einführung neuer Schulformen auf der Sekundarstufe II ist dem Gymnasium auch Konkurrenz erwachsen. Waren die Abschlüsse der Diplom- und Berufsmittelschulen in den 1970er- und 1980er-Jahren noch nicht mit einer Zugangsberechtigung zu weiterführenden Schulen verbunden, führen die Berufsmaturität und die Fachmaturität nun zu einer Hochschulzulassungsberechtigung, wenn auch nur zu einer sektoriellen im Sinne einer Fakultätsreife.

Die lange Geschichte lässt sich in drei kurzen Fazits zusammenfassen. Dabei fällt auf, dass sich einige Fragen rund ums Gymnasium in unterschiedlichen Zeitkontexten immer wieder neu stellten und sie immer wieder neu beantwortet werden mussten. Pointiert ausgedrückt wurden drei Fragen immer wieder diskutiert: die Inhaltsfrage (bzw. die Frage nach dem Umfang gymnasialer [Allgemein-]Bildung), die Niveaufrage und die Mengenfrage (bzw. die Frage der Maturitätsquoten).

Zur Inhaltsfrage: Vor 1906 war der allgemeine Hochschulzugang über ein einheitliches, aber spezifisches, nämlich das neuhumanistische Programm definiert. Die Maturitätsverordnung 1906 ließ zwar erstmals bescheidene Varianz zu. Insbesondere wegen der zunehmenden Bedeutung der realistischen Fächer galt zwischen 1925 und 1995 ein Typenkonzept: Die Maturitätstypen wurden bis 1972 auf fünf erhöht. Inhaltlich war das gymnasiale Programm nun kein Einheitsprogramm mehr, sondern ließ Varianz zu. Das Gymnasium hatte sich über die Maturitätsanerkennung damit eigentlich von einer *einheitlichen* und *gleichförmigen* Allgemeinbildung und Wissenschaftspropädeutik für alle Schülerinnen und Schüler verabschiedet. Mit der MAR-Reform 1995 kehrte das Gymnasium nun aber wieder zum Einheitsprogramm zurück, bestehend aus den zehn Grundlagenfächern sowie Wirtschaft und Recht. Konzeptionell reagierte das Gymnasium also auf die rasch zunehmenden Wissensbestände nicht mit inhaltlicher Selektion und Spezialisierung, sondern mit einem Konzept, das ein breites Fächerspektrum für alle vorschreibt. Nur so – glaubte und glaubt man – sei der *allgemeine* Hochschulzugang zu legitimieren.

Zur Niveaufrage: Fragt man, ob und wie in den unterschiedlichen Phasen das Anforderungsniveau in den Fächern differenziert worden ist, kommt man zu folgendem Resultat: Im neuhumanistischen Bildungskonzept war das Anforderungsniveau für alle Schülerinnen und Schüler in allen Fächern dasselbe, das Einheitsprogramm ließ keine fachspezifische Niveau-Differenzierung zu. Mit den Maturitätstypen, zunächst drei, dann fünf, akzeptierte man ab 1925 allerdings, dass Schülerinnen und Schüler in unterschiedlichen Maturitätstypen in bestimmten Fächern nicht dasselbe Leistungsniveau erreichten. Diese Differenzierung schien unter der Perspektive der Förderung unterschiedlicher Begabungsprofile vor allem in der Bildungsexpansionsphase durchaus funktional. Mit der Wiedereinführung eines einheitlichen Anforderungsniveaus in allen Grundlagenfächern in der Maturitätsreform 1995 ist man von einer solchen fachspezifischen Niveau-Differenzierung jedoch wieder abgerückt. Heute müssen alle Maturandinnen und Maturanden bis zur Matur in allen Grundlagenfächern dasselbe Mindest-Leistungsniveau erreichen.

Aus der spezifischen Beantwortung der Inhalts- und Niveaufrage durch die Maturitätsreform 1995 ergibt sich ein Problem, das an dieser

Stelle nur erwähnt, nicht aber näher erläutert werden kann: Das gymnasiale Maturitätszeugnis wird als *allgemeines* Hochschulzulassungszeugnis legitimiert, indem gegen die wissenschaftliche Spezialisierung und Differenzierung die Breite, die Einheitlichkeit und ein bestimmtes Mindestniveau der gymnasialen Allgemeinbildung betont wird.

Zur Mengenfrage: Die Maturitätsquote ist in der Schweiz in den letzten 20 Jahren stark angestiegen und liegt insgesamt bei rund einem Drittel der jungen Erwachsenen, die gymnasiale Maturitätsquote liegt – zurzeit einigermaßen stabil – bei rund 20 Prozent eines Schülerjahrgangs. Das Gymnasium beschult damit nicht mehr einfach die „Bestbegabten" (Räber, 1965/77, S. 128) – es hat seinen Charakter und auch seine Funktion verändert. Zur Bearbeitung des Mengenproblems hat man in der Schweiz unterschiedliche Maßnahmen etabliert, wobei keine dieser Maßnahmen vom Gymnasium selbst definiert wird, sondern vor allem von den Hochschulen. Erstens ist die Matur nicht mehr ein allgemeiner Hochschulzulassungsausweis: Berufsmatur und Fachmatur führen nicht zur allgemeinen Hochschulreife, sondern zur Fakultätsreife, für gymnasiale Maturi und Maturae ist die Zulassung zu vielen Fachhochschulstudiengängen nur mit der Zusatzleistung eines Praktikums möglich. Zweitens ist die allgemeine Hochschulzulassungsberechtigung durch den Numerus Clausus in Medizin relativiert worden: Der gymnasiale Maturitätsausweis ist damit immer noch eine notwendige, aber keine hinreichende Zulassungsvoraussetzung mehr für das Medizinstudium. Drittens haben die Hochschulen selektive Studieneingangsphasen etabliert und viertens wählen einzelne Hochschulen ihre Studierenden bereits heute aufgrund von Zulassungsprüfungen aus (praktiziert z.B. in Kunst- oder Sporthochschulen). Neben der Politik der Mengenbeschränkung lassen sich aber auch verschiedene Maßnahmen zur Mengenausweitung feststellen: etwa die Hochschulzulassung ohne Matur („sans matu"), die in Genf und Freiburg realisiert wurde, oder die Möglichkeit für Absolventinnen und Absolventen einer Berufsmatur, die sektorielle Hochschulzulassungsberechtigung mit einem allgemeinbildenden Studienjahr und entsprechenden Prüfungen zu einer allgemeinen zu erweitern (so genannte Passerelle Dubs).

Beide Entwicklungen, die (gleichzeitigen) Maßnahmen zur Mengenbeschränkung und zur Mengenerweiterung, deuten darauf hin, dass die politische Steuerungskraft der gymnasialen Maturität als allgemeiner Hochschulzulassungsausweis abgenommen hat. Carsten Quesel hat die allgemeine Hochschulreife kürzlich sogar als „Steuerungsfiktion" bezeichnet (Quesel, 2012). Den erwähnten Maßnahmen fehlt zudem die Grundlage einer explizierten und koordinierten Politik, die sowohl die Hochschulen (alle Hochschultypen) als auch die Sekundarstufe II (alle Maturitätstypen) einbezieht, denn das Gymnasium ist nicht mehr alleiniger Hochschulzubringer.

„Ist unser traditionelles Gymnasium abbruchreif, und soll an seiner Stelle eine ‚High School' schweizerischer Prägung entstehen?" (Räber 1969, S. 103). Diese Frage stellte der Einsiedler Gymnasialrektor Ludwig Räber[20] im Anschluss an eine Amerikareise der Schweizer Gymnasialrektoren 1965 (Studienkommission, 1965). Die damalige Antwort war: Die amerikanische High School sei nicht besser als unsere Gymnasien, sie sei anders (Deppeler, 1967, S. 191). Mit der Expansion, die inzwischen stattgefunden hat, ist das schweizerische Gymnasium zwar nicht Volksschule geworden, aber auch nicht einfach Selektionsschule geblieben. Das Gymnasium steht heute in Konkurrenz zur Berufsmaturität und zur Fachmaturität und ist vielleicht stärker als je zuvor aufgefordert, seinen Platz im Bildungsgefüge explizit zu definieren.

20 Ludwig Räber (1912-1976) studierte Philosophie in Leuven und Wien, 1936 Promotion; Theologiestudium in Einsiedeln, Priesterweihe 1941; Lehrer (1951-1966) und Rektor (1973-1976) an der Stiftsschule Einsiedeln; 1966-1973 Professor für Pädagogik an der Universität Freiburg/Ue.; Präsident des Vereins Schweizerischer Gymnasiallehrer (1950-1953) und Mitglied der Eidgenössischen Maturitätskommission (1963-1972); vgl. Historisches Lexikon der Schweiz, Bd. 10, S. 58; verfügbar unter: http://www.hls-dhs-dss.ch/textes/d/D9990.php

Quellen und Literatur

Anrich, E. (Hrsg.) (1960). *Die Idee der deutschen Universität. Die fünf Grundschriften aus der Zeit ihrer Neubegründung durch klassischen Idealismus und romantischen Realismus.* Darmstadt: Gentner.

Ash, G. (Hrsg.) (1999). *Mythos Humboldt. Vergangenheit und Zukunft der deutschen Universitäten.* Wien: Böhlau.

Bähler, E.L. (1947). Die Organisation des öffentlichen Schulwesens der schweizerischen Kantone. *Archiv für das schweizerische Unterrichtswesen* 33, 1-213.

Barth, A. (1919). *Die Reform der höheren Schulen.* Basel: Kober.

BfS [Bundesamt für Statistik] (2011). *Maturitäten und Übertritte an Hochschulen 2010.* Neuchâtel: BfS.

BfS (2012). *Sekundarstufe II, allgemein bildende Schulen: Bildungsabschlüsse.* Neuchâtel: BfS.

BG Freizügigkeit (1877). Bundesgesetz betreffend die Freizügigkeit des Medizinalpersonals in der schweizerischen Eidgenossenschaft vom 19.12.1877. *Bundesblatt* 57, 819-822.

Bölling, R. (2010). *Kleine Geschichte des Abiturs.* Paderborn: Schöningh.

Bonjour, E. (1960). *Die Universität Basel von den Anfängen bis zur Gegenwart.* Basel: Helbing & Lichtenhahn.

Burren, S., Honegger, C. & Jurt, P. (2007). Die Ökonomisierung des Sozialen. In C. Honegger et al. (Hrsg.), *Konkurrierende Deutungen des Sozialen* (S. 183-336). Zürich: Chronos.

BV (1874). Bundesverfassung der Schweizerischen Eidgenossenschaft vom 29.05.1874. In H. Nabholz & P. Kläui, *Quellenbuch zur Verfassungsgeschichte* (S. 326-352). Aarau: Sauerländer.

Criblez, L. (1998). 1848: Revolution, Bundesstaatsgründung und Bildungspolitik in der Schweiz. *Zeitschrift für Pädagogik* 44, 831-851.

Criblez, L. (2001). Bildungsexpansion durch Differenzierung des Bildungssystems – am Beispiel der Sekundarstufe II. *Schweizerische Zeitschrift für Bildungswissenschaften* 23(1), 95-118.

Criblez, L. (2002). Gymnasium und Berufsschule – Zur Dynamisierung des Verhältnisses durch die Bildungsexpansion seit 1950. *Traverse – Zeitschrift für Geschichte* 9(3), 29-40.

Criblez, L. (2003). Reform durch Expansion – Zum Wandel des Gymnasiums und seines Verhältnisses zur Universität seit 1960. *VSH-Bulletin* 29(4), 30-36.

Criblez, L. (2006). Gymnasiale Reformpädagogik. In Schweizerischer Lehrerverein SLV/Dachverband Schweizer Lehrerinnen und Lehrer LCH (Hrsg.), „...

im Kampfe mit dem Unverstande". 150 Jahre Schweizerische Lehrerzeitung/Bildung Schweiz (S. 41-44). Zürich LCH.

Criblez, L. (2010). Die Reform der Lehrerinnen- und Lehrerbildung in der Schweiz seit 1990: Reformprozesse, erste Bilanz und Desiderata. In H. Ambühl & W. Stadelmann (Hrsg.), *Tertiarisierung der Lehrerinnen- und Lehrerbildung. Bilanztagung I* (S. 22-58). Bern: EDK. Abgerufen von http://edudoc.ch/record/38225/files/StuB30A.pdf

Criblez, L. (2012). Der Berner Gymnasialstreit – ein bildungspolitisches „Lehrstück". In C. Aubry, M. Geiss, V. Magyar-Haas & D. Miller (Hrsg.), *Positionierungen. Zum Verhältnis von Wissenschaft, Pädagogik und Politik. Festschrift für Jürgen Oelkers* (S. 268-288). Weinheim/Basel: Beltz Juventa.

Criblez, L., Imlig, F. & Montanaro, I. (2012). *Bildungsbericht Nordwestschweiz 2012.* Aarau: Bildungsraum Nordwestschweiz. Abgerufen von http://www.bildungsraum-nw.ch/medien/dokumente-pdf/12-11-02_BiBe_BRNWCH_2012_online.pdf/at_download/file

Deppeler, R. (1967). High School und Gymnasium. Zwei Welten. *Schweizerische Zeitschrift für Nachwuchs und Ausbildung* 6, 176-191.

Dubs, R. (1968). *Das Wirtschaftsgymnasium. Ein Beitrag zu den Problemen eines neuen Mittelschultypus aus schweizerischer Sicht.* Zürich/St. Gallen: Polygraphischer Verlag.

Eberle, F. et al. (2008). *Evaluation der Maturitätsreform 1995 (EVAMAR). Schlussbericht zur Phase II.* Bern: EDK/SBF.

EDK [Schweizerische Konferenz der kantonalen Erziehungsdirektoren] (1980). *Die Reduktion der Maturitätstypen und -fächer.* Genf: CESDOC.

Egger, E. (1978). Die Reformetappen 1946 bis 1978. In A. Vonlanthen, U. P. Lattmann & E. Egger, *Maturität und Gymnasium. Ein Abriss über die Entwicklung der eidgenössischen Maturitätsordnungen und deren Auswirkungen auf das Gymnasium* (S. 101-130). Bern: Haupt

Eidg. Kommission für Nachwuchsfragen auf dem Gebiete der Geisteswissenschaften und der medizinischen Berufe sowie des Lehrerberufes auf der Mittelschulstufe (1963). *Bericht.* Bern: EDMZ.

Erziehungsrat des Kantons Zürich (1964). *Aktuelle Mittelschulfragen unter besonderer Berücksichtigung der Stellung des Maturitätstypus C.* Zürich: s.n. [Erziehungsdirektion].

Evers, E.A. (1807/2002). *Ueber die Schulbildung zur Bestialität. Ein Programm zur Eröffnung des neuen Lehrkurses in der Kantonsschule zu Aarau.* Aarau: Friedrich Jakob Bek (Nachdruck: Heidelberg: Manutius).

Expertenkommission zum Studium der Mittelschule von morgen (1972). *Mittelschule von morgen. Bericht.* Frauenfeld: Huber.

Faerber, H.R. (1966). Bildungsinflation am Gymnasium? *Schweizerische Zeitschrift für Nachwuchs und Ausbildung* 5(1), 27-31.

[Finsler, G.] (1887a). *Bemerkungen zum Reformplan der Erziehungsdirektion.* Bern: Haller.

Finsler, G. (1887b). Zur Orientierung in der Gymnasialfrage. *Berner Schulblatt* 20(15/16 vom 9./16.04.1887), 65-66/69-70.

Finsler, G. (1893). *Die Lehrpläne und Maturitätsprüfungen der Gymnasien der Schweiz.* Bern: Stämpfli.

Fischer, H. (1927). *Die Mediziner, der Bund und die schweizerischen Gymnasien. Ein Rückblick auf sieben Jahrzehnte schweizerischer Maturitätskämpfe (1848-1914).* Bern: Francke.

Gobat, A. (1885). Revision des Unterrichtsplanes für die Sekundarschulen, Progymnasien und Gymnasien des Kantons Bern. *Berner Schulblatt* 18, 253-254.

Gobat, A. (1887).*Vortrag der Erziehungs-Direktion an den Regierungsrath des Kantons Bern* [betreffend die Revision des Unterrichtsplanes für die Sekundarschulen, Progymnasien und Gymnasien des Kantons Bern] vom 10.07.1887. Biel: Albert Schüler.

Hanhart, R. (1825). *Erinnerungen an Friedrich August Wolf. Einladungsschrift zur Promotionsfeier des Pädagogiums und zur Eröffnung des Jahreskurses 1825.* Basel: Wieland.

Hanhart, R. (1827). *Lehrbuch der Volksschulkunde.* Basel: Schweighauser.

Hanhart, R. (1830). *Von der Einrichtung der höheren wissenschaftlichen Bildungsschulen nach den Anforderungen der Gegenwart.* Einladungsschrift zur Promotionsfeier des Pädagogiums und zur Eröffnung des Jahreskursus 1830. Basel: Wieland.

Hess, F, Latscha, F. & Schneider, W. (1966). *Die Ungleichheit der Bildungschancen. Soziale Schranken zur Höheren Bildung.* Olten & Freiburg/Br.: Walter.

Hunziker, F. (1933). *Die Mittelschulen in Zürich und Winterthur 1833-1933. Festschrift zur Jahrhundertfeier.* Zürich: Erziehungsdirektion.

Imhof, B., Delmore, S. & Ottiger, M. (1984). *Die Zürcher Mittelschulen 1833-1983. 150 Jahre Schulentwicklung im Spiegel der Schülerzahlen, Schulen und Schultypen.* Zürich: Erziehungsdirektion.

Jenzer, C. (1998). *Schulstrukturen als historisch-gewachsenes Produkt bildungspolitischer Vorstellungen.* Bern: Lang.

Käfer, K. (1956). *Vorschlag zur Schaffung von Gymnasien wirtschafts- und sozialwissenschaftlicher Richtung als Ziel der Reform der Maturitätsabteilungen unserer Handelsmittelschulen.* Zürich: s.n.

Konkordat (1867). Konkordat über Freizügigkeit des schweizerischen Medizinalpersonals vom 22.07./02.08.1867. *Amtliche Sammlung der Bundesgesetze und Verordnungen der schweizerischen Eidgenossenschaft, IX,*98-112.

Linder, W., Zürcher, R. & Bolliger, C. (2008). *Gespaltene Schweiz – geeinte Schweiz. Gesellschaftliche Spannungen bei den Volksabstimmungen seit 1874.* Baden: hier+jetzt.

Lindt, R. & Gerster, G. (1886). *Vorstellung der Schulkommission des städtischen Gymnasiums in Bern an den h. Regierungsrath des Kantons Bern.* Bern: s.n.

MAR (1995). Verordnung des Bundesrates/Reglement der EDK über die Anerkennung von gymnasialen Maturitätsausweisen (MAR) vom 16.01./15.02.1995. Abgerufen von http://edudoc.ch/record/38112/files/VO_MAR_d.pdf

Maturitätsverordnung (1906). Verordnung betreffend den Maturitätsausweis für die Kandidaten der medizinischen Berufsarten vom 06.07.1906. *Amtliche Sammlung der Bundesgesetze und Verordnungen der schweizerischen Eidgenossenschaft, Neue Folge XXII,* 400-415.

MAV (1925). Verordnung über die Anerkennung von Maturitätsausweisen durch den schweizerischen Bundesrat vom 20.01.1925. *Amtliche Sammlung der Bundesgesetze und Verordnungen der schweizerischen Eidgenossenschaft, Neue Folge XLI,* 25-46.

MAV (1968). Verordnung über die Anerkennung von Maturitätsausweisen (Maturitäts-Anerkennungsverordnung – MAV) vom 22.05.1968. *Amtliche Sammlung der Bundesgesetze und Verordnungen, 1968,* 693-703.

MAV (1972). Verordnung über die Anerkennung von Maturitätsausweisen. Änderung vom 18.12.1972. *Sammlung der eidgenössischen Gesetze, 1972,* 2847-2851.

Medizinalverordnung (1880). Verordnung für die eidgenössischen Medizinalprüfungen vom 02.07.1880. *Amtliche Sammlung der Bundesgesetze und Verordnungen der schweizerischen Eidgenossenschaft, Neue Folge V,* 115-151.

Meili, R. (1967). Was heißt Begabung, und wo finden wir Begabte in der Schweiz? *Schweizerische Lehrerzeitung, 112,* 759-763

Meylan, J.-P. & Ritter, V. (1985). Das schweizerische Gymnasium. Wachstum und Reformen der letzten 15 Jahre. In EDK (Hrsg.), *Materialien zur Entwicklung des Mittelschulunterrichts* (S. 28-43). Bern: EDK.

Meylan, J.-P. (1996). Die Erneuerung des Gymnasiums und die Anerkennung der Maturitäten – Stationen der Debatte 1968-1995. In EDK (Hrsg.), *Von der „Mittelschule von morgen" zur Maturitätsreform 1995* (S. 7-45). Bern: EDK.

Müller, V. E. (2007). *Marie-Heim-Vögtlin – die erste Schweizer Ärztin (1845-1916). Ein Leben zwischen Tradition und Aufbruch.* Baden: hier+jetzt.

Nussbaum, M. C. (2010). *Not for Profit. Why Democracy Needs the Humanities.* Princeton/Oxford: Princeton UP.

Nyikos, L. (1967). Eine Schule für mittlere Kader? *Gymnasium Helveticum* 22(1), 32-46.

Nyikos, L. (1968). Allgemeine Berufsmittelschule. *Schweizerische Blätter für Gewerbeunterricht* 93, 99-103.

Oechsli, W. (1905).*Geschichte der Gründung des eidg. Polytechnikums mit einer Übersicht seiner Entwicklung 1855-1905.* Frauenfeld: Huber.

Panchaud, G. (1966). Le niveau des élèves est-il en baisse? *Schweizerische Zeitschrift für Nachwuchs und Ausbildung,* 5(1), 32-36.

Quesel, C. (2012). Allgemeine Hochschulreife als Steuerungsfiktion. In A. Hoffmann-Ocon& A. Schmidtke (Hrsg.), *Reformprozesse im Bildungswesen* (S. 167-206). Wiesbaden: Springer VS.

Räber, L. (1965/1977). Die amerikanische High School und das schweizerische Gymnasium. In L. Räber, *Leitbilder einer christlichen Pädagogik* (S. 121-128). Freiburg: Universitätsverlag.

Räber, L. (1969). *Bildung und Gymnasium.* Weinheim: Beltz.

Ramseier, E. et al. (1999). *Bilanz Bildung. Eine Evaluation am Ende der Sekundarstufe II auf der Grundlage der „Third International Mathematics and Science Study".* Chur/Zürich: Rüegger.

Rieger, A. (2001). Bildungsexpansion und ungleiche Bildungspartizipation am Beispiel der Mittelschulen im Kanton Zürich, 1830 bis 1980. *Schweizerische Zeitschrift für Bildungswissenschaften* 23, 41-72.

Rogger, F. & Bankowski, M. (2010). *Ganz Europa blickt auf uns! Das schweizerische Frauenstudium und seine russischen Pionierinnen.* Baden: hier+jetzt.

Sarasin, Ph. (2011). Das Gymnasium ist kein Luxus. Konzeptfehler der schweizerischen Bildungspolitik. In: A. Pfister (Hrsg.), *Das Gymnasium im Land der Berufsbildung* (S. 27-34). Zug: Kantonsschule.

Sommerhalder, P. (1970). *Berufsbildung im Umbruch.* Zürich: Kantonales Amt für Berufsbildung.

Staehelin, A. (1960). Die Anfänge des Neuhumanismus in Basel. Ein Beitrag zur Basler Bildungsgeschichte. *Basler Stadtbuch, 1960,* 140-157.

Studer, B. (1829). Bericht über den Zweck und die innere Einrichtung der Realschule. In *Reden, gehalten bei der Eröffnung der Realschule der Stadt Bern, den 31.10.1829* (S. 19-38). Bern: Stämpfli.

Studienkommission für Typenfragen (1961). *Wege gymnasialer Bildung. Arbeitsbericht der Studienkommission für Typenfragen.* Aarau: Sauerländer.

Studienkommission der Konferenz Schweizerischer Gymnasialrektoren (1965). *Gymnasialrektoren besuchen amerikanische Schulen. Bericht über eine Studienreise durch die USA.* Aarau: Sauerländer.

Trümpy, H. (1970). Die Philosophisch-Historische Fakultät der Universität Basel. *Basler Stadtbuch, 1970,* 26-38.

Unterrichtsgesetz ZH (1856). Unterrichtsgesetz des Kantons Zürich vom 23.12.1859. *Offizielle Sammlung der seit Annahme der Verfassung vom Jahre 1831 erlassenen Gesetze, Beschlüsse und Verordnungen des Eidgenössischen Standes Zürich* 12, 243-362.

Unterrichtsplan (1879). *Unterrichtsplan für die Sekundarschulen, Progymnasien und Gymnasien des Kantons Bern.* Bern: Stämpfli.

Unterrichtsplan (1889). *Unterrichtsplan für die Sekundarschulen, Progymnasien und Gymnasien des Kantons Bern.* Bern: Stämpfli.

Vischer, E. (1960). Die Anfänge des Vereins Schweizerischer Gymnasiallehrer 1860-1880. *Gymnasium Helveticum* 14, 239-346.

Vischer, W. (1906). *Basel in der Zeit der Restauration 1814-1830. II. Die Zeit von 1815 bis 1830.* Basel: Helbing & Lichtenhahn (= 84. Neujahrsblatt der Gesellschaft zur Beförderung des Guten und Gemeinnützigen).

Vonlanthen, A., Lattmann, U.P. & Egger, E. (1978). *Maturität und Gymnasium. Ein Abriss über die Entwicklung der eidgenössischen Maturitätsordnungen und deren Auswirkungen auf das Gymnasium.* Bern: Haupt.

Zweifel, O. (1967). Massnahmen zur Mittelschulförderung. Gefahren der Qualitätseinbusse bei ansteigender Maturandenquote. *Gymnasium Helveticum* 22(2), 106-124.

Diskussion zum Vortrag

Verfasst von Esther Kaufmann und Birgit Hartog-Keisker (Universität Zürich)

Nach den Ausführungen von Lucien Criblez leitet Barbara Schneider-Taylor die Diskussion mit der Bemerkung ein, dass man bei der Beschäftigung mit dem Thema verschiedene Ebenen unterscheiden müsse. Die von Herrn Criblez geschilderten Aspekte der neuhumanistischen Bildungskonzeption, der Überbürdungsdiskussion oder des Streits der Gymnasien mit den realen Anstalten seien im Grunde europäische Probleme. Man müsse die Texte auch in ihrem Zeitgeist situieren: Neuhumanisten wie Humboldt oder auch in seinem Umkreis Goethe und Schiller waren Menschen, denen unsere Unterscheidung der zwei Kulturen noch völlig fremd gewesen sei, d.h. sie waren in den späteren so genannten Geisteswissenschaften und den Naturwissenschaften gleichermaßen beheimatet. Entsprechend würde eine solche Trennung einem Humboldt beispielsweise völlig artifiziell vorkommen. Eine Ausnahme, so Barbara Schneider-Taylor, sei der von Herrn Criblez erwähnte Friedrich August Wolf, welcher als Begründer der Altertumswissenschaft sehr in diesem Fokus gefangen gewesen sei. Es stelle sich die Frage, was da eigentlich passiere, wenn man diese hochkomplexen Konzeptionen, die in der Gesamtkultur beheimatet seien, zu institutionalisieren beginne. Es käme zu einer Stundentafel, zu Lehrplänen und dann käme es zu dieser künstlichen Trennung, die im Grunde genommen das ursprüngliche Anliegen zu überlagern beginne. Überdies glaube sie, dass man sich derzeit in den Diskussionen - auch gerade seit den 1950er und 1960er Jahren - wieder und wieder auf dieser institutionellen Ebene bewege, die im Grunde genommen Probleme thematisiere, die mit dem ursprünglichen Konzept von Bildung wenig zu tun hätten; da ginge es um Berechtigungen und Konkurrenzen von verschiedenen Schulformen und anderes.

Lucien Criblez erklärt, dass er historisch eher der Sozial- und Institutionsgeschichte mit politikhistorischem Fokus verpflichtet sei und weniger der Ideengeschichte, dass er aber die Verbindungen als sehr wichtig erachte. Das Berechtigungswesen sei tatsächlich ein Kernproblem der Institutionalisierung gewesen. Die Situation im 19. Jahrhundert dürfe man nicht in heutigen Kategorien denken. Dieses Berechtigungswesen - ein Diplom A berechtigt zur Zulassung zu einer Institution B - sei in der Schweiz erst das Ergebnis der Entwicklungen des 19. Jahrhunderts im Zusammenhang mit der eidgenössischen Maturitäts-Anerkennung. In Preussen sei dieser Institutionalisierungsprozess zeitlich früher anzusiedeln, aber hinsichtlich der Prozesse nicht grundsätzlich anders verlaufen. Im 18. und 19. Jahrhundert sei der Zugang zur Universität zunächst nicht von einem formalen Bildungsabschluss der Sekundarstufe II abhängig gewesen. Erst gegen Ende des 19. Jahrhunderts sei das Gymnasium konsequent mit einer Maturität abgeschlossen worden. Gegen diese Formalisierung des Abschlusses und des Übergangs zur Universität wehrten sich die Basler noch zu Beginn des 20. Jahrhunderts vehement. Zwischen Gymnasium und Universität habe eine sehr enge Beziehung bestanden, so Lucien Criblez, aber nicht in dem Sinne, dass der Übergang formalrechtlich sehr stark strukturiert gewesen sei. Die Frage der Berechtigung sei wahrscheinlich eine der absolut zentralen im Institutionalisierungsprozess. Lucien Criblez vertritt die These, dass die bildungspolitischen Steuerungsmöglichkeiten durch das Berechtigungswesen am Übergang von der Sekundarstufe II zur Hochschule abgenommen haben. Die Situation sei in der Schweiz heute so, dass man mit jedem Abschluss der Sekundarstufe II jeweils auch den nächst höheren noch erwerben könne; das System sei sehr durchlässig. Die einzige systematische Lücke bestehe darin, dass man mit der Fachmaturität keinen allgemeinen Hochschulzugang erwerben könne, zumindest nicht auf formalisiertem Weg. In diesem durchlässigen System würde ein Drittel der jungen Leute eine Hochschulzulassungsberechtigung erwerben. Aber nicht alle realisierten diese Berechtigung: Es gebe insbesondere eine große Anzahl junger Frauen mit kaufmännischer Berufsmaturität, welche gar nicht - oder noch nicht - in eine Fachhochschule eintrete. Es sei noch unklar, ob diese Absolventinnen in fünf oder zehn Jahren ihre Berechtigung realisieren. Insgesamt funktionierten die alten Regelungen über die Berechtigungen offensichtlich nicht mehr, da das System demokratisiert worden sei. Aber die Frage sei - und das interessiere ihn sowohl als Bildungshistoriker als auch als Analytiker von Bildungspolitik: Was tritt an die Stelle? Da sei eine funktionale Leerstelle entstanden, die nicht leer bleiben werde. Der Prorektor habe in seinen Grußworten auf ein neues Phänomen hingewiesen: die Assessmentphase im ersten Studienjahr. Damit sei man nicht mehr weit entfernt von Zulassungs- und Aufnahmeprüfungen. Aber in der Schweiz existiere keine Instanz, die sich um eine „Gesamtschau" in der Frage der Hochschulzulassung kümmere: Die einen beschäftigten sich mit der gymnasialen Maturität und mit der Fachmaturität, die anderen mit der Berufsmaturität, und die beiden Seiten würden sich medial bekämpfen und um Maturitätsquoten streiten. Es fehle eine konzeptionelle Diskussion, wie man mit dieser Berechtigungsfrage im Hinblick auf die Hochschulzulassung *insgesamt* umgehen solle. Es mangele an guten Ideen und Konzepten, etwa zur Bearbeitung des Mengenproblems, schließt Lucien Criblez seine Ausführungen.

Eine Diskussionsteilnehmerin bemerkt, dass man an den Schulen die Heterogenität der Schülerschaft und der Interessen begrüße und auch aufgreifen wolle. Natürlich ergäbe sich so eine heterogene Gruppe von Absolventen, von welchen man nicht erwarten könne, dass sie auf jedes Studium gleichermaßen gut vorbereitet seien. Und bei der Mengenfrage müsse man die Konsequenzen daraus an den Hochschulen mitziehen. Der Aspekt der Assessments an Universitäten sei überdies nicht neu. Das Ganze sei nicht nur ein quantitatives Problem, sondern man habe auch sehr viele Studiengänge mit durchaus unterschiedlichen Studienkulturen und Zielvorstellungen, und wie könne man dann erwarten, dass man diese Entscheidungsfrage völlig vorverlagern könne? Müsse man nicht positiv dazu eingestellt sein, dass es natürlich eine Phase gebe, in welcher man sich orientiere, ob ein Studium wirklich geeignet sei? Was den Steuerungsaspekt betreffe, so bestehe im Kontext der hohen Studienabbruchsquoten das Problem, dass Studiengänge angestrebt würden, die weder volkswirtschaftlich in dem Umfang gebraucht noch bildungspolitisch in dem Umfang zur Verfügung gestellt werden sollten, d.h. hier gebe es sozusagen neben einer quantitativen Anzahl von Maturanden oder Abiturienten auch die Frage, wofür interessieren sich die jungen Menschen überhaupt? Wäre es nicht sinnvoller zu sagen, man wolle möglichst vielen jungen Menschen auf viele unterschiedliche Arten hohe Bildung zukommen lassen? Man strebe auch an, sie den nächsten Schritt gehen zu lassen, aber da müsse man auch zusätzliche Orientierungshilfen bieten, wenn die Studienmöglichkeiten zunähmen. Man müsse das Interesse aufbauen und dann entsprechend zusätzlich fördern. Es gebe junge Männer, die Mathematik und Physik studiert hätten und dann sagten, sie würden nun aber irgendwas Sozialwissenschaftliches studieren wollen. Und auch umgekehrt begrüße sie das sehr, wenn junge Frauen sagten, sie hätten Englisch und Pädagogik gemacht und wollten jetzt aber Ingenieurwissenschaften studieren.

Lucien Criblez schlägt vor, eine Diskussion über die Matura oder das Abitur als notwendige und hinreichende Voraussetzung für ein Studium zu führen. Die Matura könnte in Zukunft immer weniger hinreichende Voraussetzung zum Studium sein; das sei bereits heute eine Teilrealität.

Dorit Bosse erwähnt zu dieser Thematik, dass es an den Universitäten in Deutschland und in der Schweiz Assessments in den verschiedenen Bereichen gebe oder schon immer gegeben habe, z.B. im Sport und den musischen Fächern. In Deutschland werde seit ungefähr acht oder zehn Jahren eine große Diskussion darüber geführt, ob Assessments oder Eignungsabklärungen speziell für die Lehrämter einzuführen seien. Zum Teil seien diese an einigen Universitäten schon selektiv oder auch selbstselektiv eingeführt und es gebe an einigen Universitäten Brückenkurse in Mathematik speziell für Studierende, die sich vielleicht für ein Physikstudium interessierten oder aber schon begonnen hätten. Es gebe an ihrer Universität eine so genannte Heterogenitäts-AG oder Heterogenitäts-Initiative. Heterogenität gebe es somit nicht nur an den Schulen, sondern viele Deutsche und möglicherweise auch Schweizer Universitäten versuchten, Studierende mit Migrationshintergrund speziell zu fördern, insbesondere die männlichen Studierenden mit Migrationshintergrund.

Franz Eberle ergänzt dazu, dass Brückenkurse oder Ausgleichskurse auch als Ergebnis von EVAMAR II empfohlen wurden. Man habe diese Idee allerdings nicht in die politische Diskussion aufgenommen.

Lucien Criblez sieht darin eine Maßnahme, über die man ernsthaft nachdenken müsse. Man führe zum Beispiel an der Universität Zürich seit Jahrzehnten das so genannte Kleine Latinum für die Studienfächer, die Latein als obligatorisch voraussetzten. Die Universität Zürich betreibe mit dieser „Nachqualifizierung" einen finanziell nicht ganz unerheblichen Aufwand. Grundsätzlich sollte darüber nachgedacht werden, ob Maßnahmen der Nachqualifizierung an der Universität zur Ausgleichung von Heterogenität notwendig und sinnvoll seien – oder ob nicht die Heterogenität auf der Ebene der Zulassungsausweise vermindert werden könnte und sollte.

Ein Bildungspolitiker und Gymnasiallehrer im Kanton Zürich greift zwei Stichworte auf, welche von Lucien Criblez erwähnt worden sind: Das Mengenproblem und das Steuerungsproblem. Es stelle sich die Frage, wer ein Mengenproblem habe und wo dieses Mengenproblem angesiedelt sei. Er nehme dies sehr unterschiedlich wahr. Die Wirtschaft und die Gesellschaft hätten kein Mengenproblem. Es seien die Universitäten, die Hochschulen, die allenfalls ein Mengenproblem hätten. Dazu würde er gerne eine Spezifizierung von Herrn Criblez hören. Was das Steuerungsproblem betreffe, da wolle er entschieden eine gegenteilige Position vertreten. Man habe in diesem Kanton - für andere Kantone könne er nicht sprechen - kein Steuerungsproblem. Man steuere über die Infrastruktur, die Politik steuere nicht über Quoten, aber über die Infrastruktur und die Finanzmittel, die zur Verfügung gestellt würden. Neben dieser Infrastruktur delegierten die Politik und die Verwaltung die Selektionsaufgabe an die einzelnen Schulen. Die Schulen und die Gymnasien selektionierten ausgesprochen stark, in mehreren Schritten und permanent, bis zur Matura. Und wenn man die Infrastruktur nicht ausbaue, dann werde auch das Mengenproblem nicht größer werden.

Lucien Criblez weist darauf hin, dass Philipp Sarasin in seinem an der Konferenz vorgesehenen Vortrag wohl eine andere Sicht vertreten werde. Die Steuerung des Mengenproblems erfolge zwar nach wie vor über die Selektion und die erteilten Hochschulzulassungsberechtigungen durch die Gymnasien. Aber aufgrund der Durchlässigkeit, die grundsätzlich zu begrüßen sei, würden diese traditionellen Steuerungsmöglichkeiten auch ausgehebelt. Man stelle sich nur vor, wie sich die jungen Berufsmaturandinnen und -maturanden, die ihre Hochschulzulassung bislang nicht realisiert hätten, in der nächsten Wirtschaftskrise, die hoffentlich noch in weiter Ferne liege, verhielten. Mit einem kleinen Zusatzaufwand (Passerelle Dubs) könnten sie sich eine allgemeine Hochschulzulassung erwerben. Dies zeige, so die Hypothese von Lucien Criblez, dass die alten Steuerungsinstrumente ihre Steueurngsfähigkeit zumindest teilweise eingebüßt hätten. Die Infrastruktur der Gymnasien sei zwar mengenbegrenzend, so Lucien Criblez, aber der Hochschulzugang sei heute über andere Wege möglich. Wie die Westschweizer Beispiele einer Hochschulzulassung „sans matu" sehr gut zeigten, gebe es in der Schweiz nicht nur eine Politik der Mengenbegrenzung, sondern gleichzeitig eine Politik der Mengenausweitung. Durch die Verstärkung der Durchlässigkeit im Bildungssystem und die freie Studienortwahl könne man die Entwicklungen nur mit den traditionellen Instrumenten nicht mehr steuern. Die Folgen zeigten sich in hohen Betreuungsverhältnissen, über die man seit 20 Jahren diskutiere, die sich aber nur sehr bedingt verbessert hätten – dies obwohl der Kanton Zürich in den letzten Jahren immer wieder zusätzliche Mittel von nicht geringem Umfang in die Universität investiert habe. Das Mengenproblem sei real und die traditionellen Steuerungsinstrumente seien nur noch teilweise funktional. Man müsse sich damit beschäftigen, wie man sinnvoll damit umgehen könne, ohne den Studierenden und den potenziellen Studierenden etwas zu versprechen, das dann nicht eingehalten werden könne.

Die standardisierte kompetenzorientierte Reifeprüfung. Zur Rationalität und strukturellen Dynamik der österreichischen Schulreform

Bernd Hackl

Das österreichische Schulsystem befindet sich – wie das vieler europäischer Staaten – in einem grundlegenden Umbau, der vor allem in der Zurückdrängung traditioneller pädagogischer Ansprüche und im Ausbau zentraler Kontrollmechanismen besteht. Dieser Umbau hat nun auch die Reifeprüfung erreicht. Als einschneidendste Veränderung wird allgemein die Zentralisierung der schriftlichen Klausuren betrachtet, die unter dem Titel *Einführung der Zentralmatura* in die öffentliche Diskussion Eingang gefunden hat. Sie wird an den allgemeinbildenden höheren Schulen (österreichische Gymnasien) ab dem Schuljahr 2013/14 und an den berufsbildenden höheren Schulen (Hybridform aus Berufsschule und Gymnasium) ab dem Schuljahr 2014/15 wirksam werden.

Das Reformprojekt steht im Zentrum einer heftigen Diskussion zwischen Bildungspolitik, Lehrerschaft, Elternvereinen und Schülervertretungen. Die zuständige Ministerin versichert, dass es lediglich darum ginge, vom bloßen Auswendiglernen wegzukommen und mehr Gerechtigkeit bei der Benotung zu verwirklichen. Indessen deutet die Ausdauer und Heftigkeit, mit der die Sache öffentlich verhandelt wird, darauf hin, dass es für die Beteiligten um mehr geht, als um die Reparatur einiger verbesserungswürdiger Details.

Versucht man der Reform der österreichischen Reifeprüfung auf den Grund zu gehen, so wird schnell klar, dass man sie nicht als eigenständige Maßnahme verstehen kann, sondern nur als Bestandteil einer Gesamtstrategie, für welche vor allem die Konzepte der *Kompetenzorientierung* und der *Standardisierung* von grundlegender Bedeutung sind. Schon die offizielle Bezeichnung des Projekts lautet ja „standardisierte kompetenzorientierte Reifeprüfung".

1 Das Reformkonzept: Kompetenzen, Standards und die Verabschiedung der Bildungsidee

Den konzeptuellen Ausgangspunkt der Reform bildet die *Kompetenzorientierung*. Da der Begriff der Kompetenz von seinen Proponenten in dezidierter Abgrenzung zu älteren bildungspolitischen Positionen eingeführt wurde, darf man erwarten, dass mit ihm spezifische Orientierungsgewinne verbunden sind, die die neue Sprechweise gegenüber der bis dahin eingeführten Terminologie rechtfertigen. Um diese Frage zu verfolgen, beziehe ich mich zunächst auf das trotz seiner sprachlichen Unbeholfenheit im Kontext der österreichischen Reform sicherlich mit großem Abstand am häufigsten ins Treffen geführte Literaturzitat, von dem ich daher annehme, dass es für das Selbstverständnis der Reformer eine herausragende Orientierungsfunktion hat. Es handelt sich dabei um Weinerts Definition, Kompetenzen seien zu bestimmen als „die bei Individuen verfügbaren oder durch sie erlernbaren kognitiven Fähigkeiten und Fertigkeiten, um bestimmte Probleme zu lösen, sowie die damit verbundenen motivationalen und sozialen Bereitschaften und Fähigkeiten, um die Problemlösungen in variablen Situationen erfolgreich und verantwortungsvoll nutzen zu können." (Weinert, 2001, S. 27f., u.a. zit. bei Beer & Benischek, 2011, S. 9; Laimer, 2011; Eder & Hofmann, 2012, S. 71; Ziegler, Stern & Neubauer, 2012, S. 16; weiters – identisch fehlerhaft – bei BMUKK, 2013; BIFIE, 2013a; sowie ohne Angabe des Autors, dafür sprachlich geglättet bei BIFIE, 2013b, S. 2)

Zunächst einmal beansprucht die Definition ganz offensichtlich, dass Unterricht nicht tautologisch selbstlegitimierend sein kann, dass also stets zu fragen ist, wozu das gut sein soll, was als Ergebnis des Unterrichts schlussendlich zu erwarten ist. Dies ist jedoch jedem Didaktiker seit jeher etwa als „Primat der Zielentscheidungen im Verhältnis zu allen anderen, den Unterricht konstituierenden Faktoren" (Klafki, 1991, S. 259) geläufig.

Nimmt man Weinerts Formulierung nun „beim Wort", und dazu darf man sich angesichts ihres Autors und ihrer positionsfundierenden Rezeption ermuntert fühlen, so werden Kompetenzen im ersten Schritt als *spezifische Fähigkeiten und Fertigkeiten* bestimmt, nämlich solche, wie sie bei der *Lösung von Problemen* benötigt werden. Wenn man davon absieht, dass natürlich jede Fähigkeit oder Fertigkeit zur Lösung von Problemen eingesetzt werden kann – nicht zuletzt von solchen, die im Rahmen einer schulischen Prüfung zu bewältigen sind – ist also zu vermuten, dass es um spezifische Ansprüche an die *Qualität*, die *Komplexität* oder den *Umfang* einer durch Lernen angestrebten Problemlösefähigkeit geht. Wie man sich so etwas vorstellen kann, demonstriert etwa das Bloomsche Modell aus den 50ern, welches im kognitiven Bereich bekanntlich die Stufen Wissen, Verstehen, Anwenden, Analyse, Synthese und Evaluation vorsah (vgl. Bloom u.a., 1971). Die österreichische Zentralmatura sieht dagegen einfachere Taxonomien vor, im Fach Deutsch etwa die Unterscheidung der Anforderungsbereiche „Reproduktion", „Reorganisation und Transfer" und „Reflexion und Problemlösung" (BMUKK, 2012, S. 10).

Betrachten wir den zweiten Teil der Weinertschen Definition, so sehen wir, dass der Spezifizierung der Fähigkeiten und Fertigkeiten noch eine Erweiterung hinzu gesetzt wird. Kompetenzen umfassen demnach auch „motivationale und soziale Bereitschaften und Fähigkeiten". Wenn wir hier wieder von der in sich wenig stringenten Kombination der für diesen Zusatz verwendeten vier Begriffe (etwa vom Pleonasmus einer *motivationalen Bereitschaft* oder der Frage, was unter einer *motivationalen Fähigkeit* überhaupt zu verstehen wäre) absehen, so ist offensichtlich, dass irgendwie notwendige Voraussetzungen für ein *bereitwillig aktives Durchführen* (*motivationale* Bereitschaften und Fähigkeiten) und ein *überindividuelles Koordinieren* der problemlösenden Handlungen (*soziale* Bereitschaften und Fähigkeiten) angesprochen werden.

Ferner werden die vier möglichen Begriffskombinationen noch mit der Zweckauflage versehen, den Einsatz der „Problemlösung in variablen Situationen erfolgreich und verantwortungsvoll" möglich zu machen. Wenn wir hier wieder davon absehen, dass ein *nicht* erfolgreicher Einsatz einer Problem*lösung* wohl ohnehin schwer vorstellbar ist, bleibt zuletzt noch der Zusatz „verantwortungsvoll" zu berücksichtigen. Er weist – unaufdringlich, aber ausdrücklich – auf eine ganz besondere Spezifizierung der Anforderung hin: Eine Handlung verantworten zu können impliziert, sie auf ihre Folgen abschätzen und diese mit angemessenen moralischen Reflexionskriterien (etwa den Ansprüchen einer universalistischen Diskursethik) konfrontieren zu können.

Der Großteil der Formulierung scheint also klar machen zu wollen, dass ein *bestimmtes Niveau* an Fähigkeiten, Fertigkeiten und/oder Bereitschaften angestrebt wird[1]. Im Sinne der Bloomschen Taxonomie wären dies eindeutig die höchsten Stufen (Synthese, Evaluation), im Sinne der angeführten dreiteiligen österreichischen ebenfalls die höchste, dritte Stufe („Reflexion und Problemlösung"). Wenn wir damit den Ertrag der Definition grob zusammenfassen, so zielt sie auf eine Aneignungstiefe von Fähigkeiten, Fertigkeiten und Bereitschaften, die analytisches Verstehen, moralisches Bewerten und praktisches Anwenden einschließt. Dies legte nahe, etwa von Sprachkompetenz, mathematischer Kompetenz oder künstlerischer Kompetenz zu sprechen und sähe vor, dass jemand, dem sie zugeschrieben wird, nicht nur etwas über Sprache, Mathematik oder Kunst zu erzählen weiß, sondern dieses Wissen auch entsprechend in effektive und moralisch verantwortete problemlösende Handlungen umzusetzen bereit und in der Lage ist.

Es schlösse dann allerdings aus, dass Auflistungen von Kompetenzen erstellt würden, die von einer *„Sachkompetenz"* (welche sich gemäß mitgelieferter Beschreibung auf den Niveaustufen von „Reproduktion" bis „Reorganisation und Transfer" bewegt) bis hin zu einer *„Reflexionskompetenz"* (primär auf höchstem taxonomischen Niveau) reichten, wie dies etwa in den begleitenden Ausführungen zur Deutsch-Matura geschieht[2] (BIFIE, 2012a, S. 9ff.). Nicht allein, dass die bloße „Sachkompetenz" der anspruchsvollen Definition von Kompetenz eben gerade nicht entspräche, also definitionsgemäß (noch) gar keine Kompetenz wäre, könnte es sich umgekehrt bei der „Reflexionsfähigkeit" um keine *eigene*

[1] Wie anspruchsvoll der Kompetenzbegriff in den Erziehungswissenschaften ursprünglich angelegt war, zeigt etwa Neuweg, 2011. Für einen entsprechend anspruchsvollen Kompetenzbegriff im Kontext der Linguistik, an den auch die erziehungswissenschaftliche Debatte anschlussfähig wäre, vgl. etwa Chomsky, 1999.

[2] Ein Fauxpas, der allerdings schon im Weinertschen Original passiert (vgl. nur etwa Weinert, 2001, S. 28).

Kompetenz handeln, da die Fähigkeit zu reflektieren in jeder Kompetenz qua Definition schon enthalten ist. Mindestens einige der offiziellen Reformdokumente machen also evident, dass der Kompetenzbegriff hier nichts anderes bedeutet, als dies der Begriff der „Fähigkeiten und Fertigkeiten", als dessen innovative und differenzierte Spezifizierung er inszeniert wird, schon immer getan hat.

Doch verweist der bemühte Definitionsversuch umso eindringlicher auf etwas anderes: Mit der Ersetzung des Bildungsbegriffs durch jenen der Kompetenz, also einer *pädagogischen* durch eine *psychologische* Kategorie, droht jedes *inhaltliche Kriterium* für das Lernen verloren zu gehen. Der schulische Unterricht stellt aber nun einmal eine pädagogische Aufgabe dar und so bleibt deren Eigensinn selbst dem entschlossenen Psychometriker irgendwie auffällig: Um *irgendein* effektives Lernen kann es hier einfach nicht gehen. Doch leider führt diese Problemwahrnehmung nicht zur Konsequenz einer theoretisch stringenten Klärung, sondern lediglich – wie eben beispielhaft in Weinerts Definition – zu theoretisch unbestimmten Ersatzpostulaten: Die durch das Lernen zu erwerbenden Kompetenzen sollen nicht nur *effektiv problemlösend*, sondern auch *aktiv gewollt, sozial abgestimmt* und *verantwortungsvoll eingesetzt* sein.

Wie schlicht und unzureichend diese zu rhetorischen Kürzeln erstarrte „Humanisierung" des Lernens die pädagogische Aufgabe fasst, lässt sich ermessen an dem, was durch sie ersetzt werden soll: Von den pädagogischen Klassikern wurde die Konstitution der Individualität („Ich") an die Aneignung der kulturellen Welt („Nicht-Ich") geknüpft. Dieser Vorgang, in dem der Einzelne „soviel Welt als möglich zu ergreifen, und so eng, als er kann, mit sich zu verbinden" suchen sollte (Humboldt, 1980, S. 235), wurde als *Bildung* verstanden, insoweit er sich nicht darin erschöpfte, blinde Adaption an äußere Umstände und Anforderungen zu sein, sondern dazu führte, eine als solche *bestimmte* und *verantwortete Form* (daher: „Bildung") hervorzurufen.

Die normative Brisanz der entsprechenden *pädagogischen* Aufgabe lässt sich dabei keinesfalls durch ein paar voluntaristische Tugendvokabeln bewältigen. Sie besteht darin, dass zwischen der anzueignenden *Welt* und dem sich sukzessive entfaltenden *Ich* pädagogisch vermittelt werden muss. Dies sollte dergestalt geschehen, dass der Pädagoge als Hilfesteller des Heranwachsenden im Dienste der Suche und Bewältigung der von diesem zu entfaltenden Lebensperspektive agiert. Damit jedoch stellt sich das pädagogische Kernproblem: Wie kann der Erzieher Maßnahmen setzen, die zu einem Ziel geleiten sollen, das noch nicht einmal dem betroffenen Ziel-Setzer – dem Heranwachsenden nämlich – selbst erkennbar ist?

Der Erzieher konnte zunächst auf die immanente Vernünftigkeit der menschlichen Kultur zählen. Diese stellt ja nichts anderes dar, als das Gesamt der empirisch realisierten menschlichen Entfaltungsmöglichkeiten und allein ihre Aneignung würde den Heranwachsenden erlauben, sich begründet für eine bestimmte Lebensgestaltung zu entscheiden. Allerdings ist uns die Kultur in Form einer individuell unbewältigbaren, summativen Gesamtheit gegeben und eine pädagogisch vollzogene Auswahl birgt das Risiko, die Entscheidung der Heranwachsenden unzulässig zu präjudizieren.

Angesichts dieser Problemstellung erschien allein diese Idee tragfähig: Der Erzieher musste das *Allgemeine der Vernunft* als zu vermittelnden Inhalt betrachten und nicht ihre systematisch gesammelten, materialen Ausprägungen. Die einzelnen konkreten Lernanlässe konnten so relativ beliebig den Notwendigkeiten der sich entfaltenden Biografie unterstellt werden, wenn durch sie nur die autonomieverbürgenden „Kräfte" stimuliert wurden. Was immer sich dann als konkrete Lebensperspektive des Heranwachsenden – auch für ihn selbst – herauskristallisieren würde: Im Allgemeinen des *vernünftigen Strebens musste* sein eigenes Streben aufgehoben und die Aneignung von Strukturen der Vernunft im Durchgang durch den biografischen Klärungsprozess also jedenfalls der von ihm selbst jeweils gewählten Entwicklung hilfreich sein. Dies träfe ganz besonders auch auf den Erziehungsvorgang selbst zu, der sich – den skizzierten Prämissen folgend – auch für den Heranwachsenden sukzessive als förderlich erweisen musste.

So bestimmt meint Bildung also Selbstfindung, Selbstbestimmung und Selbstgestaltung in frei gewähltem Anschluss an eine pädagogisch zur Verfügung gestellte menschheitliche Tradition. Dieses Konzept meint aber mehr und anderes, als die Vermittlung von *Kompetenzen* im weiter oben vorgestellten Sinne, seien sie auch ergänzend als *aktiv*, *sozial* und *verantwortungsvoll* apostrophiert.

Betrachten wir nun, wie die österreichische Schulreform an das Problem der *Standardisierung* der schulischen Lernergebnisse herangeht: Dabei müsste ja die Kompetenzorientierung quasi „in actu" beobachtbar sein. Dazu müssen wir zunächst auf die schulischen Etappen *vor* der gymnasialen und berufsbildenden Oberstufe zurückblicken, denn erst im Gesamtzusammenhang wird offensichtlich, dass und in welcher Weise die Zentralmatura eine *dritte Standardtestung* darstellt, die auf Stufe 12 das Kontrollsystem abschließt, welches auf Stufe 4 mit der ersten und auf Stufe 8 mit der zweiten Testung anhand der sog. *Bildungsstandards* beginnt.

Dieser Zusammenhang wird in den öffentlichen Darstellungen nicht hergestellt, fallweise auch dementiert, denn bei den Bildungsstandards soll es offiziell um eine Beurteilung des Systems und nicht eine des einzelnen Schülers gehen. Dann aber wird eben dieser Zusammenhang wieder inhaltlich bestätigt, wenn es etwa auf der Webseite des Bundesinstituts für Bildungsforschung, Innovation und Entwicklung des österreichischen Schulwesens (BIFIE) heißt:

> „*Wie bei den Bildungsstandards* sollen standardisierte Aufgabenstellungen *bei den abschließenden Prüfungen* [= Reifeprüfungsteile, B.H.] zu einer stärkeren und nachhaltigeren Ergebnisorientierung in der Planung und Durchführung von Unterricht führen." (BIFIE, 2013b, Hervorh. d. Verf.)

Nachdrücklich belegt wird meine Lesart auch durch die Tatsache, dass für die berufsbildenden höheren Schulen (die auf Stufe 9 erst beginnen und daher von den Tests auf Stufe 4 und 8 nicht betroffen sind) ebenfalls Bildungsstandards entwickelt wurden, und zwar für das Niveau der Stufe 13. Dort werden sie zwar nicht durch eigene Testungen überprüft, definieren aber das Anspruchsniveau der Reifeprüfung.

Die österreichischen Bildungsstandards beziehen sich aktuell auf die Fächer Deutsch und Mathematik sowie am Ende der Sekundarstufe 1 (bzw. auf Stufe 13) auch auf das Fach Englisch. Sie werden im offiziellen

Sprachgebrauch als *Regelstandards* bezeichnet. Was der Begriff „Regelstandards" genau bedeutet, ist schwer zu eruieren. Manchmal wird diffus von einem „mittleren" oder „durchschnittlichen Kompetenzniveau" gesprochen, es bleibt aber stets unklar, worauf sich das „durchschnittlich" bezieht. Handelt es sich um einen durchschnittlichen Schwierigkeitsgrad der Aufgaben oder um eine durchschnittliche Anzahl der richtigen Lösungen? Handelt es sich um einen Durchschnitt erhobener Daten oder um die Einschätzung eines Beurteilers, eine Leistung oder Anforderung sei durchschnittlich? Abgesehen von diesen Unklarheiten implizieren Regelstandards ein von vornherein fragwürdiges Arrangement mit dem Phänomen des Nicht-Erreichens der angestrebten Ziele. Schon Eckhard Klieme hatte ja darauf hingewiesen, dass Regelstandards eine implizite Festschreibung einer Normalverteilung bedeuten würden, „bei der es im Vergleich zum Regelfall immer Gewinner und Verlierer gibt" (Klieme, 2007, S. 28) und daher dringend zu Mindeststandards geraten.

Worin besteht der normierte Output nun? Auskunft darüber geben die Leistungskataloge, an denen sich die Reifeprüfung künftig zu orientieren hat. Und in der Tat treffen wir hier auf die praktische Umsetzung des Kompetenzverständnisses. Ich stelle sie exemplarisch am Beispiel des Faches *Deutsch* dar. In einem „Positionspapier" des BIFIE werden die Kompetenzen für die Klausurarbeit dargestellt. Dabei werden „Lesekompetenz", „schriftliche Kompetenz", „Argumentationskompetenz", „Interpretationskompetenz" und „Sachkompetenz" in insgesamt 15 „Teilkompetenzen" zergliedert (der Art von: „Ermitteln von Informationen", „Erkennen von Besonderheiten in der Textvorgabe" …)[3] und anhand von insgesamt 52 durch Spiegelstriche gegliederten „Beschreibungen" detailliert (BIFIE, 2012a). Alle durch die Kompetenzbereiche Lesen, Schreiben, Argumentieren und Interpretieren angezielten Kompetenzen sind *rein formaler, sprach- und sprechfunktionaler Natur.*

Die Botschaft lautet also *funktionalistisches Training.* Was an der Sprache einzig als wichtig erscheint, sind ihre Operationen *als solche.* Man muss lesen üben, der Inhalt ist egal, man muss Eloquenz ausbilden, was

[3] Dies erneut ein Beispiel für die nicht definitionsgemäße Verwendung des Kompetenzbegriffs, s.o.

man sagt oder worüber man spricht, ist nebensächlich. Das sprachlich gefasste kulturelle Erbe, die Inhalte also, die sich durch die Sprache erschließen lassen, sind arbiträres Material, das man verwenden kann – oder auch nicht. Das „Identifizieren und Erfassen eines Themas, einer Sachlage oder eines Problems" lässt sich an der Gebrauchsanweisung des Videospiels oder einem Fernreisen-Katalog ebenso üben wie an Goethes Faust - oder genau genommen sogar besser, weil weniger kompliziert und „schülerorientierter".

Damit wird eine bestimmte Präferenz nicht nur inhaltlich ausgedrückt, sie schlägt sich auch in der zu bewältigenden Prüfungsanforderung nieder, welche wieder normativ zurückwirkt auf das Lernen: All die vielen einzelnen Kompetenz-Details erscheinen als ausdrückliche „Aufgaben" oder „Aufgabendimensionen" und fordern Lehrer wie Schüler geradezu suggestiv dazu auf, sie *isoliert auseinanderzulegen und „als solche" zu trainieren.* Das „Identifizieren und Erfassen eines Themas, einer Sachlage oder eines Problems" repräsentiert aber keinesfalls jenes „Allgemeine der menschlichen Vernunft", dessen Aneignung über eine nicht material festgelegte Bildungsbewegung zur verantworteten Entfaltung der Identität führt, sondern allenfalls einen instrumentalistisch verstümmelten rationalen Torso, der nur eine Optimierung von sprachlichen Zweck-Mittel-Beziehungen vorsieht (vgl. dazu auch Spinner, 2004). *Bildung im Medium der Sprache* hätte sich dagegen vor dem Anspruch auszuweisen, an typischen textförmigen Beispielen des kulturellen Erbes die integrale Vernünftigkeit möglicher Mensch-Welt-Verhältnisse zugänglich zu machen und aufzuschließen. Erst im Kontext einer *solchen* Zweckbestimmung würde sich Sprache als ein nicht instrumentalistisch verkürztes Mittel plausibel machen lassen.

2 Die Problemstellung: Wissen, Kreativität und die Unplanbarkeit des Neuen

Ich will nun versuchen, das zu rekonstruieren, was ich als den rationalen Kern des Reformprojekts bezeichnen möchte – und wie man diesem auch und besser durch die Entfaltung pädagogischer Vernunft Rechnung tragen könnte. Dabei ist es mir ein Anliegen, die Diskussion frei zu halten von der *falschen Alternative* zwischen einer „konservativen" Kritik an der Reform – „Standardisierung untergräbt Wissensvermittlung"[4] – und einer „progressiven" – „Standardisierung untergräbt Schülerorientierung"[5].

Ich teile zunächst ausdrücklich die Ansicht der *Reformprotagonisten*, dass es nicht die Aufgabe der Schule sein kann, lediglich ein stumpfes Memorieren und Reproduzieren von Wissensbruchstücken auf den Weg zu bringen. Um ihr keine falschen Konsequenzen folgen zu lassen, muss diese Kritik aber präzisiert werden: Warum ist das zu wenig? Und: Wie lässt es sich sinnvoll korrigieren? Es ist zunächst zu wenig, weil Wissen im Sinne eines verbalen Erinnern- und Wiedergeben-Könnens von Aussagen bloß die schlichteste Form unseres kognitiven Umgangs mit der Welt darstellt. Dagegen stellt Handeln (als praktisches Anwenden von Wissen) oder gar Problemlösen (als Modifizieren des Wissens angesichts nicht routinehaft bewältigbarer Anwendungsfälle) in seinen unterschiedlichen Qualitäten, die sich bis hin zum Entdecken, Erfinden, Hervorbringen von *gänzlich neuen Einsichten* erstreckt, eine kreativere Umgangsform dar. Und selbstverständlich darf es sich die Schule, und im Besonderen die sog. „höhere", mit der Reifeprüfung abschließende, nicht leisten, eine angemessene Vorbereitung *auch auf diese anspruchsvolleren Formen* des Denkens und Handelns zu versäumen.

Gegen eine solche Auffassung ließe sich allenfalls einwenden, dass Schule immer für die Aneignung des bereits *gegebenen* Wissens und Könnens einer Zeit zuständig sein müsse, denn die Produktion weiterer kultureller Erfahrung sei doch der Erwachsenenwelt, heute im Besonderen den professionalisierten Aktivitäten von Kunst und Wissenschaft, vorbehalten. Nun trifft diese Feststellung für sich genommen zwar prinzipiell zu, doch wäre sie als Einwand hier in der falschen Weise in Anschlag gebracht: *Aus der Sicht des Lernenden* ist der Gehalt eines Wissens nämlich

---

[4] Idealtypisch repräsentiert etwa durch die Diskussionsbeiträge von Hans Peter Klein (z.B. 2012).

[5] Etwa vorsichtig aber eindeutig skizziert bei Spinner (2004).

immer neu und ihm ebenso unbekannt, wie vor seiner Gewinnung seinem erstmaligen Entdecker.

Betrachten wir Lernen genauer, so stellen wir fest, dass es sich in zwei prinzipiell unterscheidbaren Verlaufsformen realisiert (vgl. etwa Holzkamp, 1995, S. 226ff.): Die *einfachere* von beiden besteht im *strukturkonformen* Umgang mit seinen Inhalten: Wer beispielsweise übt, vertieft lediglich eine Fähigkeit, ohne ihre grundsätzliche Logik in Frage zu stellen. Dagegen besteht die *komplexere* Form des Lernens darin, einen Zugang zur Welt zu entwickeln, dessen Struktur sich nicht durch Weiterentwicklung einer bereits vorhandenen Struktur gewinnen lässt. Etwas wirklich Neues zu lernen bedeutet, dass man nicht einfach etwas *dazu*lernen kann, sondern zuvor auch etwas *um-* und *ver*lernen muss und die große Schwierigkeit dabei besteht darin, dass man zunächst nicht weiß, was es ist, das man behalten und was, das man verwerfen muss.

Der psychologisch inspirierte Volksmund pflegt zu sagen: Man muss sich auf ein Problem „einlassen". Klaus Holzkamp hat dieses „Einlassen" phänomenologisch verallgemeinert als eine

> „nicht aus-, sondern einschließende Herangehensweise, ein ‚Kommen-Lassen' von gegenständlichen wie sprachlichen Bedeutungsverweisungen, ein ‚Sich-Zurücklehnen', Übersicht-Gewinnen, eine ‚distributive' (im Gegensatz zu ‚fixierender') Beachtung, die Aufhebung von Festlegungen und Beschränkungen durch das In-den-Blick-Nehmen des ‚Ganzen', dabei das Sich-leiten-Lassen von ‚Verwandtschaften', das Fortgetragenwerden von einer Verweisung zur nächsten in den modalitätsübergreifenden Bedeutungsnetzen, dadurch Einbeziehung des Vergangenen in seinem Verhältnis zum Gegenwärtigen" (1995, 328f).

Charles Sanders Peirce hat für die Logik dieses intellektuellen Manövers bekanntlich die Bezeichnung „abduktiv" eingeführt (1993, 89ff). Was bedeutet ein solches Einlassen nun für den Schulunterricht? Wenn aus der Sicht eines Lernenden die Gewinnung jeder wirklich neuen Einsicht einen „kreativ" zu bewältigenden Strukturbruch bedeutet, ist zunächst offensichtlich, dass sich die Schule nicht auf bloß reproduktiven Umgang mit Wissen beschränken kann. Sie könnte so den Heranwachsenden weder das bestehende Wissen ihrer Zeit umfassend verfügbar machen, noch in ihnen die Fähigkeit grundlegen, einst selbst an der Gewinnung von Einsichten und damit an der Gestaltung ihrer Geschichte entdeckend und erfindend mitzuwirken.

Schon wer beispielsweise versucht, ganz normalen Unterrichtsstoff durch „Auswendiglernen" anstelle von „Verstehen" zu bewältigen, tut nichts anderes, als die krisenhafte Strukturtransformation im eigenen Denken zu vermeiden und die Aneignung des Neuen an eine immer gleiche, gewohnte und mehr oder minder bewährte Bewältigungsstrategie zu assimilieren. Mit fatalen Folgen: Er prägt sich den Inhalt mental ein, behandelt die in ihm aufbewahrten Weltzugänge also bloß als *immer gleich zu kopierende und im Gedächtnis abzulegende Vorlagen* und verfehlt damit ganz grundsätzlich ihr jeweils gänzlich unterschiedliches und unterschiedlich anzueignendes welterschließendes und handlungsermächtigendes Potenzial. Schon beim einfachen „Lernen von Stoff" ist also bereits genau dieselbe kreative Haltung gefordert wie beim literarisch anspruchsvollen Deutschaufsatz oder der eigenen bildnerischen oder musikalischen Komposition.

Die intensive Kultivierung der kreativen Potenziale des Geistes bildet so nichts weniger als einen spielerischen Luxus des schulischen Unterrichts und *das* wäre zunächst der rationale Kern der aktuellen Reformambitionen: Dass man aber gerade den kreativen Akt nicht standardisieren und administrativ herbeizwingen kann, das ist ihr blinder Fleck. Das Memorieren von bloß verbal wiederzugebenden Wissensbrocken macht einer Normierung kein Problem und lässt sich schlimmstenfalls sogar durch administrative Gewaltmaßnahmen erzwingen. Bei der Kultivierung eines kreativen, flexiblen, krisenfreudigen Habitus funktioniert das nicht. Technologisch unverfügbare Faktoren wie intrinsische Motivationen, biografische Perspektiven, Einflüsse des Herkunftsmilieus und der aktuellen Umgebung der Lernenden verhindern dies ebenso, wie schon der einfache Umstand, dass das Neue definitionsgemäß nicht aus dem bereits Gegebenen extrapoliert werden kann. Das Fremde ist eben das Unerwartbare und dieses lässt sich ganz sicher nicht durch Listen kleinteilig operationalisierter Items abbilden, um es als einzubringendes Lernergebnis in standardisierter Form vorzubestellen. Die bekannte Geschichte von Nils Bohr und der Prüfungsfrage, wie man mit einem Barometer die Höhe eines Hochhauses ermitteln kann, mag wahr oder bloß gut erfunden sein, in jedem Falle ist sie paradigmatisch für die strukturelle Inkompatibilität von kreativem Denken und reproduktivem Test.

Immerhin, Bohr konnte seinen bürokratischen Prüfern mit der Gelassenheit des Genies entgegentreten. Im institutionellen Normalfall wird sich dies nicht wiederholen: Bedrohung durch hermetische Kontrolle induziert Angst oder zumindest Sorge und diese wiederum regressives, komplexitätsreduzierendes Verhalten (vgl. etwa Crutchfield, 1973, S. 155ff.). Die strenge Überprüfung funktionaler Leistungskataloge wird also – zumal wenn sie existenzielle Interessen der Prüflinge und ihrer Lehrer tangiert – ein unseliges Bündnis zwischen ihnen stiften: Nämlich Einverständnis in die methodische Maßnahme, aus jedem spannenden Thema, an dessen intelligenter Eroberung man alle wichtigen Fähigkeiten und Fertigkeiten quasi en passant erwerben könnte, eine Unzahl an *langweiligen weil sinnentleerten Übungssequenzen* zu machen. In der einschlägigen Literatur wird dies fallweise schon nachdrücklich empfohlen (vgl. dazu nur etwa das umfangreiche Oeuvre Heinz Klipperts).

Hat man die sprachlich zu erobernde Welt erst in Reihen von Exerzitien demontiert, so büßt sie also durch den Verlust ihres Sinnzusammenhanges ihre Motivationskraft ein und dies bedeutet nicht nur, dass dem Lernen *Antriebspotenziale* verloren gehen (und durch Dressurmaßnahmen kompensiert werden müssen), sondern ebenso, dass für die Lernenden die Dienlichkeit der zu übenden Operationen *zu eigenen Zwecken* unsichtbar wird. Damit kann die Beteiligung der Heranwachsenden am pädagogischen Prozess diesen also gerade *nicht* als paradigmatischer Fall vernünftigen Handelns erkennbar werden.

Zuletzt verfehlt das isolierte Abtrainieren der Items aber auch inhaltslogisch, was es eigentlich bewirken möchte: Durch das Demontieren des Bildungsprozesses in operative Übungen erscheinen die Figuren des Formalen den Lernenden nämlich nicht als *Formen von* Inhalten, sondern selbst als (formale) *Inhalte*. Damit verselbständigt sich, was als „formale Bildung" theoretisch falsch angelegt war. Man darf dann Heranwachsende erwarten, die zwar die Fähigkeit trainiert haben, eloquent zu parlieren, dabei aber nicht auf die Idee kommen, auch für einen sinnvollen Inhalt verantwortlich zu sein. Oder solche, die die Technik des „Präsentierens" perfektioniert haben, die Buntheit der Powerpoint-Bildvorlagen und das originelle Einfliegen der Worte aber bereits für die zu erbringende Leistung halten.

Es mag auf den ersten Blick besonders originell erscheinen, das alte Spannungsfeld zwischen materialer und formaler Bildung dadurch zu erledigen, dass man das Formale in Form operationalisierter Items zu einem Materialen zu machen versucht, um damit die Dynamik des Formalen *und* gleichzeitig die materiale Kontrolle über es zu haben. Aber das ist nicht Wissenschaft, sondern logische Selbstaufhebung. Es war gewiss nicht mangelnde Phantasie oder Sorgfalt, sondern eben diese Einsicht, die Humboldt wenig differenzierend von „Kräften" sprechen ließ, die es anzuregen gelte. Dagegen wird das aktuell ausgebrochene Normierungsfieber eben das systematisch erzeugen, wovor es uns zu bewahren verspricht: *reproduktives* statt *kreatives* Vermögen, wenngleich in „kompetenter" Inszenierung.

Dabei ist die Aufgabe pädagogisch durchaus bewältigbar. Der Einsicht folgend, dass gelernt wird, was modellhaft vorgezeigt und dann selbst erprobend ausgeführt werden kann, bräuchte man zunächst eine Lehrperson, welche es versteht, die entsprechenden kreativen Stimmungen, Haltungen und Handlungsstrategien in vielfältiger Differenzierung vorzuzeigen. Dann müsste man einen dynamischen Wechsel von konzentrativer Anspannung und dezentrierender Muße vorsehen, vor Zeitverknappung und extrinsischem Leistungsdruck schützen, ein allgemeines Klima der Anregung, Angstfreiheit und Zuversicht einrichten und ausreichenden Spielraum für explorativ-experimentierendes Handeln sichern. Auf einer solchen Grundlage kann sich ein den Problemen souverän begegnender Habitus ausbilden, der durch vielseitige Motivierbarkeit, umfassende Wissbegierde, risikofreudiges und strukturflexibles Neugierverhalten geprägt ist. *Das* ist zugleich die Wahrheit der *„progressiven" Kritik* an der technokratischen Reform („Standards unterminieren Lernerorientierung").

Aber der kreative Habitus benötigt auch noch etwas anderes. Das Neue lässt sich nämlich aus dem Alten zwar nicht deduzieren, es lässt sich aber auch nicht aus dem Nichts gewinnen. Mary Shelley wird der kluge Satz zugeschrieben: „Invention (…) does not consist in creating out of void, but out of chaos." Auch die Begriffe „Er-Finden", „Ent-Decken" oder „Hervor-Bringen" zeugen davon, dass das Neue nicht willkürlich gesetzt, sondern „er-kannt" wird. Es geht darum, etwas subjektiv zu erfahren, das als Element, Aspekt oder immanente Dimension eines Problems bereits vor unseren Sinnen liegt, von diesen aber noch nicht zu einer Gestalt synthetisiert werden kann. Schöpferisch denken heißt richtig suchen, nicht beliebig festlegen.

Kreativität beruht daher nicht auf unverbindlichem Herumspielen mit irgendetwas, sondern auf aktivem, engagiertem, undogmatischem und ungestresstem Umgang mit dem größtmöglichen Fundus an *bereits vorhandener Erkenntnis*. Schöpferische Freiheit bedeutet nicht Orientierung an juvenilen Konsumgewohnheiten, sondern disziplinierte Erfahrung der Orientierungspotenziale, die uns das Wissen der Menschheit bereitstellt, und diese Erfahrung kann nicht von Funktionskatalogen, sondern nur *von diesem Wissen selbst* motiviert und angeleitet werden. *Das* ist die Wahrheit der *„konservativen" Kritik* („Standards unterminieren Wissensvermittlung") und erst beide Wahrheiten zusammen machen die Kritik überzeugend.

Didaktisch muss also beides zusammengeführt werden: Flüssigmachen des Denkvermögens, Mut machen zum Entwerfen, Kritisieren, Fantasieren, Trainieren des Umgangs mit dem Unsicheren und zur Lust an der Irritation und zugleich: Sich-Abarbeiten an Denkmodellen, Einüben in den Umgang mit jedweder Form von Wissen, exemplarisches Vertiefen in die Komplexität und Folgenschwere von Materien, Entfalten von Neugierde und Souveränität und ausschöpfendes und auskostendes Verweilen in eroberten kulturellen Domänen. Hier helfen aber keine „Standards", keine Zerlegung der Inhalte in funktionale Bausteine und operative Übungen, keine Demontage der pädagogischen Wirklichkeit in ein durch akribisch aufgelistete Items strukturiertes Erledigungsfeld, sondern nur ein Lehrer, der die didaktische Denkform beherrscht, der treffsicher erkennt, was die Lernenden benötigen, um in eine lernträchtige Strukturkrise hinein und einsichtsbereichert wieder heraus zu geraten, der souverän zwischen Reproduktion und Kreation wechseln kann, einen Lehrer schließlich, der als gebildeter Mensch von der Erotik des Weltverstehens selbst erfüllt ist und daher andere mit ihr infizieren kann.

3 Die politische Agenda: Dilemmata, Systembrüche und eine mögliche sanfte Alternative

Die neue österreichische Reifeprüfung soll aus drei strukturell unterschiedlichen Teilen bestehen: der sog. *„vorwissenschaftlichen Arbeit"*, den *zentralisierten Klausuren* aus Deutsch, Mathematik und Fremdsprache und einem Set von *mündlichen Prüfungen* in ausgewählten weiteren Fächern. Letztere sollen nach dem schon bisher üblichen Muster durchgeführt werden, allerdings um „kompetenzorientierte" Aufgaben erweitert. Die vorwissenschaftliche Arbeit darf man sich wie eine kleine Seminararbeit zu einem selbstgewählten Thema vorstellen. Durch sie sollen die Prüflinge in die Logik des wissenschaftlichen Arbeitens eingeführt werden, wenngleich sie deren Ansprüchen natürlich noch nicht in vollem Ausmaß gerecht werden müssen. Die Neuerung beschränkt sich hier aber im Wesentlichen auf Obligation und neue Namensgebung, denn bis dato hat es bereits die – freiwillig zu wählende – sog. „Fachbereichsarbeit" gleichen Zuschnitts gegeben.

Den am heftigsten diskutierten Teil der Reform bildet gegenwärtig ihr standardisierter Teil. Dies schlägt sich auch in der gängigen Redeweise von einer Phase „vor der Klausur" (der vorwissenschaftlichen Arbeit) und einer Phase „nach der Klausur" (den mündlichen Prüfungen) nieder. Die zentralisierte Klausur steht also im Fokus der Aufmerksamkeit und tatsächlich bildet sie ein auch politisch brisantes Problemfeld.

Reformen müssen dem politischen Publikum nicht nur argumentativ darstellbar, sondern auch in ihren tatsächlichen Auswirkungen zumutbar sein. Dieser Imperativ stellt das politisch-wissenschaftliche Steuerungskonsortium der Reform vor eine schwierige Aufgabe, wie anlässlich der ersten, kürzlich erfolgten Standardtestung in Mathematik offensichtlich wurde: Das Bundesland Oberösterreich schnitt als Spitzenreiter ab, die Stadt Wien (mit hohem Migrantenanteil an der Schülerpopulation) landete weit abgeschlagen. Da dies erwartet werden konnte, war zum Ausgleich eine „faire Vergleichsrechnung" (quasi ein „Handicap" unter Berücksichtigung förderlicher und hinderlicher Faktoren) vorbereitet worden, anhand welcher sich die Ergebnisse wieder entsprechend verschoben.

Doch ungeachtet der vorbereiteten Abfederung der Ergebnisse geriet ihre öffentliche Wahrnehmung höchst kontroversiell. Wo die einen das Versagen des Bildungssystems diagnostizierten, zeigte sich für die anderen ein Zeugnis erfolgreicher Reformarbeit. Die Presse erklärte – ihren eigenen Imperativen folgend – alle die Standards verfehlenden Schüler sogleich zu „Risikoschülern" und begann, die Bildungspolitik unter öffentlichen Legitimationsdruck zu setzen. Dennoch weist die durchschnittliche „Ausgewogenheit" des Ergebnisses darauf hin, dass es den Testern einigermaßen gut gelungen ist, das Instrumentarium politikverträglich zu eichen. Dass dies zu leisten war, ist keine Unterstellung meinerseits, sondern aus den offiziellen Dokumenten, wenn auch etwas verklausuliert, eindeutig ersichtlich: Hier wurden etwa umfangreiche Vortests angegeben, deren Ziel „die Erprobung der neu entwickelten Items hinsichtlich ihrer Qualität (*Schwierigkeit*, Trennschärfe etc.)" sein sollte[6]. (BIFIE, 2012b, Hervorh. d. Verf.)

Neben der „Eichung" bildet aber auch die Systemlogik einen neuralgischen Punkt. Gegenüber den ihnen vorangehenden Standardtestungen bedeuten die Klausuren der Zentralmatura einen Systemwechsel: Sie folgen nämlich im Gegensatz zu jenen dem Prinzip der *Mindeststandards*, sie sind ja nicht – in welchem Verständnis auch immer – „durchschnittlich" einzuhalten und sie greifen andererseits, anders als die davor liegenden Standardtestungen unmittelbar in das bildungsbiografische Schicksal der Prüflinge ein. Es handelt sich bei ihnen also um das, was man im englischsprachigen Raum als „high-stakes-tests" bezeichnet.

Bei den – offiziell so bezeichneten – Bildungsstandards wird gerne darauf hingewiesen, dass man ein so radikales Verfahren in Österreich

[6] Mittlerweile wurde der Text geändert und der eingeklammerte Passus entfernt.

keinesfalls haben möchte. Indem es aber im Kontext der Matura nun de facto eingeführt wird, liegt eine strukturelle „Harmonisierung" des Gesamtsystems durchaus in argumentativer Reichweite. Die bisherigen internationalen Erfahrungen mit Standardisierung zeigen ja, dass „low-stakes"-Systeme kaum zu merkbaren Auswirkungen führen (vgl. etwa Altrichter & Kanape-Willingshofer, 2012). Die politische Forderung nach einer entsprechenden „Verschärfung" der Maßnahmen ist also absehbar. Die Präsidentin des Wiener Stadtschulrats (der Wiener Schulbehörde) hat angesichts schlechter Ergebnisse in ihrem Hoheitsbereich sogleich ganz in diesem Sinne die Flucht nach vorne angetreten und eine Einbeziehung der Testergebnisse in die Notengebungs-Praxis gefordert: „Es kann nicht möglich sein, dass jemand, der ein Risikoschüler ist, eine Berechtigung zum Aufstieg in die AHS erhält" (derStandard, 2012). Aber auch von wissenschaftlicher Seite wird der Politik eine entsprechende Verschärfung nahe gelegt, wenn etwa der deutsche Kollege Uwe Maier darüber nachzudenken empfiehlt, „die Bedeutung externer Leistungsmessung ... deutlich zu erhöhen, z.B. durch Veröffentlichung schulbezogener Daten oder eine konsequente Einbindung der Vergleichsarbeitsergebnisse in neue Formen der externen Schulevaluation bzw. Schulinspektion" (Maier, 2010, S. 128).

Der Wechsel zum Mindeststandard-Prinzip bei den Maturaleistungen erzeugt für die Politik eine weitere Legitimationsproblematik: Werden die Standards so angesetzt, dass viele Kandidaten und Kandidatinnen durchfallen, so wird sich die Klientel – und mit allem Recht – die Frage stellen, wie es denn sein könne, dass jemand, der so viele Jahre lang erfolgreich die Schule besucht hat, nun plötzlich am Ende dieser langen Bildungsetappe verunglückt. Eine solche Eichung wäre also in keinem Falle realpolitisch durchstehbar. Wird das jeweilige Kriterium aber so angesetzt, dass – wie dies auch bisher traditionell der Fall ist – mehr oder minder alle Prüflinge die Prüfung bestehen, dann hat man – abgesehen von einer gewissen Klimaverschiebung und ihren Aufheizungseffekten – nicht mehr erreicht, als mit großem Aufwand genau den Zustand fortzuschreiben, den man offensichtlich verändern wollte.

Angesichts der insgesamt zweifelhaften Gewinne, die also von der Reform zu erwarten sind, und da ich den bildungsökonomischen Notstand, vor dem zu retten die Reform verspricht, für ein rhetorisches Konstrukt halte, betrachte ich die zentrale Normierung des Unterrichts und der Reifeprüfung als verzichtbar. Wenn man jedoch gänzlich ohne Standardisierung nicht auszukommen glaubt, was mir mittelfristig als realistische Annahme erscheint, so entspräche es den öffentlich proklamierten Absichten einer Sicherung ausreichender Allgemeinbildung m.E. am besten, *durchgängig Mindeststandards* einzusetzen – und zwar dergestalt, dass sie 1. tatsächlich auf jenes Basiswissen beschränkt blieben, das man als Zeitgenosse benötigt, um in dieser Welt nicht hilflos zu sein und das wäre nicht mehr, als wohl die meisten Heranwachsenden auch tatsächlich erreichen könnten. Dass sie 2. weiterhin als „low-stakes-tests" erhalten und gegenüber den jeweils Unbetroffenen strikt anonym verwaltet blieben, also: Schüler erhalten *ihre* Daten, Lehrer die ihrer *Klasse*, Direktoren die ihrer *Schule* etc. (Das ist einer der wenigen Punkte, die ich derzeit wirklich für vorbildhaft gelöst halte.) Dass damit 3. im Gesamtverlauf der Schulbiografie eine sinnvolle Arbeitsteilung realisiert würde: *Grundschule* und *Sekundarstufe* I wären dann zuständig zu machen für das (standardisiert kontrollierte) *Fundamentum* der allgemeinen Bildung. Darauf würde eine *Oberstufe* aufsetzen, die eine doppelte Aufgabe zu erfüllen hätte: Eine *Vertiefung der Allgemeinbildung* und eine *Vorbereitung auf ein Studium* oder eine berufliche Aufgabe oder Weiterqualifizierung.

Diese Doppelaufgabe würde eine sukzessive Zweiteilung der Curricula und Leistungsanforderungen in Richtung auf unterschiedliche Studien- und Berufsberechtigungen plausibel machen: Jene fachliche(n) Ausrichtung(en), die man später zu seiner Lebensaufgabe machen möchte, wäre(n) höheren Anforderungen zu unterwerfen, der Rest hingegen müsste lediglich einem Fundamentum an *vertiefter* Allgemeinbildung entsprechen. Es scheint ja ganz und gar *nicht* plausibel, dass im Rahmen der Reifeprüfung von *jedem* Prüfling *alle* Ansprüche befriedigt werden müssen, die aus Sicht der unterschiedlichsten sog. Abnehmer-Institutionen *mit Blick auf die Anforderungen einer jeweils weiteren spezifischen Bildungskarriere* dringend in sie hineingepackt werden müssen, das hat nämlich mit „Allgemeinbildung“ nichts zu tun. Und es ist dies umso weniger plausibel, als man auf dem Weg der sog. „Berufsreifeprüfung“ in Österreich derzeit auch *gänzlich ohne* jede vergleichbare erweiterte Allgemeinbildung eine spezifische Studienberechtigung erwerben kann.

Eine solche Differenzierung könnte administrativ einfach und unbürokratisch umgesetzt werden. Die Curricula der Oberstufe müssten einfach für innere Differenzierung offen sein und die finale Festschreibung des erreichten Profils könnte dann im Rahmen der Reifeprüfung selbst durch die gewählten Schwierigkeitsgrade der Prüfungsfragen erledigt werden. Wählt und besteht man in einem Bereich das *Grundniveau*, so erwirbt man damit die Zertifizierung jener „allgemeinen“ Reife, die zu den weiteren Laufbahnen „grundsätzlich“ berechtigt, wo immer man sich für das *höhere Niveau* entscheidet, erhält man die jeweils fachlich *spezifische* Berechtigung dazu. Selbstverständlich müsste es zu jedem späteren Zeitpunkt möglich sein, vom Grundniveau ausgehend jedes spezifische Berechtigungsniveau nachzuholen, wie dies etwa beim sog. Kleinen Latinum seit jeher möglich ist.

Ich will daran noch einmal ausdrücklich hervorheben: Beide Grundsätze – die Standardisierung eines *Fundamentums für alle* in Grundschule und Sek I sowie die Teilung der Standardisierung der *Reifeprüfung* in einen „allgemeinbildenden“ und einen „spezifisch berechtigenden“ Mindeststandard wären ein Instrument der *Intensivierung*, nicht der Schmälerung der schulischen Bildungsmöglichkeiten. Durch sie wäre einerseits eine Art „intellektueller Mindestsicherung“ öffentlich garantiert und verhandelbar und es würde andererseits ein stressfreier Raum geschaffen, um den tiefenerschließenden, kreativen Aneignungsduktus in der gebotenen Ruhe und Sorgfalt zu kultivieren. Jenen Lernbereichen, die den spezifischen Talenten eines Prüflings weniger entgegenkommen, wäre das demütigende und aus den erörterten Gründen völlig unproduktive „gerade-noch-Durchkommen“ genommen. Gleichzeitig wäre den Schulen die Möglichkeit gegeben, sich durch eine entsprechende Förderung des jugendlichen Geistes zu bewähren und zu profilieren.

Dessen ungeachtet liegt es in der Natur biografischer Entwicklungsprozesse, dass das Durchlaufen einer Institution das Moment der Bewährung – und damit notwendig auch sein Gegenstück: jenes des Scheiterns – impliziert. Dieses Moment kann m.E. nicht aus dem Durchlauf isoliert und *vorab punktuell* erledigt werden, wie es umgekehrt natürlich auch merkwürdig wäre, könnte man in einer Institution jahrelang problemlos reüssieren, um dann in einer weiteren punktuellen Überprüfung *am Ende des Bildungsgangs* zu scheitern. Aus beiden Überlegungen lässt sich m.E. nur *ein* sinnvoller Schluss ziehen: Eine gewisse Selektivität muss *nach* dem Fundamentum für alle (keinesfalls vorher) in allen Phasen der weiteren Bildungslaufbahn – bis hin zur Reifeprüfung – grundsätzlich anerkannt werden, auch wenn sich dies mit dem betriebswirtschaftlichen Mantra nicht verträgt, niemand dürfe eine Stunde länger als unvermeidlich im System verbringen, ohne einen messbaren Output in Form einer „verwertbaren" Zertifizierung zu produzieren.

Insgesamt könnte die Reifeprüfung damit in neuer Form das bleiben, was sie traditionell schon immer war: ein *Einsetzungsritual*, das an die Kandidaten einen biografisch einschneidenden Anspruch stellt, diesen aber pädagogisch weise verwaltet. Nicht nur die disziplineigenen Klassiker, auch Nicht-Pädagogen wie etwa Pierre Bourdieu erinnern uns daran, dass der Versuch, Etappen einer naturgemäß kontinuierlichen personalen Entwicklung durch einen Akt demonstrativer Diskontinuität zu zerteilen, notwendig *kontrafaktische Momente* enthält. So z.B. die vorausblickende Unterstellung, etwas zu können, das man so noch gar nicht können kann, einen Heranwachsenden also als jemanden anzusprechen, der er noch gar nicht ist (vgl. Bourdieu, 1990). Sie wird selbstverständlich vollzogen von Menschen, die um diese Lücke zwischen Evokation und Realität wissen, doch folgen sie der authentisch pädagogischen Einsicht, dass eine solche Einsetzung erheblich dazu beitragen kann, die vollzogene Unterstellung Wirklichkeit werden zu lassen.

Eine zivilisierte Gesellschaft sollte sich gut überlegen, in welcher Weise sie ihrer heranwachsenden Generation entgegentreten möchte: durch freundliche Begleitung, förderliche Hilfestellung und feierliche Inauguration als Vorzeichen solidarischer Gemeinschaft und sinnerfüllten Zusammenlebens oder als Technischer Überwachungsverein, der mit der Lupe in penibler Präzision Fehlfunktionen aussortiert und dabei gar nicht bemerkt, dass er es nicht mit Kühlschränken zu tun hat.

Quellen

Abraham, U. & Saxalber, A. (o.J.). *Typen sprachlichen Handelns („Operatoren") in der neuen standardisierten schriftlichen Reife- und Diplomprüfung (SRDP) in Deutsch.* Abgerufen von https://www.bifie.at/system/files/dl/srdp_de_operatoren_2013-07-16.pdf

Altrichter, H.& Kanape-Willingshofer, A. (2012). Bildungsstandards und externe Überprüfung von Schülerkompetenzen: Mögliche Beiträge externer Messungen zur Erreichung der Qualitätsziele der Schule. In B. Herzog-Punzenberger (Hrsg.), *Nationaler Bildungsbericht 2012,* Bd. 2. (S. 355-394). Graz: Leykam.

Beer, R. & Benischek, I. (2011). Aspekte kompetenzorientierten Lernens und Lehrens. In BIFIE (Hrsg.), *Kompetenzorientierter Unterricht in Theorie und Praxis,* (S. 5-28). Graz: Leykam.

BIFIE [Bundesinstitut für Bildungsforschung, Innovation und Entwicklung des österreichischen Schulwesens] (2012a). *Standardisierte kompetenzorientierte Reife- und Diplomprufung im Klausurfach Deutsch.* Abgerufen von https://www.bifie.at/system/files/dl/srdp_de_positionspapier_2012-04-19.pdf

BIFIE (2012b). *Itementwicklung und Pilotierung.* Abgerufen von https://www.bifie.at/node/58

BIFIE (2013a). *Kompetenzen und Modelle.* Abgerufen von https://www.bifie.at/node/49

BIFIE (2013b). *Standardisierte Reife- und Diplomprüfung.* Abgerufen von https://www.bifie.at/srdp

Bloom, B. S. u.a. (1971). *Taxonomie von Lernzielen im kognitiven Bereich.* Weinheim: Beltz.

BMUKK [Bundesministerium für Unterricht, Kunst und Kultur] (2012). *Die kompetenzorientierte mündliche Reifeprüfung aus Deutsch. Empfehlende Richtlinien und Beispiele für Themenpool und Prüfungsaufgaben.* Abgerufen von http://www.bmukk.gv.at/medienpool/ 22136/reifepruefung_ahs_lfd.pdf

BMUKK (2013). *Standardisierte, kompetenzorientierte Reifeprüfung an AHS.* Abgerufen von http://www.bmukk.gv.at/schulen/unterricht/ba/reifepruefung.xml

Bourdieu, P. (1990). Was heißt sprechen? Die Ökonomie des sprachlichen Tausches, Wien: Braumüller.

Chomsky, N. (1999). *Sprache und Geist*. Frankfurt/Main: Suhrkamp.

Crutchfield, R. S. (1973). Schädliche Auswirkungen von Konformitätsdruck auf kreatives Denken. In G. Ulmann (Hrsg.), Kreativitätsforschung (S. 155-163). Köln: Kiepenheuer & Witsch.

derStandard.at (2012). *Wiener Pflichtschulen: Ab nächstem Schuljahr 15 Bildungstests Pflicht.* Abgerufen von http://derstandard.at/1355459892601/Wiener-Pflichtschulen-Ab-naechstem-Schuljahr-15-Bildungstests-verpflichtend

Eder, F. & Hofmann, F. (2012). Überfachliche Kompetenzen in der österreichischen Schule: Bestandsaufnahme, Implikationen, Entwicklungsperspektiven. In B. Herzog-Punzenberger (Hrsg.), *Nationaler Bildungsbericht 2012*, Bd. 2 (S. 71-109). Graz: Leykam.

Holzkamp, K. (1995). *Lernen. Subjektwissenschaftliche Grundlegung*. Frankfurt/Main, New York: Campus.

Humboldt, W. von (1980). Theorie der Bildung des Menschen. In A. Flitner & K. Giel (Hrsg.), *Wilhelm von Humboldt. Werke in fünf Bänden*, Bd. 1 (S. 234-240). Stuttgart: Cotta.

Klafki, W. (1991). *Neue Studien zur Bildungstheorie und Didaktik. Zeitgemäße Allgemeinbildung und kritisch-konstruktive Didaktik*. Weinheim, Basel: Beltz

Klein, H. P. (2012). *Das Abitur reicht nicht mehr. Der Verlust der Studierfähigkeit als Folge der Kompetenzorientierung*. Abgerufen von http://bildung-wissen.eu/ wp-content/uploads/ 2012/10/klein_abitur.pdf

Klieme, E. u.a. (2007). *Zur Entwicklung nationaler Bildungsstandards*. Expertise. Berlin, Bonn: (Deutsches) Bundesministerium für Bildung und Forschung, Eigenverlag.

Laimer, G. (2011). Kompetenzbegriff und Bildungsstandards. In BIFIE (Hrsg.), *Bildungsstandards: Baseline 2010* (4. Schulstufe). Technischer Bericht. Abgerufen von https://www.bifie.at/buch/1332/1#fuss-1-1-1

Maier, U (2010). Effekte von testbasiertem Rechenschaftsdruck auf Schülerleistungen: Ein Literaturüberblick zu quasi-experimentellen Ländervergleichsstudien. *Journal für Bildungsforschung Online* Nr. 2. Abgerufen von http://www.bildungsserver.de/ db/mlesen.html?Id=43744

Neuweg, G. H. (2011). Reine Pädagogik – nackte Pädagogen. Fachkompetenz im Zeitalter der „Kompetenzorientierung". *Wissenplus* 5, 6-13.

Peirce, C. S. (1993). *Phänomen und Logik der Zeichen*. Frankfurt/Main: Suhrkamp.

Spinner, K. H. (2004). *Der standardisierte Schüler*. Rede bei der Entgegennahme des Erhard-Friedrich-Preises für Deutschdidaktik. Abgerufen von http://www. philhist.uni-augsburg.de/lehrstuehle/germanistik/didaktik/mitarbeiter/spinner/downloads/KHS_Preisrede.pdf

Weinert, F E. (2001). Vergleichende Leistungsmessung in Schulen – eine umstrittene Selbstverständlichkeit. In F. Weinert (Hrsg.), *Leistungsmessung in Schulen* (S. 17-31). Weinheim: Beltz.

Ziegler, E., Stern, E. & Neubauer, A. (2012). Kompetenzen aus der Perspektive der Kognitionswissenschaften und der Lehr-Lern-Forschung. In M. Paechter, M. Stock, S. Schmölzer-Eibinger, P. Slepcevic-Zach & W. Weirer (Hrsg.), *Handbuch Kompetenzorientierter Unterricht* (S. 14-26). Weinheim, Basel: Beltz.

Diskussion zum Vortrag

Verfasst von Michaela Kirsch (Universität Wien)

In der von Barbara Schneider-Taylor moderierten Diskussion wird zunächst auf den dritten Aspekt des von Bernd Hackl im Vortrag dargelegten Vorschlags der durchgängigen Einführung von Mindeststandards Bezug genommen. Diesem zufolge wären die Grundschule und die Sekundarstufe I für das Fundament einer allgemeinen Bildung zuständig. Dessen Erreichen würde in standardisierter Form kontrolliert, wohingegen die Anforderungen der Reifeprüfung der gymnasialen Oberstufe in einen vertieft allgemeinbildenden und einen zu spezifischen Studien oder analogen beruflichen Aufgaben berechtigenden Mindeststandard zu unterteilen wären. Der erste Diskussionsteilnehmer richtet den Blick auf die Ausführungen des Vortragenden zur Oberstufe und möchte wissen, ob dieser an verschiedene Module denke, die ein Leben lang gewisse Hochschulzugänge gestatten könnten. „Ist das alles ein riesiges Feld von Möglichkeiten", so seine Frage, „das man sich auch sequenziell erwerben kann?"

Bernd Hackl bejaht die letzte Frage. Durch Auswahl der jeweils schwierigeren Frage in den Maturaprüfungen sei es möglich, das gesamte Spektrum der Studienberechtigungen zu erwerben. Diejenigen, die sich auf etwas Breiteres oder Schmaleres beschränken wollten, würden hingegen eine entsprechend breitere oder schmalere Studienberechtigung erlangen.

Der Diskutant konstatiert, dass damit eine Trennung zwischen Gymnasium und anderen Sekundarstufe-II-Schulen gegeben wäre. Bernd Hackl weist darauf hin, dass diese Trennung in Österreich in gewisser Weise bereits Realität sei, da ein sehr großer Anteil der Studierenden von der berufsbildenden höheren Schule (BHS) - einer Hybridform aus Gymnasium und berufsbildender Schule - komme, welche relevant anders strukturiert sei. Zudem führt er die in seinem Vortrag bereits erwähnte Möglichkeit der Berufsreifeprüfung an, die von vielen als Alternative zum Besuch der gymnasialen Oberstufe genutzt werde.

Eine zweite Frage erfolgt durch die Moderatorin Barbara Schneider-Taylor. Ausgehend von der im Vortrag erwähnten Vorwissenschaftlichen Arbeit als diejenige Arbeit, welche die Schülerinnen und Schüler in Österreich im Vorfeld der (Zentral-)Matura abzufassen haben, weiß sie zu berichten, dass sich derzeit an der Universität Wien Bachelorarbeiten im Bereich Bildungswissenschaft - anders als Master- und Diplomarbeiten - keiner Plagiatsprüfung zu unterziehen hätten, da sie, so die offizielle Begründung, keine wissenschaftlichen Arbeiten darstellten. Sie stellt die Frage in den Raum, ob sich zumindest Österreich diesbezüglich in einem Übergang befinde, in welchem konventionelle Strukturen rapide aufgeweicht würden.

Bernd Hackl betont zunächst, dass seine Antwort rein spontan erfolge. Seiner unmittelbaren, jedoch, wie er anmerkt, nicht unumstößlichen Meinung zufolge könne eine mittels Copy-and-paste unterstützte Arbeit eines achtzehnjährigen Schülers durchaus eine Vorform sein, in das wissenschaftliche Argumentieren einzusteigen, sofern die Arbeit argumentativ konsistent sei. Auch in Anbetracht seiner Erfahrung mit Studierenden vermute er jedoch, dass Copy-and-paste-basierte Arbeiten in der Regel Unstimmigkeiten aufwiesen, anhand derer sie als Plagiate erkennbar seien. Eben da die Qualität solcher Kompilationsergebnisse oftmals für sich spreche, halte er eine offizielle Plagiatsprüfung für unnötig. Im Falle eines intelligenten Resultats von Copy-and-paste möchte Bernd Hackl es wie Picasso halten, welcher sinngemäß Folgendes gesagt habe: „Wenn eines meiner Bilder so gut kopiert ist, dass auch ich selber glaube, es könnte von mir sein, dann hat es der Fälscher redlich verdient, dass ich es signiere." Der Referent gibt jedoch zu bedenken, dass über diese Thematik noch präziser diskutiert werden müsste.

Im Anschluss an die Dankesworte der Moderatorin an Bernd Hackl macht Franz Eberle darauf aufmerksam, dass die vom Vortragenden dargebotene, äußerst interessante und kritisch-differenzierte Sicht im Grunde eine Auseinandersetzung mit der Position derjenigen nötig mache, die für Standards und Kompetenzen einträten und diese bei der Matura offenbar auch erfolgreich an österreichischen Gymnasien durchsetzten. Er hält fest, dass es nicht nur in der Schweiz, sondern auch in Österreich eine kritische Debatte über die Bildungsstandards an Gymnasien gebe. Anders als in der Schweiz, welche über eine derzeit auch wieder etwas abflachende Diskussionsphase bisher nicht hinausgekommen sei, seien jedoch in Österreich die politischen Maßnahmen bereits entschieden. Franz Eberle beschließt die Diskussion mit der Anmerkung, man müsse präzise darüber diskutieren, was überhaupt unter Kompetenzen zu verstehen sei, und ob man diesen, wie im Vortrag erfolgt, tatsächlich eine relative Inhaltslosigkeit zusprechen könne, oder ob es verschiedene Auffassungen von Kompetenzen gebe. Er selbst vertrete durchaus die Meinung, dass Kompetenzen stets mit ganz konkreten Inhalten verknüpft seien. Die Kompetenzdiskussion sei dementsprechend für ihn nicht neu, wie er mit dem Verweis auf die auch vom Referenten genannte Taxonomie Benjamin Blooms zu belegen weiß. Bernd Hackl schließt mit dem ergänzenden Hinweis auf Heinrich Roth, der ein sehr elaboriertes System zum Kompetenzthema vorgelegt habe.

Lerngelegenheit Seminarkurs – wissenschaftspropädeutisches Arbeiten zwischen Hochschulvorbereitung und Berufsorientierung

Dorit Bosse

1 Die gymnasiale Oberstufe – Pflichtbelegungen und interessenbezogenes Lernen

Zu den erklärten Zielen der gymnasialen Oberstufe gehört neben einer vertieften Allgemeinbildung eine wissenschaftspropädeutische Bildung, durch die die Schülerinnen und Schüler die allgemeine Studierfähigkeit erlangen sollen (KMK, 2006). Wissenschaftspropädeutisches Arbeiten sollte, so die ursprüngliche Vorstellung, die in Deutschland 1972 mit der Oberstufenreform einherging, insbesondere in den Leistungskursen stattfinden (KMK, 1972). Damit verband sich der Anspruch, dass das Gymnasium oder die Gesamtschule mit Oberstufe vor allem in den letzten drei Schuljahren auf die Universität als Stätte der Wissenschaft vorbereiten sollte, und zwar in fünfstündigem Fachunterricht auf einem höheren Anspruchsniveau,[1] als dies in drei- oder gar nur zweistündigen Grundkursen möglich sein kann.

Seit der Umsetzung der Reform der gymnasialen Oberstufe vor knapp 40 Jahren haben zahlreiche Revisionen stattgefunden, die inzwischen dazu geführt haben, dass es in zahlreichen Bundesländern keine Unterscheidung in Grund- und Leistungskurse mehr gibt.[2] Die meisten Bundesländer haben unterschiedliche Regelungen zwischen Verpflichtung und Wahlmöglichkeiten gefunden, viele von ihnen durch die Rückkehr zur Belegverpflichtung der alten Hauptfächer, die jetzt „Kernfächer" heißen und zumeist vierstündig unterrichtet werden (vgl. dazu die

1 Ursprünglich umfassten Leistungskurse sogar bis zu sechs Wochenstunden.

2 Die Bundesländer Nordrhein-Westfalen, Berlin und Bremen haben das Kurssystem mit zwei fünfstündigen Leistungskursen und zwei- bis dreistündigen Grundkursen beibehalten.

Übersicht über die bundesländerspezifischen Regelungen bei Huber & Kurnitzki, 2012). Vorreiter für die Abschaffung der Einteilung in Grund- und Leistungskurse war Baden-Württemberg, wo seit 2001/02 in der Qualifikationsphase die Fächer Deutsch, Mathematik und eine Fremdsprache mit vier Wochenstunden zu belegen sind. Mit dieser Maßnahme sollte sichergestellt werden, dass die so genannten Kernbereiche ein stärkeres Gewicht erhalten und alle Schülerinnen und Schüler der Qualifikationsphase an diesem Fachunterricht im gleichen Umfang teilnehmen. Dies geschah zu Lasten von interessen- und stärkenbezogenen Wahlmöglichkeiten, die mit der Schwerpunktsetzung durch die Entscheidung für Leistungs- und Grundkurse einhergegangen war.[3]

Durch diese Form der Rekanonisierung wurde der Anspruch auf wissenschaftspropädeutische Vertiefung, insbesondere durch das Wegfallen der Leistungskurse in zahlreichen Bundesländern zwar reduziert, aber immerhin eröffnet die „besondere Lernleistung", die für die Arbeit in der gymnasialen Oberstufe seit 1997 bundesweit möglich ist, eine neue Chance zur Intensivierung neigungsbezogenen Lernens mit eigener inhaltlicher Schwerpunktsetzung. Die KMK hat näher bestimmt, was unter einer „besonderen Lernleistung" zu verstehen ist: Es kann sich um eine Jahresarbeit, einen Wettbewerbsbeitrag, ein Projekt oder ein Praktikum handeln. Die besondere Lernleistung kann fachlich gebunden oder fachübergreifend ausgerichtet sein, sie erstreckt sich über zwei Schulhalbjahre und ist schriftlich zu dokumentieren. Für die Oberstufenschülerinnen und -schüler besteht die Möglichkeit, ihre besondere Lernleistung zum Gegenstand der Abiturprüfung werden zu lassen (KMK, 1997).

Diese Option wurde 1999/2000 in Thüringen genutzt, um ein so genanntes „Seminarfach" einzurichten. Damit war Thüringen das erste Bundesland, das mit dem „Seminarfach" ein spezifisches Modell zur Umsetzung der besonderen Lernleistung entwickelte und verbindlich einführte. Zahlreiche Bundesländer folgten und richteten in den letzten Jahren fakultativ oder verpflichtend „Seminare" oder „Projektkurse" ein

---

3 Vgl. dazu die Ergebnisse der TOSCA-Repeat-Studie, die zeigen, dass sich die mit der Umstrukturierung verbundenen Erwartungen an die Schulleistungen nur bedingt erfüllt haben (vgl. Trautwein u.a., 2010).

(vgl. Huber & Kurnitzki, 2012, 74ff.). Diese neuen Lernformate sollen ein breites Spektrum an Lerngelegenheiten bieten, die von einem stärkeren Praxisbezug und der Berufsorientierung über fächerübergreifendes und kooperatives Lernen bis zur Schulung der Sozialkompetenz und der Einübung wissenschaftlicher Arbeitstechniken reichen. Die Hinführung zum wissenschaftlichen Arbeiten, die Wissenschaftspropädeutik, seit jeher eine wichtige Dimension des Lernens in der gymnasialen Oberstufe, ist in zahlreichen Bundesländern zentraler Bestandteil der „Seminare" und „Projektkurse".

Bevor konkreter auf die Ausgestaltung dieser oberstufenspezifischen Neuerung eingegangen wird, soll nachgezeichnet werden, was unter Wissenschaftspropädeutik als eines der drei erklärten Ziele der gymnasialen Oberstufe verstanden werden kann.

2 Wissenschaftspropädeutik als Spezifikum der gymnasialen Oberstufe

Bei dem Wort „Wissenschaftspropädeutik" handelt es sich um einen schillernden Begriff, mit dem vielfältige Vorstellungen des Lernens in der gymnasialen Oberstufe verbunden sind. Die Anfänge der Verwendung des Begriffs gehen auf Wilhelm Flitner zurück. So schreibt Flitner 1961 zum Lehrverfahren und zur Arbeitsweise in der Oberstufe:

> „Dazu gehört, daß der Schüler nunmehr in die Technik der geistigen Arbeit eingeführt werden muß. Er muß verstehen, seine Lernziele in größerer Einheit vor sich zu sehen, planvoll zu arbeiten und selbst seine Fortschritte nach diesen Zielpunkten hin zu überschauen und zu kontrollieren" (Flitner, 1961, S. 82).[4]

4 Ein ausführlicher Rückblick auf die Entwicklung des Bildungskonzepts Wissenschaftspropädeutik findet sich in Habels Studie zur gymnasialen Bildungstheorie im 19. und 20. Jahrhundert (1990); in jüngerer Zeit liefert Boggasch (2011) im Rahmen ihrer Dissertation einen mit der philosophischen Propädeutik des Mittelalters beginnenden Abriss; Hahn (2009) geht in seiner Auseinandersetzung mit dem Konzept Wissenschaftspropädeutik bis auf Wilhelm von Humboldt zurück; Huber (2009) setzt bei den Vorarbeiten zur Neugestaltung der gymnasialen Oberstufe in den 1960er Jahren an.

In den amtlichen Texten der KMK zu Regelungen für die Oberstufe erlebte die Verwendung des Begriffs von den 1960er Jahren bis zur Gegenwart eine wechselvolle Geschichte. So wird Wissenschaftspropädeutik 1961 als ein didaktisches Prinzip verstanden: der Oberstufenschüler wird „propädeutisch in wissenschaftliche Arbeitsweisen" eingeführt und soll lernen, „mit Gegenständen und Problemen der Erfahrung, des Erkennens und des Wertens seinem Alter entsprechend selbstständig und sachgerecht umzugehen" (KMK, 1961 zit. in Zimmermann & Hoffmann 1985, S. 225). In der KMK-Vereinbarung zur Neugestaltung der gymnasialen Oberstufe im Jahre 1972 wird auf Wissenschaftspropädeutik nur relativ knapp eingegangen. Der Begriff wird mit den neu eingerichteten Leistungskursen in Beziehung gesetzt, die ein wissenschaftspropädeutisches Verständnis mit Blick auf Wissenschaft vermitteln sollen (KMK, 1972). Und in den KMK-Empfehlungen von 1977 wird betont, was bereits Flitner 1961 vorweg genommen hat, nämlich dass wissenschaftspropädeutisches Arbeiten selbstständiges Lernen voraussetzt. Im KMK-Text heißt es weiter, es gehöre zum Einüben in wissenschaftliches Arbeiten, „dass die Schüler die Eigenart des jeweiligen Unterrichtsgegenstands berücksichtigen, die Methoden des jeweiligen Sachgebietes kennenlernen und anwenden [und] über die angewendeten Methoden nachdenken und sie mit anderen vergleichen" (KMK, 1977, zit. in Zimmermann & Hoffmann, 1985, S. 208). An diese Erläuterung anknüpfend zeigt Huber mit Verweis auf Kaiser (1982) die inzwischen viel zitierten drei Dimensionen von Wissenschaftspropädeutik auf, indem jeweils die spezifische Art des Bezugs zur Wissenschaft benannt wird:

- das Lernen und Einüben in Wissenschaft, bezogen auf Grundbegriffe und Grundmethoden
- das Lernen und Sich-Bilden an Wissenschaft durch eine Haltung des Immer-weiter-Fragens und
- das Lernen und Nachdenken über Wissenschaft im Sinne einer kritischen Reflexion in größeren Zusammenhängen (vgl. Huber, 1997, S. 348; vgl. Huber, 2009, S. 44).

In besagtem KMK-Text von 1961 wird Wissenschaftspropädeutik als ein didaktisches Prinzip betont, bei dem die Altersangemessenheit ausdrücklich hervorgehoben wird. Auch bei Schmidt wird die Seite des Schülers bei der Definition von Wissenschaftspropädeutik mit berücksichtigt. Schmidt betont, dass Wissenschaftspropädeutik an die Wissenschaft wie an die Lebenswelt des Jugendlichen gebunden sei und sich in der Spannung zwischen „wissenschaftlicher Rationalität" und „lebensweltlicher Emotionalität" bewege (vgl. Schmidt, 1994, S. 225). Auch Messner fordert einen wissenschaftspropädeutischen Unterricht, in dem es gelingt, die Wissenschaft mit der Lebenspraxis der Schüler zu konfrontieren, indem das Lernen mit ihren Erfahrungsformen und Lebensbezügen verbunden sein sollte (vgl. Messner, 1998, S. 61ff.).

Ausgehend von den eigenen Erfahrungen und Lebensbezügen der Schülerinnen und Schüler bietet es sich an, wissenschaftspropädeutisches Arbeiten in Form forschenden Lernens zu praktizieren (vgl. Messner, 2007, S. 16ff.). Huber beschreibt die Idealform wissenschaftspropädeutisch ausgerichteten forschenden Lernens folgendermaßen:

> „Es besteht in möglichst selbstständigem, methodisch bewusstem Suchen nach einer Erkenntnis, es folgt eigenen Fragen, es ist selbst schon ein Handeln. Dies beginnt mit tätigen Bemühungen um genauere Information, Analyse des Kontexts, reflektierte Problemdefinition, Klärung der Perspektive, setzt sich fort in für Schüler(innen) machbaren Erkundungen, Untersuchungen, Experimenten oder Entwürfen und soll in Kommunikation und Diskussion der Ergebnisse mit anderen münden" (Huber, 2009, S. 56).

Gerade vom forschenden Lernen erhofft man sich die seit PISA geforderte kognitive Aktivierung im individuellen Lernprozess (vgl. Messner, 2009, S. 131).

3 Seminarfach, Seminarkurs, Projektseminar – zwischen Lebenswelt und Wissenschaft

Die neuen Lernformate, die je nach Bundesland und didaktischer Ausrichtung als „Seminarfach", „Seminarkurs" oder „Projektkurs" bezeichnet werden, ermöglichen ein forschendes Lernen mit Lebensbezug, das an Wissenschaft ausgerichtet ist und bei dem individuelle Interessen verfolgt werden können. Inzwischen sind diese Lernformate über Thüringen hinaus in weiteren Bundesländern als frei wählbare oder verpflichtende Lerngelegenheiten eingeführt worden (vgl. Bosse, 2009a, 22f., vgl. Huber & Kurnitzki, 2012, 74ff.). Im Folgenden soll neben dem inzwischen etablierten Thüringer Seminarfach das erst vor einigen Jahren eingeführte bayerische Projektseminar näher betrachtet werden.

Das Seminarfach in Thüringen hat den Status eines neu eingerichteten Faches in der gymnasialen Oberstufe. Es besteht aus einem Methodentraining in der Jahrgangsstufe 10, einer Facharbeit, die so genannte „Seminarfacharbeit" in den Jahrgangsstufen 11 und 12 und einem abschließenden Kolloquium. Bei der Benotung wird folgendermaßen gewichtet: 20 Prozent der Erstellungsprozess, 30 Prozent die Seminarfacharbeit und 50 Prozent das Kolloquium. Der Unterricht findet im Klassenverband statt. Für die Vorbereitung und das Erstellen der Facharbeit finden sich die Schülerinnen und Schüler in „Seminarfachgruppen" zusammen, die aus zwei bis sechs Schülerinnen und Schülern bestehen können, d.h. im Seminarfach wird grundsätzlich kooperativ gearbeitet. Bei der Themenfindung gilt es für die Schülerinnen und Schüler zu beachten, dass zwei der drei Aufgabenfelder der gymnasialen Oberstufe abgedeckt sein müssen. Es ist den Schülerinnen und Schülern freigestellt, ob sie ihre Bewertung des Seminarfachs für die Abiturprüfung einreichen. Mit dem neuen Lernformat werden folgende pädagogische Absichten verfolgt:

> „Ziel aller Bemühungen im Seminarfach ist es, die Schüler vertiefend zu selbständigem Lernen und wissenschaftspropädeutischem Arbeiten zu führen, bei ihnen problembezogenes Denken zu initiieren und zu schulen sowie mit ihnen Sozialformen des Lernens zu trainieren, die sowohl die Selbständigkeit als auch Kommunikations- und Teamfähigkeit verlangen und die Schüler veranlassen, über ihre Stellung in der Arbeitsgruppe zu reflektieren. Das Seminarfach orientiert auf die Schulung aller Kompetenzen. Zu erzielende Methoden- und Sachkompetenz ist immer eingebunden in übergeordnete Themen, Sachverhalte, Abläufe und Probleme. Der Unterricht und alle ergänzenden Arbeitsformen sind stets aufgabenfeldübergreifend anzulegen" (ThILLM, 1999, S. 7).

Entsprechend liegt für die Ausgestaltung des Seminarfachs lediglich eine Beschreibung der Lernchancen und zu erzielenden Kompetenzen vor mit völliger inhaltlicher Offenheit. Das bedeutet die Abkehr von einem vorgeschriebenen fachlich ausgerichteten Lehrplankonzept zugunsten der Option für Schülerinnen und Schüler, nach eigenen Interessen neigungsbezogen lernen zu können mit Themen, die den Rahmen eines Schulfaches sprengen. Dem Einzelnen wird die Verantwortung übertragen, gemeinsam im Team an einer selbst gewählten Fragestellung zu arbeiten, den Lernprozess zusammen mit den Mitschülerinnen und Mitschülern der Kleingruppe voranzubringen und zielführend auf die Erstellung der Seminarfacharbeit und auf das Kolloquium hinzuarbeiten.

Inzwischen liegen einige Untersuchungen zum Seminarfach in Thüringen vor. So hat Schenk[5] das neu eingerichtete Fach hinsichtlich der Frage evaluiert, inwieweit es - mit Blick auf die Verbesserung der Studierfähigkeit - zu einer Weiterentwicklung der Lernkompetenz in der gymnasialen Oberstufe beiträgt (vgl. Schenk, 2005). In die Untersuchung waren sowohl Schülerinnen und Schüler als auch Lehrkräfte einbezogen. Sie besteht aus zwei Fragebogenerhebungen: einer Rahmenerhebung, an der alle 112 Thüringer Gymnasien beteiligt waren, und einer Detailerhebung von 27 ausgewählten Gymnasien. Die Stichprobe der Rahmenerhebung umfasste 337 Seminarfachlehrkräfte und 422 Schülerinnen und Schüler, die der Detailerhebung 107 Seminarfachlehrkräfte sowie 1430 Schülerinnen und Schüler. Schenks Evaluation zielte darauf ab zu untersuchen, inwieweit Oberstufenschülerinnen und -schüler im Seminarfach „persönliche Lernhaltungen" und den „Willen zur Lösung komplexer Aufgabenstellungen" entwickeln sowie „persönliche Lerntechniken" und Lernkompetenzen als Grundlage für Studierfähigkeit und berufliche Ausbildung. Insgesamt ging es darum, Informationen über die unterrichtliche Umsetzung der Konzeption „Seminarfach" zu erhalten und damit letztlich um die Frage, wie das Seminarfach von den Thüringer Schülerinnen und Schülern und Lehrkräften als neu eingeführte Lernge-

5 Renate Schenk war als Leiterin des „Schulversuchs Seminarfach" im Thüringer Institut für Lehrerfortbildung, Lehrplanentwicklung und Medien maßgeblich an der Entwicklung des Seminarfachs beteiligt.

legenheit der Oberstufe wahrgenommen und genutzt wird (Schenk, 2005, S. 9).

Um das zentrale Ergebnis vorweg zu nehmen: Die Evaluation ergab – bei Einschränkungen und Kritikpunkten – sowohl auf Schüler- wie auf Lehrerseite eine positive Einschätzung des neuen Fachs. Die Befragten nahmen durch das Seminarfach eine Verbesserung der Lernkompetenz wahr, wobei die Lehrkräfte insbesondere die verbesserte Methodenkompetenz hervorhoben. Sowohl bei den Schülerinnen und Schülern wie bei den Lehrkräften wurde eine Verstärkung selbstständiger Arbeitsformen wahrgenommen. Die Bereitschaft zur Bearbeitung komplexer Fragestellungen und das gemeinsame Arbeiten in Gruppen wurden von den meisten Lernenden positiv bewertet. Gerade die Befunde zur Gruppenarbeit dürften vor dem Hintergrund, dass in Thüringen erstmals das gemeinsame Arbeiten in Kleingruppen in der Oberstufe durch das Seminarfach verpflichtend gemacht wurde, von besonderem Interesse sein. Als Motiv für die Gruppenbildung gaben 86 Prozent der Schülerinnen und Schüler Freundschaften an, das Interesse am Thema war bei 50 Prozent ausschlaggebend, sich als Gruppe zusammenzuschließen (vgl. ebd., S. 134, 143). Anregungen für die Wahl ihres Themas erhielt über ein Drittel der Schülerinnen und Schüler durch eigene Interessen und Hobbys, 34 Prozent gaben die Medien an, 20 Prozent nannten regionale Bezüge (vgl. ebd., S. 146).[6]

Das bei Gruppenarbeit schwierige Feld der Bewertung war bei den Schülerinnen und Schülern denn auch Anlass zu Kritik: Knapp 15 Prozent kritisierten die uneinheitlichen Bewertungsmaßstäbe und damit die mangelnde Gerechtigkeit und Objektivität bei der Bewertung (vgl. ebd., S. 135).

Auf Lehrerseite fühlte sich die überwiegende Mehrheit für den Unterricht im Seminarfach befähigt, Fortbildungswünsche bestanden in den Bereichen Methodentraining und Gruppenarbeit. Kritisch gesehen wurde

6 Vgl. dazu den – sicherlich nicht gerade erwartungskonformen – Befund von Eberle, der bei seiner Untersuchung von 437 schweizerischen Maturaarbeiten feststellt, dass die Qualität der Arbeiten bei freier Themenwahl signifikant geringer ist als bei der Vorgabe durch Listen oder Rahmenthemen (vgl. Eberle u.a., 2008, S. 346).

bei knapp einem Zehntel die hohe zeitliche Belastung, die das Seminarfach mit sich bringt. Ausgesprochen erfreulich ist das Ergebnis, dass für mehr als zwei Drittel der Befragten durch das Seminarfach auch deutliche Impulse für eine schulinterne Kommunikation und Kooperation ausgingen, auch wenn sich diese Einschätzung vor allem auf die Gruppe der Seminarfachlehrkräfte bezieht.

Die Evaluation zeigt außerdem, dass eine der Zielsetzungen des Seminarfachs, außerschulische Lernorte und Partner zu nutzen, in der Praxis auch wirklich umgesetzt wurde. Einbezogen wurden neben Universitäten und Bibliotheken u.a. Kliniken, Labore, öffentliche Ämter, soziale Einrichtungen, Archive und Museen.

Während Schenk den Schulversuch Seminarfach hinsichtlich seiner Auswirkungen auf das Lernen und die Studienkompetenzen von Oberstufenschülerinnen und -schülern untersucht hat, konzentriert sich Schmitz auf die Frage, inwieweit das Thüringer Seminarfach die naturwissenschaftliche Handlungskompetenz von Abiturientinnen und Abiturienten in besonderer Weise fördert (vgl. Schmitz, 2003). Dazu hat er in die Stichprobe seiner Querschnittsuntersuchung in den Jahren 2000 bis 2002 1886 Schülerinnen und Schüler mit und ohne Seminarfach-Erfahrung einbeziehen können. Dies war möglich, weil es in Thüringen vor Einführung des Seminarfachs bereits einen Schulversuch mit zehn Pilotschulen gab, die das Seminarfach vor einer flächendeckenden Einführung erprobten. Und in einer Längsschnittstudie wurden Schülerinnen und Schüler eines Gymnasiums über einen Zeitraum von eineinhalb Jahren regelmäßig zu ihren Erfahrungen mit der Seminarfacharbeit befragt. Schmitz interessierten insbesondere methodische Fähigkeiten und deren Nutzen für den Aufbau naturwissenschaftlicher Handlungskompetenz. Dabei bezog er sich als theoretische Fundierung für seine Studie auf die Definition der naturwissenschaftlichen Grundbildung nach PISA und lehnte sich bei seinen Testfragebögen an den naturwissenschaftlichen PISA-Teil an. In einem Selbsteinschätzungsfragebogen wurden gemäß der Konzeption des Seminarfachs Arbeitsweisen erfragt, die sich auf die Bereiche „Textverständnis", „Informationsbeschaffung", „Zusammenarbeit mit Mitschülern", „Präsentationsgestaltung" und „Projektplanung" bezogen.

Die Auswertung der Testfragebögen ergab bei den Schülerinnen und Schülern der Pilotschulen einen positiven, aber moderaten Effekt auf ihre naturwissenschaftliche Grundbildung. Bei den erfragten Arbeitsweisen ergab sich bezüglich der Fähigkeiten bei der „Zusammenarbeit mit Mitschülern" ein zunächst erwartungswidrig erscheinender Unterschied zwischen den beiden Schülergruppen. Nicht die Schülerinnen und Schüler mit Seminarfach, sondern jene ohne Seminarfacherfahrung schätzten ihre Fähigkeiten besser ein. Schmitz deutet diesen Befund, insbesondere vor dem Hintergrund der Ergebnisse seiner Längsschnittstudie, folgendermaßen: Gerade weil die Schülerinnen und Schüler aus der Seminarfachgruppe intensivere Erfahrungen mit Gruppenarbeit sammeln konnten, haben sie möglicherweise einen tieferen Einblick in die Schwierigkeiten erhalten, die mit der Zusammenarbeit mit Mitschülerinnen und Mitschülern einhergehen können. Zwei weitere Befunde wertet Schmitz insbesondere für die Naturwissenschaftsdidaktik als kritisch: Ein Drittel der Befragten mit und ohne Seminarfacherfahrung gab an, „keine Erfahrung" damit zu haben, sich mit Hilfe von Experimenten systematisch Informationen zu beschaffen und Demonstrationsexperimente bei Vorträgen zu nutzen (vgl. ebd., 97ff.). Außerdem gab ein großer Anteil der Befragten an, im Umgang mit naturwissenschaftlichen Texten Schwierigkeiten beim Lesen, Verstehen und bei der Wiedergabe mit eigenen Worten zu haben. Trotz dieser kritisch zu bewertenden Einzelbefunde kann Schmitz mit seiner Untersuchung insgesamt zeigen, dass sich die Nutzung der Lerngelegenheit Seminarfach positiv auf die naturwissenschaftliche Grundbildung der Schülerinnen und Schüler auswirkt.

Während es in Thüringen seit nunmehr 14 Jahren die Lerngelegenheit Seminarfach für die Oberstufe gibt, wurde in Bayern die Neuerung für die Schülerinnen und -schüler, ein Wissenschaftspropädeutisches Seminar und ein Projektseminar zu belegen, erst im Jahre 2009 eingeführt. Oben wurde bereits darauf hingewiesen, dass die KMK-Vorgabe der „besonderen Lernleistung" unterschiedlich umgesetzt werden kann, etwa als Jahresarbeit oder als Projekt. In Bayern belegen die Schülerinnen und Schüler im Laufe ihrer Oberstufenzeit sowohl ein Wissenschaftspropädeutisches Seminar, aus dem eine Seminararbeit hervorgeht, als auch ein Projektseminar, bei dem, wie der Begriff bereits andeutet, ein Projekt im Mittelpunkt steht (ISB, 2008). Während Letzteres vor allem der Berufsorientierung dient, sollen im Wissenschaftspropädeutischen Seminar im Rahmen einer zu erstellenden Seminararbeit insbesondere die Fach- und Methodenkompetenzen für ein Studium geschult werden. Damit stellt die Neuerung in der gymnasialen Oberstufe in Bayern innerhalb der bundesweiten Entwicklung insofern eine Besonderheit dar, als gleich zwei „Seminare" mit jeweils unterschiedlicher Ausrichtung an angestrebten Kompetenzen eingeführt wurden.

Bevor sich die Aufmerksamkeit auf das bayerische Projektseminar als wegweisende Lerninnovation zur Berufsorientierung richtet, sei in gebotener Kürze auf die Lernchancen eingegangen, die die Einführung einer Seminararbeit, also einer längeren schriftlichen Ausarbeitung, bietet. In zahlreichen Bundesländern mündet die besondere Lernleistung in eine wissenschaftspropädeutisch ausgerichtete Arbeit, eine Entwicklung, die sich seit geraumer Zeit auch in der Schweiz vollzieht. Eberle hat im Rahmen seiner Evaluation der schweizerischen Maturitätsreform auch die Maturaarbeit untersucht, deren Benotung seit 2008 für das Bestehen der Maturaprüfung zählt (vgl. Eberle, 2009, S. 96). Im Globalurteil (Inhalt, Sprache, Form) ergab sich für die Qualität der 437 untersuchten Maturaarbeiten zwar nur ein zufriedenstellendes Ergebnis, die Schülerinnen und Schüler bewerteten das selbstständige, interessengeleitete Arbeiten aber ausgesprochen positiv hinsichtlich ihrer akademischen Qualifikation und persönlichen Entwicklung (vgl. Eberle u.a., 2008, S. 346ff.). Auf eine weitere Untersuchung sei an dieser Stelle lediglich verwiesen, die sich auf das bayerische Wissenschaftspropädeutische Seminar bezieht und die inhaltlich-konzeptionell angelegt ist. Boggasch konzentriert sich auf das Fach Musik und lotet im Rahmen des Modellversuchs „Musik und Literatur" aus, welche fächerübergreifenden Lernmöglichkeiten das Wissenschaftspropädeutische Seminar Schülerinnen und Schülern als Beitrag zu einer neuen Lernkultur in der gymnasialen Oberstufe bietet (Boggasch, 2011).

Doch zurück zum Projektseminar, das im Vergleich zum Wissenschaftspropädeutischen Seminar anwendungsorientiert ausgerichtet ist, und, wie bereits erwähnt, primär der Berufsorientierung dient. Folgende Kriterien kennzeichnen laut ministeriellen Vorgaben ein geeignetes Projektthema:

- Handlungs- und Produktorientierung: Am Ende steht ein gemeinsames Produkt
- Komplexität und die Notwendigkeit zur Teamarbeit: Nur durch eine intensive Zusammenarbeit aller Mitglieder des Seminars lässt sich das angestrebte Produkt erzeugen
- Realitätsbezug: Die Kooperation mit externen Projektpartnern bietet einen Einblick in mindestens ein Berufsfeld
- Projekt-Charakter: Die Bearbeitung macht eine zielgerichtete Planung mit verbindlichen Terminsetzungen erforderlich (vgl. ISB, 2008, S. 40)

Um diesen Kriterienkatalog veranschaulichen zu können, wird ein konkretes Projekt herangezogen, das als Modell für das Projektseminar gelten kann. Da das Projekt, an dem im Folgenden beispielhaft die Kriterien illustriert werden sollen, bereits mehrfach ausführlich dargestellt wurde, soll hier eine knappe Beschreibung genügen (vgl. Bosse, 2009b; vgl. Bosse, Blum-Pfingstl & Krajewski, 2009). Es handelt sich um das Projekt „Internetfernsehen", das mit einer Gruppe von 21 Schülerinnen und Schülern unter Betreuung eines Deutschlehrers in der Qualifikationsphase eines niederbayerischen Gymnasiums in Kooperation mit einer nahe gelegenen Hochschule durchgeführt wurde. Das Ziel des Projekts war die Produktion einer einstündigen Fernsehsendung, die per Internet übertragen wurde, mit dem Titel „Schläfst du noch oder träumst du schon" (*Handlungs- und Produktorientierung*). Bei dem Sendeformat handelt es sich um eine moderierte Live-Sendung in einem Studio mit anwesenden Zuschauerinnen und Zuschauern. Das Studio gehört der Hochschule (Bereich Medientechnik), mit der das Gymnasium kooperiert. Die Hochschule stellt der Lerngruppe auch ihr Sendeformat – konzeptionell wie technisch – zur Verfügung, in das die schulische Eigenproduktion eingefügt werden kann. Die Sendungen, die inzwischen von wechselnden Schülergruppen zu jeweils unterschiedlichen Themen mehrfach produziert wurden, bestehen jeweils aus einem Wechsel von Interviews mit eingeladenen Studiogästen zum Thema der Sendung, Einspielern zu einzelnen Themenaspekten sowie kurzen Gesprächen zwischen den beiden Moderatoren und Schülern aus der jeweiligen Lerngruppe. Die Interviews bezogen sich in dem konkreten Beispiel auf die Themen Traumdeutung, Schlafforschung und Hypnose, die Einspieler bestanden aus Interviewsequenzen mit Passanten in der Fußgängerzone der Nachbarstadt zu deren Einschlafgewohnheiten, Träumen und Traumpartnern.

Der Lehrer ist an der Medienarbeit sehr interessiert und hat den Kontakt zum Bereich Medientechnik der benachbarten Hochschule hergestellt. Er hat bereits zahlreiche Fortbildungen, insbesondere im medienddidaktischen Bereich absolviert. Das technische Know-how erwarben die Oberstufenschülerinnen und -schüler über viele Monate unter Anleitung von Studierenden des Bereichs Medientechnik von besagter Hochschule. Dazu gehört ein Technik-Training mit Kamera, Bild und Ton sowie Lichtsetzung, Bildregie und Aufzeichnungsverfahren (*Realitätsbezug/Einblick in ein Berufsfeld*).

Durch die hohe Komplexität bei der Konzeption und Produktion einer Live-Fernsehsendung ergibt sich ein überaus breit gefächertes Betätigungsfeld für die einzelnen Schülerinnen und Schüler. Technische Aspekte wie Kameraführung und Schnitt kommen genauso zum Tragen wie journalistische Qualitäten, die für die Wahl eines ansprechenden Sendungsthemas und anschließend bei der Gestaltung eines abwechslungsreichen Programms eine große Rolle spielen. Logistisch-organisatorisches Geschick – Wer hat wann was zuverlässig zu erledigen? – sind ebenso gefragt wie sprachlich-soziale Gewandtheit bei der Live-Moderation. Kurz vor Sendetermin muss sich dann, schulisch wie privat, alles der Live-Produktion unterordnen (*Projekt-Charakter/zielgerichtete Planung*). Letztlich wird den Jugendlichen ein hohes Maß an Eigenständigkeit und Individualität hinsichtlich der eigenen Interessen ermöglicht, allerdings stets in Verantwortung der Gruppe gegenüber, um das gemeinsam gesteckte Ziel zu erreichen (*Komplexität/Notwendigkeit zur Teamarbeit*).

4 Fazit: Lerngelegenheit Seminarkurs zwischen Hochschulvorbereitung und Berufsorientierung

Ausgangspunkt dieses Beitrags war die Rekanonisierung, die sich im Zuge der Reform der gymnasialen Oberstufe in den letzten 40 Jahren vollzogen hat. Wissenschaftspropädeutisches Arbeiten sollte ursprünglich vor allem das Lernen in den Leistungskursen kennzeichnen. In zahlreichen Bundesländern wurden die vertiefenden Leistungskurse zugunsten so genannter Kernfächer abgeschafft. Die Tendenz zur Standardisierung, um Anforderungen und Lernzeiten mit Blick auf das Abitur vereinheitlichen zu wollen, ist unverkennbar (vgl. Bosse, 2013). Zugleich wurde 1997 die „besondere Lernleistung" eingeführt, die wissenschaftspropädeutisches Arbeiten in Seminarfächern, Seminarkursen oder Projektseminaren ermöglichen soll und individuelle inhaltliche Schwerpunktsetzung erlaubt. Zu Recht weist Eberle mit Verweis auf Criblez (2005) auf die Schwierigkeit hin, das Konstrukt Wissenschaftspropädeutik pädagogisch zu operationalisieren. Eberle stellt fest, dass sich Wissenschaftspropädeutik heute stärker auf die Arbeitsmethoden und weniger auf die Inhalte beziehe (vgl. Eberle u.a., 2008, S. 282). Die Beispiele aus Thüringen und Bayern zeigen, dass Schülerinnen und Schüler mit der Einführung des Seminarkurses, des Wissenschaftspropädeutischen Seminars und des Projektseminars neue Möglichkeiten erhalten haben, vertiefend zu arbeiten, häufig in kooperativer Weise. Dies geschieht als ein Lernen in, an und über Wissenschaft, um die drei Ebenen, die für Huber Wissenschaftspropädeutik charakterisieren, noch einmal zu nennen. Vor allem erlauben Lernformate wie der Seminarkurs in deutlich stärkerem Maße, als dies im allgemeinen im regulären Oberstufenunterricht möglich ist, interessenbezogen und erfahrungsbasiert zu lernen, häufig auch in Form forschenden Lernens. Da sich die in der Regel selbst gewählten Themen zumeist auf komplexe Fragestellungen oder Problemlagen beziehen, muss der Horizont eines einzelnen Fachs häufig überschritten und fächerübergreifend gearbeitet werden. Die neuen Lernformate ermöglichen ein Lernen zwischen „wissenschaftlicher Rationalität" und „lebensweltlicher Emotionalität", so wie Schmidt das Konzept Wissenschaftspropädeutik bezogen auf die Lebenswelt des Schülers definiert. Dass die neuen Lernformate aber auch gezielt der Berufsorientierung dienen können, zeigt insbesondere das vor einigen Jahren in Bayern eingeführte Projektseminar. Das aufgezeigte Beispiel mit dem Medienprojekt macht deutlich, wie Schülerinnen und Schüler durch die enge Kooperation mit externen Partnern in handlungsorientierter Weise einen Einblick in die Berufswelt erhalten und mit Anforderungen eines konkreten Berufsfeldes, hier mit der Produktion einer TV-Sendung, vertraut gemacht werden.

Die neuen Lernmöglichkeiten für Oberstufenschülerinnen und -schüler zeigen auf, wie sich die Lernkultur in der gymnasialen Oberstufe in den letzten Jahren weiterzuentwickeln begonnen hat. Allerdings macht das Lernformat Seminarkurs nur einen relativ geringen Teil der Oberstufenarbeit aus und findet zumeist abgelöst vom übrigen Unterricht statt. Es wäre zu wünschen, dass die guten Erfahrungen von Schülerinnen und Schülern wie Lehrkräften mit dem neuen Lernformat, auf die die Evaluationsergebnisse hinweisen, auch auf den übrigen Fachunterricht in der Oberstufe ausstrahlen und diesem neue Impulse zur Weiterentwicklung des erfahrungsbezogenen, forschenden und kooperativen Lernens liefern.

Literatur

Boggasch, M. (2011). *Wissenschaftspropädeutik in der Schule – Musik und Literatur als wissenschaftspropädeutisches Seminar in der gymnasialen Oberstufe.* Dissertation. Abgerufen von opus4.kobv.de/opus4-udk/files/27/boggasch_mirjam.pdf

Bosse, D. (2009a). Zur Zukunft des allgemein bildenden Gymnasiums. In D. Bosse (Hrsg.), *Gymnasiale Bildung zwischen Kompetenzorientierung und Kulturarbeit* (S. 15-28). Wiesbaden: VS Verlag für Sozialwissenschaften.

Bosse, D. (2009b). Unterricht im Jahre 2020. In D. Bosse & P. Posch (Hrsg.), *Schule 2020 aus Expertensicht. Zur Zukunft von Schule, Unterricht und Lehrerbildung* (S. 143-148) Wiesbaden: VS Verlag für Sozialwissenschaften.

Bosse, D. (2013). Die gymnasiale Oberstufe unter Standardisierungsdruck. In D. Bosse, F. Eberle & B. Schneider-Taylor (Hrsg.), *Standardisierung in der gymnasialen Oberstufe* (S. 69-80). Wiesbaden: Springer VS.

Bosse, D., Blum-Pfingstl, S. & Krajewski, S. (2009). Medienkompetenz am Gymnasium am Beispiel von Internet-TV. In D. Bosse (Hrsg.), *Gymnasiale Bildung zwischen Kompetenzorientierung und Kulturarbeit* (S. 259-265). Wiesbaden: VS Verlag für Sozialwissenschaften.

Criblez, L. (2005). Das Gymnasium im Stress. *amv-aktuell*, Sonderheft 2005/1, 4-12.

Eberle, F. (2009). Schweizerische Maturität – Ausbildungsstandards für Maturandinnen und Maturanden. In D. Bosse (Hrsg.), *Gymnasiale Bildung zwischen Kompetenzorientierung und Kulturarbeit* (S. 91-106). Wiesbaden: VS Verlag für Sozialwissenschaften.

Eberle, F. u.a. (2008). *Evaluation der Maturitätsreform 1995 (EVAMAR) Phase II.* Im Auftrag der Schweizerischen Konferenz der kantonalen Erziehungsdirektoren EDK und des Staatssekretariats für Bildung und Forschung SBF. Bern.

Flitner, W. (1961). *Die gymnasiale Oberstufe.* Heidelberg: Quelle & Meyer.

Habel, W. (1990). *Wissenschaftspropädeutik. Untersuchungen zur Gymnasialen Bildungstheorie des 19. und 20. Jahrhunderts.* Köln, Wien: Böhlau-Verlag.

Hahn, S. (2009). Wissenschaftspropädeutik in der Sekundarstufe II: Bildungsgeschichtlicher Rückblick und aktuelle Entwicklungen. *Trios - Forum für schulnahe Forschung, Schulentwicklung und Evaluation,* 4(2), 5-37.

Huber, L. (1997). Fähigkeit zum Studieren – Bildung durch Wissenschaft. Zum Problem der Passung zwischen Gymnasialer Oberstufe und Hochschule. In E. Liebau, W. Mack & C. Scheilke (Hrsg.), *Das Gymnasium. Alltag, Reform, Geschichte, Theorie* (S. 333-351). Weinheim: Juventa.

Huber, L. (2009). Wissenschaftspropädeutik ist mehr! *Trios - Forum für schulnahe Forschung, Schulentwicklung und Evaluation,* 4.(2), 39-60.

Huber, L. & Kurnitzki, S. (2012). Individuelle Schwerpunktsetzung auf der gymnasialen Oberstufe?! Vorhaben und Wahlmöglichkeiten in den Bundesländern sechs Jahre nach der KMK-Vereinbarung. *Trios – Forum für schulnahe Forschung, Schulentwicklung und Evaluation,* 7(1).

ISB [Staatsinstitut für Schulqualität und Bildungsforschung München] (2008). *Die Seminare in der gymnasialen Oberstufe* (2. Aufl.). Wolnzach: Kastner.

Kaiser, A. (1982). Die didaktische Struktur der gymnasialen Oberstufe. Entwicklungen nach der KMK-Reform von 1972. In H. Blankertz, J. Derbolav & A. Kell (Hrsg.), *Sekundarstufe II – Jugendbildung zwischen Schule und Beruf* (S. 130-151). Stuttgart: Klett-Cotta.

KMK [Ständige Konferenz der Kultusminister der Länder in der Bundesrepublik Deutschland] (1961). *Empfehlungen zur didaktischen und methodischen Gestaltung der Oberstufe im Sinne der Saarbrücker Rahmenvereinbarungen.* Stuttgarter Empfehlungen vom 28./29.09.1961. Neuwied: Luchterhand Verlag.

KMK (1972). *Vereinbarung zur Neugestaltung der gymnasialen Oberstufe in der Sekundarstufe II.* Abgerufen von http://www.kmk.org/bildung-schule/allgemeine-bildung/sekundarstufe-ii-gymnasiale-oberstufe.html

KMK (1977). *Empfehlungen zur Arbeit in der gymnasialen Oberstufe gemäß Vereinbarung zur Neugestaltung der gymnasialen Oberstufe in der Sekundarstufe II – Beschluß der Kultusministerkonferenz vom 7. Juli 1972. Beschluß der Kultusministerkonferenz vom 2. Dezember 1977.* Abgerufen von http://www.kmk.org/dokumentation/veroeffentlichungen-beschluesse/bildung-schule/allgemeine-bildung.html

KMK (1997). *Beschluss der Kultusministerkonferenz vom 07.07.1972 i.d.F. vom 28.02.1997.* Abgerufen von http://www.kmk.org/dokumentation/veroeffentlichungen-beschluesse/bildung-schule/allgemeine-bildung.html

KMK (2006). *Vereinbarungen zur Gestaltung der gymnasialen Oberstufe in der Sekundarstufe II.* Abgerufen von http://www.kmk.org/dokumentation/veroeffentlichungen-beschluesse/bildung-schule/allgemeine-bildung.html

Messner, R. (1998). Gymnasiale Bildung und Wissenschaft. In R. Messner, E. Wicke & D. Bosse (Hrsg.), *Die Zukunft der gymnasialen Oberstufe* (S. 59-80). Weinheim und Basel: Beltz.

Messner, R. (2007). Schülerwettbewerbe leisten methodische Pionierarbeit. In P. Fauser & R. Messner (Hrsg.), *Fordern & Fördern. Was Schülerwettbewerbe leisten* (S. 15-30). Hamburg: Edition Körber-Stiftung.

Messner, R. (2009). Forschendes Lernen: Impulse zur Klärung fachlicher Schwerpunkte. In R. Messner (Hrsg.), *Schule forscht. Ansätze und Methoden zum forschenden Lernen* (S. 131-142). Hamburg: Edition Körber-Stiftung.

Schenk, R. (2005). *Das Seminarfach in Thüringen. Die Entwicklung und der Anspruch des Seminarfachs in Thüringen im Kontext der Diskussion um die gymnasiale Oberstufe.* Dissertation. Abgerufen von http://www.db-thueringen.de/servlets/DerivateServlet/ Derivate-10858/schenk.pdf

Schmidt, A. (1994). *Das Gymnasium im Aufwind. Entwicklung, Struktur, Probleme seiner Oberstufe* (2. Aufl.). Aachen: Hahner Verlagsgesellschaft.

Schmitz, J. (2003). *Studien zur Ausprägung naturwissenschaftlicher Handlungskompetenz bei Abiturientinnen und Abiturienten und deren Fördermöglichkeiten durch fächerverbindende besondere Lernleistungen am Beispiel des Seminarfachs an Thüringer Gymnasien.* Dissertation. Abgerufen von http://d-nb.info/971298416/34

ThILLM [Thüringer Institut für Lehrerfortbildung, Lehrplanentwicklung und Medien] (1999). *Empfehlungen für den Unterricht im Seminarfach.* Bad Berka: gb Druckerei Arnstadt.

Trautwein, U., Neumann, M., Nagy, G., Lüdtke, O. & Maaz, K. (Hrsg.) (2010). *Schulleistungen von Abiturienten. Die neu geordnete gymnasiale Oberstufe auf dem Prüfstand*. Wiesbaden: VS Verlag für Sozialwissenschaften.

Zimmermann, W. & Hoffmann, J. (1985). *Die gymnasiale Oberstufe. Grundzüge – Reformkonzepte – Problemfelder*. Stuttgart: Klett Verlag.

Diskussion zum Vortrag

Verfasst von Michaela Kirsch (Universität Wien)

Der erste Diskussionsteilnehmer leitet die von Barbara Schneider-Taylor moderierte Diskussion ein, indem er Bezug auf die im Vortrag behandelte Matrix zur Allgemeinbildung von Jürgen Baumert nimmt. Diese sei für ihn in zweierlei Hinsicht nicht ganz nachvollziehbar. Zum einen leuchte ihm die Einordnung der jeweiligen Fächer in die vier „Modi der Weltbegegnung" – nämlich „Kognitiv-instrumentelle Modellierung der Welt", „Ästhetisch-expressive Begegnung und Gestaltung", „Normativ-evaluative Auseinandersetzung mit Wirtschaft und Gesellschaft", „Probleme konstitutiver Rationalität" – nicht ein. Habermas, bei dem sich ein beinahe wortgleiches System finde, ordne jede Wissenschaft dem kognitiv-instrumentellen Bereich zu. Zugleich hätten alle Wissenschaften, auch die bei Baumert kognitiv-instrumentell verorteten Naturwissenschaften, normative, nicht jedoch, so präzisiert der Diskutant, evaluative Aspekte. Für ihn sei von daher nicht vorstellbar, dass man die Fächer Geschichte, Ökonomie und Politik/Gesellschaft als normativ-evaluative Auseinandersetzung mit Wirtschaft und Gesellschaft betrachte. Zum anderen merkt er an, dass für ihn der Sinn der einzelnen Felder der Matrix nicht ersichtlich sei. Exemplarisch führt er den Modus „Ästhetisch-expressive Begegnung und Gestaltung" in der Vertikalen und die „Mathematisierungskompetenz" als eine der „Basalen Sprach- und Selbstregulationskompetenzen" in der Horizontalen an, deren sie verbindendes Feld für ihn keinerlei Sinn ergebe.

Dorit Bosse weist zunächst darauf hin, dass eine Matrix eine Verkürzung darstellt, in diesem Falle eine Verkürzung einer sehr umfangreichen Diskussion um Allgemeinbildung. Anschließend geht sie zunächst auf den für den Diskutanten zweiten problematischen Aspekt des Baumertschen Schemas ein. Ihrer Interpretation nach gelte es nicht, die einzelnen Felder auszufüllen, vielmehr würden die beiden Kategorien verschiedene Formen von Bildung darstellen. Die „Modi der Weltbegegnung" stünden für die materiale, die „Basalen Sprach- und Selbstregulationskompetenzen" für die formale Bildung. Im nächsten Schritt widmet sie sich dem ersten Problem des Diskussionsteilnehmers, wobei sie ihren Fokus genau wie dieser auf die Modi „Normativ-evaluative Auseinandersetzung mit Wirtschaft und Gesellschaft" und „Kognitiv-instrumentelle Modellierung der Welt" richtet. Natürlich sei es möglich zu sagen,

Modi der Weltbegegnung (Kanonisches Orientierungswissen)	Basale Sprach- und Selbstregulationskompetenzen (Kulturwerkzeuge)				
	Beherrschung der Verkehrssprache	Mathematisierungskompetenz	Fremdsprachl. Kompetenz	IT-Kompetenz	Selbstregulation des Wissenserwerbs
Kognitiv-instrumentelle Modellierung der Welt Mathematik Naturwissenschaften					
Aesthetisch-expressive Begegnung und Gestaltung Sprache/Literatur Musik/Malerei/Bildende Kunst Physische Expression					
Normativ-evaluative Auseinandersetzung mit Wirtschaft und Gesellschaft Geschichte Ökonomie Politik/Gesellschaft Recht					
Probleme konstitutiver Rationalität Religion Philosophie					

Tabelle 1: Grundstruktur der Allgemeinbildung und des Kanons (Baumert, 2002, S. 113)

auch die Fachbereiche Geschichte und Ökonomie müssten kognitiv-instrumentell verstanden werden, doch gebe es gerade innerhalb dieser Disziplinen Setzungen und ideologische Sichtweisen. Die Matrix und damit auch die Zuordnung der einzelnen Fächer zu den vier Modi seien als eine Übersicht zu verstehen, innerhalb derer man sich orientiere, um dann einen durchaus kritisch-reflexiven Unterricht darauf zu beziehen. Kritisch-reflexiv sei dieser Unterricht in zweifacher Weise: einmal auf den Gegenstand bezogen, um den es hier im Einzelnen gehe, und zum zweiten auch immer auf sich selbst, auf den eigenen Erfahrungshorizont bezogen, vor dessen Hintergrund man beispielsweise ökonomische Fragestellungen in der Wirtschaft oder in der eigenen Gesellschaft wahrnehme. „Kognitiv-instrumentelle Modellierung der Welt", so leitet sie zum anderen Modus der Weltbegegnung über, das seien Baumert und Klieme par excellence, da diese im Sinne des gemäßigten didaktischen Konstruktivismus sagen würden, dass es sich dabei um Wissenschaften respektive Inhalte handele, die wegen ihrer Komplexität erst im Denken oder auch in der Vorstellungswelt der Schülerinnen und Schüler konstituiert und modelliert werden müssten. Zur Explikation dessen, was sie unter dem Kognitiv-Modellierenden versteht, verweist Dorit Bosse zudem auf Martin Wagenschein, der mit Hilfe des genetisch-sokratisch-exemplarischen Arbeitens versucht habe, ganz bestimmte Erkenntnisse in den Naturwissenschaften nachvollziehend für Schülerinnen und Schüler zu entdecken. Abschließend kehrt sie noch einmal zum Bereich „Normativ-evaluative Auseinandersetzung mit Wirtschaft und Gesellschaft" zurück, dem die Sozialwissenschaften zu subsumieren seien. Hier gehe es nicht um ein affirmatives Nachbeten, sondern eben um eine kritisch-evaluative Auseinandersetzung. Es sei Aufgabe des Unterrichts, so beschließt Dorit Bosse ihre Antwort an den ersten Diskussionsteilnehmer, Lernsettings zu bieten, innerhalb derer praktisch-kritisch reflektiert werden könne, beispielsweise in Form eines Planspiels, in dessen Rahmen ganz bestimmte Dinge des wirtschaftlichen Zusammenspiels noch einmal nachvollzogen werden könnten.

Die Moderatorin Barbara Schneider-Taylor rekurriert ebenfalls auf das zur Diskussion stehende Schema, welches ihr, im Gegensatz zum ersten Diskussionsteilnehmer, sehr eingängig erscheint. Ausgehend vom Modus „Kognitiv-instrumentelle Modellierung der Welt" erläutert sie, dass wir in einer mathematisierten Welt leben, und zugleich auch in einer

Welt, die im Grunde seit der Antike auch von einem naturwissenschaftlichen Impetus getrieben sei. Dies in jedem Menschen zu erzeugen, sei ihr zufolge sehr wichtig, denn schließlich werde dies nicht genetisch von Generation zu Generation weitergegeben, sondern müsse erzeugt werden. Im Anschluss geht sie auf den Bereich „Normativ-evaluative Auseinandersetzung mit Wirtschaft und Gesellschaft" ein. Zwar konzediere sie, dass alles auf irgendeine Art und Weise normativ-evaluativ sei, doch gerade für die diesem Modus zugeordneten Fächer sei dies doch äußerst zutreffend. Zur Verdeutlichung ihrer Aussage beruft sich Barbara Schneider-Taylor zunächst auf die Geschichte, welche nichts anderes darstelle als das, was wir thesaurieren, was wir für tradierungswürdig erachten und was wir irgendwann aus dem Archiv des Vergessenseins hervorholten. Dies sei ihr zufolge höchst normativ. Zuletzt bezieht sie sich auf die Ökonomie. Unter Berufung auf Benjamin Franklins die Neuzeit einleitenden Satz „Zeit ist Geld" zeigt sie auf, dass Ökonomie ein gedankliches Konstrukt sei, das auch wieder aufgegeben werden könne. Überspitzt gesagt handele es sich um eine Ideologie, die in höchstem Maße normativ besetzt sei.

Der Beitrag der nächsten Diskussionsteilnehmerin zielt auf das im Vortrag genannte Begriffspaar „wissenschaftliche Rationalität" und „lebensweltliche Emotionalität". Die Diskutantin widerspricht einer Entgegensetzung von wissenschaftlicher Rationalität auf der einen sowie lebensweltlicher Emotionalität auf der anderen Seite und macht deutlich, dass ihrer Erfahrung nach wissenschaftliche Haltung Emotionalität einschließe. Zur Verdeutlichung ihrer Ansicht führt sie exemplarisch eine Kollegin an, die sowohl ihre Forschungsprojekte als auch die Methoden hoch emotional besetze.

Dorit Bosse erwidert, dass der Gegenstand der Wissenschaft per se emotionsfrei sei, nicht jedoch der Zugang zu Wissenschaft bzw. die Entstehung von Wissenschaft. Die Entgegnung der Teilnehmerin sei ihr jedoch wichtig, da beides gemäß Arno Schmidt in der Wissenschaftspropädeutik zu Hause sein müsse. Es bedürfe sowohl der kühlen rationalen Wissenschaft als auch immer der Schülerinnen und Schüler, welche in der Lage seien, diese in sich zu verlebendigen und aufzunehmen. Sie nimmt Bezug auf die gegen Vortragsende gezeigte Web-TV-Sendung mit dem Titel „Schläfst Du noch oder träumst Du schon?" Dieses Beispiel mache deutlich, was Berufsorientierung sein könnte und werde zugleich den Ansprüchen der Wissenschaftspropädeutik gerecht. Ohne jegliche Vorgabe von Seiten der Lehrkraft hätten die Schülerinnen und Schüler alles selber geplant und durch Auswahl derjenigen Aspekte zum Thema „Schlafen und Träumen", die ihnen wichtig erschienen, eigene Schwerpunkte gesetzt.

Die folgende Frage hebt auf das von Dorit Bosse im Vortrag erwähnte Wissenschaftspropädeutische Seminar sowie das Projekt-Seminar ab. Das, was man im Wissenschaftspropädeutischen Seminar mache, sei dem Diskussionsteilnehmer insofern vertraut, als es mit der Schweizer Maturaarbeit vergleichbar sei, die für alle Schülerinnen und Schüler verpflichtend sei und mit einer Maturanote versehen werde. Beide, sowohl die Maturaarbeit als auch das Wissenschaftspropädeutische Seminar, würden der Vorbereitung auf universitäre Studien dienen. Neu sei dem Diskutanten hingegen das Projekt-Seminar. Dieses erinnere ihn an seine Unterrichtszeit an der Kantonsschule Zug, an der es für bestimmte Schultypen ein obligatorisches Berufspraktikum gegeben habe, das mit einer Arbeit über die im Praktikum gesammelten Erfahrungen habe abgeschlossen werden müssen. Dieser Gedanke komme im Projekt-Seminar erneut zum Vorschein, wenn auch in anderer Form. Im Anschluss an diese Bemerkungen konkretisiert er seine Frage dahingehend, dass er wissen möchte, ob Frau Bosse dafür plädiere, die Zielsetzung des Gymnasiums über die im Vortrag skizzierte Trias der KMK (Kultusministerkonferenz) - vertiefte Allgemeinbildung, Studierfähigkeit und Wissenschaftspropädeutik - hinaus zu erweitern.

Dorit Bosse beruft sich erneut auf die von den Schülerinnen und Schülern im Rahmen des Projekt-Seminars geplante und durchgeführte Web-TV-Sendung und betont abermals, dass diese für sie ein gelungenes Beispiel für Berufsorientierung darstelle. Zwar hätten sich die Schülerinnen und Schüler nur ein halbes Jahr mit dem Bereich Journalismus und Technik beschäftigt, doch handele es sich dabei um einen exemplarisch ungeheuer wichtigen Einblick in die Berufswelt. In diesem Kontext sei auch auf den gesamten Organisationsbereich hinzuweisen. Es habe gegolten, eine Gruppe von 25 Jugendlichen so zu organisieren, dass diese um Punkt 18 Uhr keinen Fehler mehr machten und ein reibungsloser Ablauf der Sendung gewährleistet sei.

Sie plädiere sehr dafür, ein Format zu finden, in welchem ein von ihr als ausgesprochen wichtig erachteter Projektunterricht ermöglicht werde. Dieser werde eigentlich nur an Reformschulen praktiziert und sei zumindest in Deutschland bei der derzeitig eng gefassten Struktur der Oberstufe nicht möglich. Sie zeigt sich verwundert darüber, dass ausgerechnet Bayern, das in Deutschland nicht gerade den Ruf habe, sehr reformorientiert in Schulentwicklungsfragen zu sein, diesen Weg vorzeichne. Ihres Wissens sei es nach wie vor das einzige Bundesland, das sowohl die wissenschaftliche oder vorwissenschaftliche Arbeit als auch das Projekt-Seminar habe. Dies koste auch mit Blick auf das normale Stundenkontingent sehr viel Zeit, doch um die Wissenschaftspropädeutik lebensnäher zu gestalten, sei es ihr zufolge wichtig, Schule als einen Ort zu sehen, an dem das, was man könne und was man für wichtig halte, handlungswirksam und in einer großen Gruppe ausprobiert werden könne. Die im Rahmen des Projekt-Seminars gestaltete Web-TV-Sendung habe sie aus diesem Grund ausgewählt. Angesichts dieser Bemerkungen würde sie, so ihr abschließendes Fazit, für eine Erweiterung plädieren.

Die Diskussion schließt mit einer Anmerkung der Moderatorin über die Gangstruktur des Lernens, die sich Dorit Bosses Ausführungen zu einer immer auch am Erfahrungshintergrund und an der Lebenswelt der Schülerinnen und Schüler ausgerichteten Wissenschaftspropädeutik verdankt. Barbara Schneider-Taylor betont, dass die Gangstruktur des Lernens einer Lehrperson bewusst sein müsse und dass zu verdeutlichen sei, wie mögliche Gangstrukturen denkbar seien. In diesem Zusammenhang verweist sie zum einen auf die Aristotelische Unterscheidung zwischen dem für uns Früheren (das, was uns näher ist) und dem von Natur aus bzw. der Sache nach Früheren (das, was der Natur nach das Nähere ist), sowie auf das daraus resultierende Problem von Induktion und Deduktion, aber auch das Problem des Lebensweltlichen. Zum anderen beruft sie sich auf Käte Mayer-Drawes Aufsatz „Vom anderen lernen" (1996), in welchem diese auf Friedrich Copei und dessen Beispiel der mathematischen Bestimmung der Berghöhe rekurriert.

Literatur

Baumert, J. (2002). Deutschland im internationalen Bildungsvergleich. In N. Killius, J. Kluge & L. Reisch (Hrsg.), *Die Zukunft der Bildung* (S. 100-150). Frankfurt a.M: Suhrkamp.

Meyer-Drawe, K. (1996). Vom anderen lernen. Phänomenologische Betrachtungen in der Pädagogik. In M. Borrelli & J. Ruhloff (Hrsg.), *Deutsche Gegenwartspädagogik, Bd. 2* (S. 85-98). Baltmannsweiler: Schneider-Verlag Hohengehren.

Bildung in der Wissensgesellschaft – oder: Sind tiefe Maturaquoten sinnvoll?[1]

Philipp Sarasin

In der Schweiz wird über die „Gymi"-Quoten gestritten. Ist eine Maturaquote von nur knapp einem Fünftel eines Ausbildungsjahrgangs zu tief, oder ist sie Ausdruck des erfolgreichen dualen Bildungssystems der Schweiz, das bewusst die weit überwiegende Mehrzahl der Jugendlichen über eine Berufslehre für den Arbeitsmarkt qualifiziert? Gehört denn nicht, so sagen viele, die verhältnismäßig geringe Zahl jener Jugendlichen, die den gymnasialen Bildungsweg beschreiten, zum Erfolgsmodell Schweiz, ebenso wie die EU-Nicht-Mitgliedschaft und der Föderalismus…? Aus einer solchen Perspektive erscheint es geradezu frivol, von einem grundlegenden Problem der Schweizer Bildungspolitik zu sprechen. Von links bis rechts wird argumentiert, die Arbeitslosigkeit und besonders die Jugendarbeitslosigkeit sei deshalb so tief, weil im Unterschied zu den meisten Ländern in der Schweiz die große Mehrheit der Jugendlichen eine Berufslehre absolviere und damit sehr direkt Anschluss an den Arbeitsmarkt finde. Aus diesem praktischen Berufswissen heraus entstünden in den vielen Klein- und Mittelbetrieben jene Innovationen, welche die Wettbewerbsstärke der hiesigen Wirtschaft ausmachten – und nicht aus weltfremden akademischen Konzepten und Theorien. Diese gehörten, wenn schon, dann höchstens an die Uni oder zu den Spitzenkader der großen Konzerne in Zürich oder Basel, in Zug oder Vevey. So fragte mich im Jahr 2011 bei einer Podiumsdiskussion ausge-

---

[1] Dieser Text basiert auf dem Manuskript eines Vortrags, den ich am 05.12.2012 im Rahmen der Vorlesungsreihe „Von der Krippe zum Gymnasium - Bildung und Erziehung im 21. Jahrhundert" an der Universität Zürich sowie am 01.02.2013 auf dem Dritten Internationalen Bildungswissenschaftlichen Symposion Österreich, Deutschland, Schweiz „Matura und Abitur zwischen Hochschulvorbereitung und Berufsorientierung" ebenfalls an der Universität Zürich gehalten habe. Er erscheint daher gleichzeitig in Wyss (Hrsg.), und Eberle (Hrsg.). Ich danke den Herausgebern dieser Publikationen, dass mein Text an beiden Orten gleichzeitig erscheinen darf.

rechnet in Zug ein junger Mann aus dem Publikum: „Spricht man in den Chef-Etagen der großen Firmen denn nicht durchwegs Englisch?", um daraus zu folgern: „Das können wir Schweizer doch den ausländischen Akademikern überlassen. Für uns sind die Fachhochschulen viel besser!"

1 Industriegesellschaft vs. Wissensgesellschaft

Dieses Loblied der Berufslehre und dann auch der Fachhochschule geht zurzeit ohne Dissonanzen über in den neuen Sirenengesang von der „Elite", für die eher noch weniger Maturanden als bisher auszubilden seien, wie etwa ETH-Rektor Lino Guzzella forderte („Das Niveau an den Schulen ist gesunken", 29.07.2012). Denn einerseits soll, wenn ich richtig verstehe, die Elite gefälligst die Elite bleiben (was natürlich niemand explizit sagt), und andererseits könne man solche akademischen Kader, falls sie uns fehlen, problemlos importieren, wie unlängst in prominenter Weise Bundesrat Johann Schneider-Ammann verlauten ließ. Er sagte unter anderem in einem Interview mit der *NZZ am Sonntag* vom 28. Oktober 2012: „Entscheidend ist, dass wir die besten Leute in der akademischen Bildung und danach im Arbeitsmarkt haben. Woher sie kommen, ist doch sekundär." („Ich hätte lieber etwas weniger, dafür bessere Maturanden", 28.10.2012). Das hieß im Klartext, wie er sich auch aus anderen Passagen des Interviews ergibt, und noch vor Annahme der so genannten Masseneinwanderungs-Initiative am 9. Februar 2014: Wir sollen die „Gymi"-Quote nicht erhöhen, sondern stattdessen die fehlenden Akademiker aus dem Ausland zu uns kommen lassen, weil, so die Argumente, es erstens egal ist, woher diese stammen, wir zweitens das Niveau der Maturität senken müssten, wenn die Quote höher wäre und drittens eine höhere Maturandenquote nur mehr Arbeitslose bedeuten würde.

Diese Argumente dominieren die Diskussion über die Akademikerausbildung in der Schweiz – ich halte sie alle für falsch – nicht zuletzt, weil mit dem Volksentscheid vom Februar 2014, der den Zuzug ausländischer Fachkräfte mit akademischer Qualifikation engen Begrenzungen unterwirft, das Kernstück dieser Strategie gescheitert ist. Der Mangel an akademisch qualifizierten Bildungsinländern wird sich noch dramatischer darstellen als vor dem Februar 2014. Doch bevor die Argumente von Schneider-Ammann im Einzelnen zu diskutieren sein werden, stellt sich die Frage, um was genau eigentlich der Streit um „Gymnasium oder Berufslehre" geführt wird. Mir scheint es augenfällig zu sein, dass es dabei ganz offensichtlich um einen Kampf um die besten Talente geht. Der Schweizerische Gewerbeverband befürchtet, ein Anheben der Maturandenquote würde dazu führen, dass damit die Berufslehre zunehmend ins untere Segment des Qualifikationsspektrums abgedrängt würde. Diese Debatte über das Verhältnis von Gymnasium und Berufslehre ist nun allerdings, so meine Vermutung, Ausdruck von tiefgreifenden, zum Teil globalen Veränderungsprozessen und Verschiebungen. Es geht, trivialerweise, um den Aufstieg der sogenannten „Wissensgesellschaft", wie sie von amerikanischen Soziologen wie namentlich Daniel Bell seit den späten 1960er Jahren beschrieben wurde (Bell 1975 [1973]) und seit etwa dem Ende der 1990er Jahre in aller Munde ist, weil ein großer Teil der industriellen Produktion nach Asien verlagert wurde.

Der mit dem Begriff „Wissensgesellschaft" angezeigte tiefgreifende gesellschaftliche Wandel erweist sich als konfliktreich, weil das Verhältnis von Wissen und Arbeit neu verhandelt werden muss. Alte und neue Wissens- und Arbeitsparadigmen treffen hart aufeinander, vordergründig, wie gesagt, tobt der Streit zwischen „Kopf"- und „Hand"-Arbeit – nicht zuletzt eben der Kampf zwischen Gymnasium und Berufslehre. Dabei aber wandelt sich der Gehalt und das Verhältnis der Begriffe Wissen und Arbeit grundsätzlich. Zum einen wird unter dem Titel oder vielmehr dem Schlachtruf „*Wissen!*" die Bewirtschaftung von Humankapital organisiert und wird von jedem einzelnen auch in endlosen Weiterbildungsspiralen unerbittlich als „lifelong learning" eingefordert, um „up-to-date" und damit auf dem Arbeitsmarkt verwertbar zu bleiben. Zum anderen wird die „klassische", an den Universitäten verankerte akademische Bildung von „praxisnahem", auf Anwendung fokussiertem Wissen herausgefordert. Der massive Ausbau der Fachhochschulen im letzten Jahrzehnt, aber auch der Ausbau der höheren Berufsbildung zeigen insgesamt, dass die Universitäten möglicherweise dabei sind, ihr altes Produktions-, Verwaltungs- und Distributionsmonopol für „Wissen" zu verlieren. Auch wenn, selbstverständlich, dies nie ein vollständiges Monopol war und Berufsleute auch außerhalb der akademischen Felder immer schon Wissen brauchten, um erfolgreich zu sein, war dieses Wissen weit weniger formalisiert und systematisch als das Wissen, das heute in Fachhochschulen und in der höheren Berufsbildung vermittelt und gebraucht wird. Wissen ist, mit anderen Worten, nicht nur ein entscheidender Faktor der Humankapitalgenerierung geworden, sondern auch schlicht ein essentieller Produktionsfaktor. Seine Erzeugung und Zurverfügungstellung soll offensichtlich nicht mehr länger den Universitäten alleine überlassen werden.

Es ist keine Frage, dass dabei die Rolle der Universitäten neu verhandelt wird. Ich kann das hier nicht ausführlich diskutieren und beschränke mich darauf, auf ein meines Erachtens sprechendes Beispiel hinzuweisen. Kürzlich konnte man in der Zeitung lesen, dass der Markt für die so genannten „Paralegals", die in der angelsächsischen Welt schon weit verbreitet sind, zurzeit auch hierzulande rapide wächst. (Imfeld, 22.01.2013). „Paralegals" sind juristisch ausgebildete Arbeitskräfte, die nicht Jurisprudenz studiert haben bzw. ihre Ausbildung nicht an einer Universität, an einer rechtswissenschaftlichen Fakultät erhielten, sondern im Weiterbildungs- und Fachhochschulbereich auf spezialisierte Tätigkeiten im juristischen Arbeitsfeld vorbereitet wurden, um dann z.B. in den Rechtsabteilungen großer Firmen zu arbeiten, tendenziell in Assistenz-Funktionen. Dieses Beispiel lässt sich selbstverständlich in vielen anderen akademischen Tätigkeitsfeldern in analoger Weise denken; der Begriff des „Paramedic" (vormals Rettungssanitäter u.ä.) ist schon etabliert, und in vielen technischen, naturwissenschaftlichen oder kaufmännischen Berufsfeldern ist das Entstehen von Mischformen von akademischem, para-akademischem und anwendungsorientiertem Wissen heute auf breiter Front zu beobachten. Man könnte sagen, dass damit eine beachtliche Zahl von Aufgaben und Funktionen, die früher von Universitätsabgängern ausgeübt wurden, nicht zuletzt dank IT-Unterstützung arbeitsteilig auf verschiedene Anwendungsfelder „heruntergebrochen" werden, wo auch nicht ganz so hochqualifizierte Mitarbeiter diese Aufgaben übernehmen. Das hat – oder soll angeblich – zumindest zwei Vorteile haben: Erstens ist die Ausbildung und später auch die Entlöhnung dieser Mitarbeiter tendenziell billiger als jene von akademisch Gebildeten, und zweitens sind diese Mitarbeiter möglicherweise schneller und spezifischer für viele neue Funktionen in der Arbeitswelt ausgebildet und einsetzbar.

Das Schwierige, weil grundsätzlich Neue an der heutigen Situation scheint nun darin zu bestehen, dass sich die Begriffe „Wissen" und „Arbeit" in den letzten zehn Jahren so sehr gewandelt haben, dass ihre Trennung – also hier Wissen, dort Arbeit, womöglich gar bodenständige Handarbeit – nur noch um den Preis falscher Eindeutigkeiten, wenn nicht schlichter Nostalgie zu haben ist. Denn zum einen wurde die weltweite Güterproduktion – weit davon entfernt, sich „post-industriell" in Luft aufzulösen – seit der IT-Revolution durch einen massiven, wissensgetriebenen Innovationsschub technologisch tiefgreifend verändert. Damit aber haben sich auch Arbeitswelten und Qualifikationsanforderungen so gewandelt, dass es kaum noch Raum für altes „Handwerk" gibt. Auf der anderen Seite ist auch die „geistige" Arbeit an Universitäten und Forschungsinstituten längst zu einer Art maschinengestützter Produktion mit nicht selten beinahe seriellen „Output-Daten" geworden. Auch hier sind die Zeiten des einsamen „Genies" natürlich längst vorbei. Das soll nicht heißen, dass die Universitäten und die universitäre Bildung ihre Daseinsberechtigung verloren haben. Aber diese Entwicklungen bilden den Hintergrund unserer aktuellen Diskussion; nur auf diesem Hintergrund kann man sich die Frage stellen, ob eine tiefe Maturaquote sinnvoll ist oder nicht.

2 Das Arbeitslosigkeits-Argument

Zurück zur eingangs vorgestellten Argumentation von Bundesrat Schneider-Ammann, die bekanntlich auch von einigen anderen hochrangigen Bildungspolitikern und Bildungsfunktionären der Schweiz vertreten wird. Schneider-Ammann argumentiert gegen die Ausweitung der „Gymi"-Quote mit dem Verweis auf einen angeblichen Zusammenhang von Maturaquote und Arbeitslosigkeit: „Dieser Zusammenhang ist offensichtlich, wenn man die Statistiken anschaut. In Ländern mit hoher Maturaquote ist auch die Arbeitslosigkeit höher." („Ich hätte lieber etwas weniger, dafür bessere Maturanden", 28.10.2012) Das klingt eingängig, doch dieser Zusammenhang ist statistisch nicht herzustellen: *Erstens* weisen die OECD-Statistiken dort, wo sie vom Akademikeranteil einer Gesellschaft sprechen, meist, wenn ich recht sehe, generell *alle* tertiären Bildungsabschlüsse aus – das sind alle Bildungsabschlüsse nach der Sekundarstufe II, also alle Universitätsabschlüsse, alle Fachhochschulabschlüsse und zumindest eine Vielzahl von Abschlüssen der höheren Berufsbildung (vgl. OECD, 2008a; sowie OECD, 2008b, S. 2). Das ist auch bei den Schweizer Statistiken so – hier sogar in ziemlich extensiver Weise, ich komme darauf zurück. Nun, mit dieser statistisch nicht mehr differenzierbaren Gemengelage von Bildungsabschlüssen lässt sich jedoch der behauptete Zusammenhang zwischen allein *gymnasial* Gebildeten bzw. *universitär* ausgebildeten Akademikern und Arbeitslosigkeit statistisch gar nicht ermitteln, sondern bloß ideologisch behaupten. *Zweitens* aber ist auch die Ermittlung der Matura- bzw. Abitur- oder Baccalaureat-quoten im internationalen Vergleich extrem schwierig, oder anders gesagt: Im EU- oder OECD-Raum mit all den vielen und *sehr* unterschiedlichen Bildungssystemen lassen sich diese Quoten nicht als einfache Maßzahl feststellen. Dafür nur ein Beispiel: So besuchen etwa in Schweden zwar gegen 90 Prozent der Jugendlichen das Gymnasium, aber nur drei von 17 gymnasialen Ausbildungswegen führen dabei zur allgemeinbildenden, auf die Universität ausgerichteten Matura – andererseits können auch Studierende ohne „theoretische" Gymnasialfächer, die für die Universität Voraussetzung sind, sich über Kurse an der Volkshochschule für die Universität qualifizieren, so dass innerhalb von fünf Jahren ca. 30 Prozent aller Abgänger eines Gymnasiums an die Universität wechseln. Solche Beispiele von Ausbildungssystemen und -wegen, die sich nicht mit einer simplen „Gymi"-Quote messen und vergleichen lassen, finden sich in der europäischen Bildungslandschaft zuhauf; namentlich die Bildungssysteme in Großbritannien oder in Holland weisen jene Komplexität auf, die sich der direkten Vergleichbarkeit entzieht.

Wenn man nun aber *drittens*, mit aller Vorsicht und etwas spekulativ, dennoch versucht, im internationalen Vergleich und bei ausgewählten Ländern mögliche Maturaquoten zu bestimmen, so zeigt sich nur eine schwache Korrelation zwischen den auf die Schweiz indexierten Werten für die Arbeitslosigkeit und diesen Abiturientenquoten. Ländern wie Norwegen, Südkorea, Österreich, Japan oder Holland, deren Arbeitslosigkeit ähnlich tief oder sogar tiefer ist wie jene der Schweiz, weisen alle weit höhere Abiturquoten auf als die Schweiz; sie zeigen sehr deutlich, dass eine hohe Abiturientenquote problemlos mit einer tiefen Arbeitslosigkeit einhergehen kann. Das hat nun *viertens* natürlich auch und ganz wesentlich damit zu tun, dass die Arbeitslosigkeit bekanntlich von einer ganzen Reihe von strukturellen und wirtschaftspolitischen Faktoren bestimmt wird, von denen das Bildungssystem nur einer unter vielen ist. Dass zum Beispiel sehr viele algerisch-stämmige Jugendlichen in den Pariser Banlieues arbeitslos sind, hängt beileibe nicht daran, dass sie dummerweise ein Baccalauréat gemacht haben statt einer Schreinerlehre…

Doch auch wenn man für die Schweiz die kantonalen Maturaquoten mit den kantonalen Arbeitslosenquoten korreliert (Abbildung 1), ist das Resultat weniger eindeutig, als es den Anschein macht. Zwar ist es so erkennbar, dass die Kantone Tessin, Neuenburg, Waadt und Genf nicht nur überdurchschnittlich hohe „Gymi"-Quoten haben, sondern auch eine überdurchschnittlich hohe Arbeitslosigkeit. Aber das ist eine bloße Scheinkorrelation. Untersucht man die Detaildaten zur Arbeitslosigkeit in diesen Kantonen, sucht man die arbeitslosen ehemaligen Gymnasiasten, Studenten oder Wissenschaftler vergebens. Es gibt sie, wie überall, aber sie machen einen verschwindend kleinen Teil der Arbeitslosen aus. Andrerseits zeigt Abbildung 1 auch eine ganze Reihe von Kantonen, deren Arbeitslosigkeit verhältnismäßig höher ist als die „Gymi"-Quote – auch hier wäre es falsch, von einer Korrelation auszugehen. Mit anderen Worten: diese Daten sagen schlicht gar nichts.

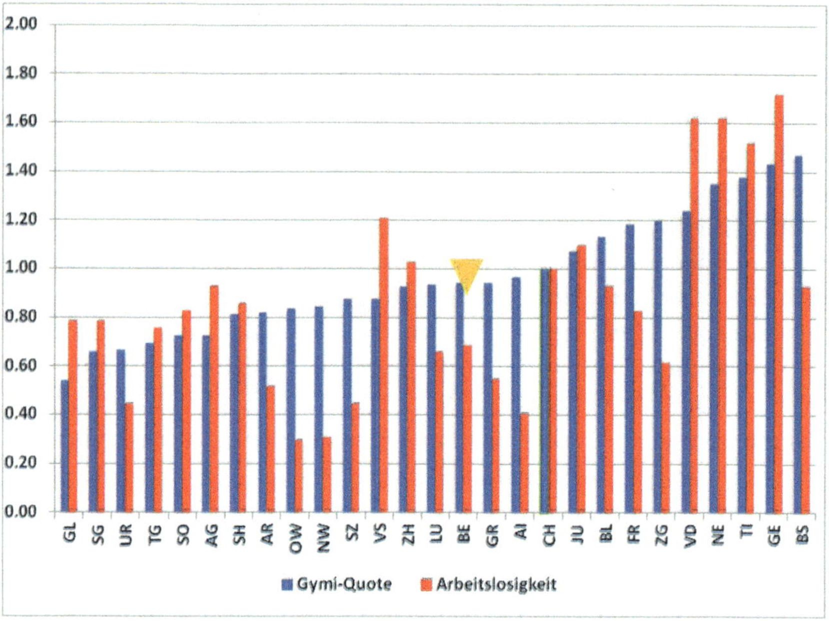

Abbildung 1: Maturaquoten und Arbeitslosigkeit in den Schweizer Kantonen 2011, indexiert (Quellen: BfS, 2012b; BfS, 2012c)

Dieser Befund wird unterstützt durch einen Blick auf die Arbeitslosendaten nach Berufsgruppen bzw. Branchen in der gesamten Schweiz. Von allen gemeldeten Arbeitslosen der Jahre 2004-2012 (es werden jeweils die Durchschnittswerte der Monate Januar und Juni berechnet) verteilten sich die betroffenen Berufsgruppen bzw. einige typische Beispiele folgendermaßen: Bei einer durchschnittlichen Arbeitslosigkeit von saisonbereinigten 3,4 Prozent stammen rund 10 Prozent der Arbeitslosen aus Handel und Verkauf, etwas mehr als 9 Prozent aus kaufmännischen und administrativen Berufen, 8 Prozent aus dem Baugewerbe und knapp 3 Prozent aus der Metallverarbeitung und dem Maschinenbau; der Rest streut sehr breit. Die Zahl aller arbeitslosen Sozial-, Geistes- und Naturwissenschaftler (bis 2006 hieß das einfach: Wissenschaften) ist hier ganz insignifikant – sie macht im Durchschnitt dieser Jahre genau 0,8 Prozent der Arbeitslosen aus! (SECO, Die Lage auf dem Arbeitsmarkt, 2004-2012, eigene Berechnungen) Eine Flut arbeitsloser Akademiker sieht anders aus – diese 0,8 Prozent sind wohl gerade ungefähr jene, die im ersten Jahr nach der Uni eine gewisse Mühe haben, einen Job zu finden, weil sie, bekanntlich, nicht unmittelbar für einen bestimmten Beruf ausgebildet wurden und daher oft länger suchen als andere Ausgebildete. Selbstverständlich sagt diese Zahl nichts über die Chance, als Wissenschaftler arbeitslos zu werden, sondern nur über deren Anteil an der Zahl aller Arbeitslosen. Es ist aber gut dokumentiert und auch von den Arbeitsämtern bestätigt, dass das Arbeitslosigkeitsrisiko von Akademikern in der Schweiz gering ist. Das wird übrigens auch von allen entsprechenden Daten aus der EU bestätigt: je höher die Ausbildung, je geringer das Risiko der Arbeitslosigkeit (Bundeszentrale für politische Bildung, 30.10.2011).

Dieses Bild wird von den Absolventenbefragungen des Bundesamtes für Statistik bestätigt. Die Absolventenbefragung 2009, publiziert 2011, – sie fokussierte auf die Gender-Frage – hat gezeigt, dass die Berufseinstiegsquote bei den Abgängerinnen und Abgängern der universitären Hochschulen bei 72 Prozent liegt (BfS, 2011b, S. 43). Von Geisteswissenschaftlern weiß man, dass sie anfänglich noch sehr tief ist – sie liegt z.B. bei den „Historischen und Literaturwissenschaften" bei rund 52 Prozent – man weiß aber auch, dass sich dieses Bild in den folgenden Jahren, d.h. bis fünf Jahre nach dem Abschluss, stark wandelt und dann rund 98 Prozent der Geisteswissenschaftler einen adäquaten Beruf gefunden haben. Doch wie sieht dieses Bild bei den Abgängern von Fachhochschulen und Pädagogischen Hochschulen aus? Das Resultat ist eindeutig: Während bei den Pädagogischen Hochschulen nach einem Jahr knapp 90 Prozent der Abgängerinnen und Abgänger eine Lehrerstelle gefunden haben, sind es bei den Fachhochschulen nur 64 Prozent der Männer und gar nur 60 Prozent der Frauen (ebd.). Die Behauptung also, universitäre Akademiker würden für die Halde produziert, während der berufsorientierte Weg über die Fachschule direkt in den Arbeitsmarkt führt, ist schlicht ein Mythos. Oder anders gesagt: Auch hier bestätigt sich wieder: je höher die Ausbildung, desto besser sind die Chancen auf dem Arbeitsmarkt. Das gilt sicher nicht einfach linear in allen Berufsfeldern in gleicher Weise und soll daher auch nicht ein grundsätzliches Argument gegen die Fachhochschulen sein, aber es widerspricht der herrschenden bildungspolitischen Ideologie in der Schweiz.

2.1 *Das Ausbildungsniveau in der Schweiz*

Auf dem Hintergrund dieser Daten stellt sich die Frage, wie die Ausbildungssituation auf dem Schweizer Arbeitsmarkt gegenwärtig aussieht und welche Konsequenzen es für unser Land hat, wenn die Maturaquote bewusst tief gehalten wird. Dazu soll zuerst die allgemeine Bildungssituation in der Schweiz kurz skizziert werden. Abbildung 2 zeigt die Daten der höchsten erreichten Bildungsabschlüsse der Erwerbsbevölkerung der Schweiz – d.h. unabhängig davon, ob erwerbstätig oder arbeitslos – in den letzten 15 Jahren.

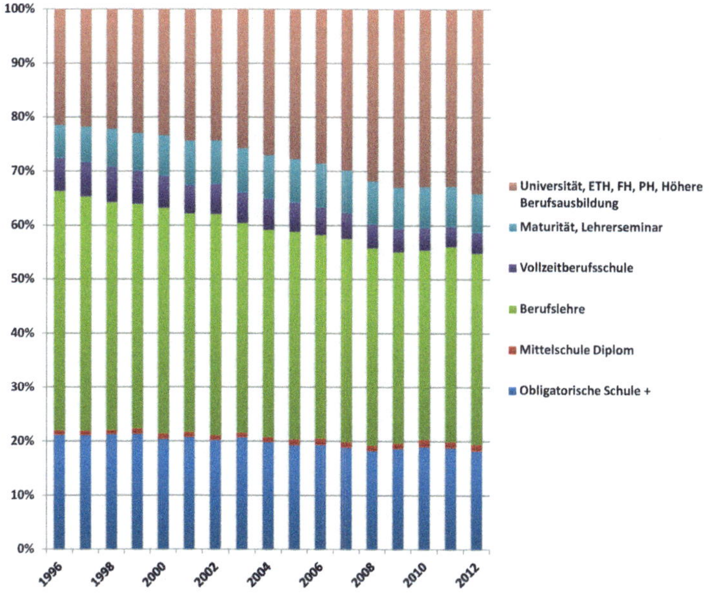

Abbildung 2: Höchste erreichte Bildungsabschlüsse der Erwerbsbevölkerung der Schweiz 1996-2012 (Quellen: BfS, 2012a; eigene Berechnungen)

Einige signifikante Strukturen und Trends sind leicht erkennbar:

1. Der Anteil der Berufslehre als höchstem erreichten Bildungsabschluss sinkt kontinuierlich von 44 Prozent (1996) auf 35 Prozent (2012); rechnet man die Vollzeitberufsschulen dazu, deren Anteil aber ebenfalls sinkt, sind es 39 Prozent (2012) im Vergleich zu den 50 Prozent von 1996 – also: 50 Prozent aller Erwerbstätigen hatten 1996 eine Sek-II-Berufsausbildung als höchsten Abschluss, heute sind es noch 39 Prozent.
2. Der andere Haupttrend: der Anteil der tertiär Gebildeten steigt von 21 Prozent auf 34 Prozent. Tertiär heißt hier: *alle* Ausbildungen *nach* der Sekundarstufe II, also Fachhochschulen, höhere, ergänzende oder sekundäre Berufsbildung sowie die Abschlüsse an Universitä-

> ten bzw. an der ETH. Allerdings gibt es hier ein ziemliches Zuordnungsproblem. Denn in diesem Bereich der tertiären Bildung werden in der Schweiz – und dies entgegen den internationalen Normen – auch so genannt post-sekundäre Berufsbildungsabschlüsse eingeordnet, die als höhere Berufsbildung gelten, de facto aber immer noch in den Sekundär-Bereich gehören, wie etwa, etwas salopp gesagt, die Umschulung vom Gärtner zum Polizisten oder Hausmeisterkurse: Sie alle werden in der Schweiz zur tertiären Bildung gerechnet, weil sie nicht in der Bereich jener Ausbildungsgänge gehören, in die man im Alter von 16 Jahren einsteigt.[2]

Man kann nun mit Blick auf die Statistik der Bildungsabschlüsse in der Schweiz zeigen, dass von all diesen Abschlüssen in der Kategorie „Universität, ETH, FH, PH und höhere Berufsbildung" rund 43 Prozent auf die höhere Berufsbildung entfallen (BfS, 2012a). Das kann, wie gesagt, viel heißen, das können sehr anspruchsvoll Ausbildungen etwa im Bereich des Rechnungswesens sein, aber auch eben die sprichwörtlichen Hausmeisterkurse. Die Daten des Bundesamtes für Statistik erlauben es nicht, hier genauer zu differenzieren. Wenn man daher von den Zahlen im obersten Bereich von Abbildung 2 probehalber jeweils 43 Prozent als „post-sekundären" Bereich ausweist, zeigt sich, dass dann der Fachhochschul- und Hochschulabgänger-Anteil an der Erwerbsbevölkerung zwar immer noch signifikant zunimmt, aber insgesamt bis heute immer noch weniger als 20 Prozent beträgt. Und wenn man nun, mit einem ähnlichen Verfahren, die Unterscheidung zwischen Hochschulen und Fachhochschulen ausweist, wird deutlich, dass der Anteil der im engeren Sinne des Begriffs akademisch Gebildeten in der Schweiz immer noch *unter* 14 Prozent der Erwerbsbevölkerung liegt.

[2] Ich stütze mich bei dieser Bemerkung auf einen entsprechenden Hinweis meines Kollegen Philipp Gonon, Professor für Berufsbildung an der UZH, der die Schweizer Statistiken in dieser Hinsicht und vor allem im Vergleich mit dem Ausland (OECD) für deutlich verzerrt hält.

Doch es lassen sich zu dieser Abbildung noch weitere Beobachtungen anführen:

3. Ein Sockel von rund 20 Prozent der Erwerbstätigen hat nach wie vor keine Berufsausbildung, sondern nur die obligatorische Schule plus, bestenfalls, eine Anlehre, ein Haushaltslehrjahr oder eine ein- bis zweijährige Handelsschule absolviert. Natürlich: das sind Daten über die gesamte Altersstruktur, aber dennoch: in diesem untersten Segment der Ausbildungshierarchie gibt es auffallend wenig Veränderung. Heute ist es immer noch so, dass nach Abschluss der obligatorischen Schule 10 Prozent der Jugendlichen ohne Lehrstelle und ohne Aussicht auf eine weiterführende Schule als Schlechtqualifizierte auf den Arbeitsmarkt entlassen werden.
4. Zu diesem Sockel hinzu kommen Erwerbstätige mit Diplommittelschulen, Maturität oder Lehrerseminar als höchstem Abschluss: Sie erscheinen in Abbildung 2 mit einem Anteil von knapp 7 Prozent. Wenn wir über den Daumen gepeilt schätzen, dass die Hälfte der Gruppe „Maturität oder Lehrerseminar" zur Maturität als höchster erreichter Ausbildung gehören, dann erhalten wir eine relativ konstant große *Gruppe von rund 22-24 Prozent der Erwerbstätigen*, die keine Berufsbildung haben, sondern nur über einen mehr oder weniger hohen Schulabschluss als letzte Ausbildung verfügen.

Daraus lassen sich nun einige Schlussfolgerungen ziehen. Zuerst fällt auf: Der Anteil der tertiären Bildung – wiederum Uni, Fachhochschule und höhere Berufsbildung zusammen – steigt gegenwärtig ziemlich genau in dem Maße, wie der Anteil der Berufslehre als höchstem erreichten Bildungsabschluss abnimmt; vor allem die Zunahme der höheren Berufsbildung ist mit der Abnahme der Berufslehre sehr eng korreliert. Mit anderen Worten: Die Berufslehre erweist sich als ein Ausbildungsgang, der zunehmend in den tertiären Bildungsbereich führt, weil die Lehre allein als höchster Bildungsabschluss als nicht mehr ausreichend qualifizierend für den Verbleib im wirtschaftlichen Mittelstand angesehen wird (vgl. Schellenbauer et al., 2002). Der Ausbau der Fachhochschulen und der höheren Berufsbildung war daher nicht nur politisch gewollt, um den Universitäten eine Konkurrenz zur Seite zu stellen, sondern entspricht auch einer wachsenden Nachfrage vor allem von jenen, die eine Berufslehre abgeschlossen haben – sie entspricht dem Megatrend hin zur Wissensgesellschaft. Der Erwerb von „Wissen" jenseits des berufspraktischen Wissens oder zumindest des vertieften anwendungsorientierten Wissens ist das, was sich in diesen Daten in Abbildung 2 als wichtigste Verschiebung ausmachen lässt, während sich wie gesagt dort, wo wenig zusätzliches Wissen erworben wird, auch wenig bewegt.

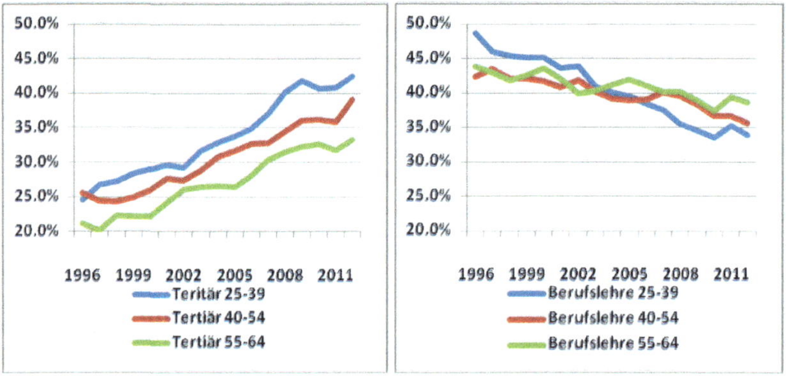

Abbildung 3: Anteil der tertiär Gebildeten und der Berufslehre als höchstem Bildungsabschluss nach Altersgruppen, 1996-2012 (Quellen: BfS, 2012a; eigene Berechnungen)

Wenn das ein neuerer Trend ist, dann muss sich das ganz besonders deutlich zeigen, wenn man die Daten nach Altersgruppen spezifiziert (Abbildung 3a). Diese Kurven zeigen die Verschiebung des Anteils der tertiär Gebildeten über die letzten 15 Jahre; man erkennt, dass in der jüngsten Alterskohorte der 25- bis 39-Jährigen der Anteil der tertiär Gebildeten nicht nur am höchsten ist, sondern auch am stärksten zunimmt. Umgekehrt nimmt auch der Anteil der Berufslehre als höchstem erreichten Abschluss bei den Jungen am stärksten ab (Abbildung 3b). Anfänglich war das noch eine Ausbildungsform, bei dem die Jungen dominierten, weil ältere Arbeitsnehmer z.T. noch weniger qualifiziert waren; seit ca. 2004, das heißt etwa seit dem Einsetzen der Fachhochschuloffensive und der Bologna-Reform, ist dieser Anteil bei den Jüngsten am tiefsten – sie optieren, wie erwähnt, zunehmend für weiterführende Ausbildungen.

2.2 *Die Ausbildungssituation im Sekundar-II- und im Tertiär-Bereich*

Entscheidend für unsere Fragestellung ist nun allerdings die Ausbildungssituation im Bereich der Sekundarstufe II. In den vom Bundesamt für Statistik zur Verfügung gestellten Basisdaten aller in der Schweiz erreichten Bildungsabschlüsse des letzten Jahrzehnts (vgl. BfS, 2011a; sowie eigene Berechnungen) wird zum einen die gymnasiale Maturität gezählt, zum andern aber alle Formen von Berufsbildungsabschlüssen (inkl. die sog. Anlehre) und die Berufsmaturität. Ich rechne die Berufsmaturität, anders als das Bundesamt für Statistik in seinen aggregierten Daten, das damit den politischen Vorgaben folgt, bewusst zum Bereich der Berufsbildung und nicht zur Allgemeinbildung, denn eine so genannte Berufsmaturität ist nicht mehr als ein Eintrittsticket in eine Fachhochschule im engen Bereich des eigenen Berufsfeldes. Das hat mit dem gemeintem Konzept der Maturität als *allgemeiner* Hochschulreife nichts zu tun; der Begriff „Berufsmaturität" ist vielmehr ein semantisches Manöver, für das der Begriff „Augenwischerei" wohl einigermaßen zutreffend ist. Nun, wenn man diese vielfältigen, aber eindeutig von der Berufslehre mit dem EFZ dominierten Abschlüsse zusammenzählt, dann erhält man folgendes Bild (Abbildung 4):

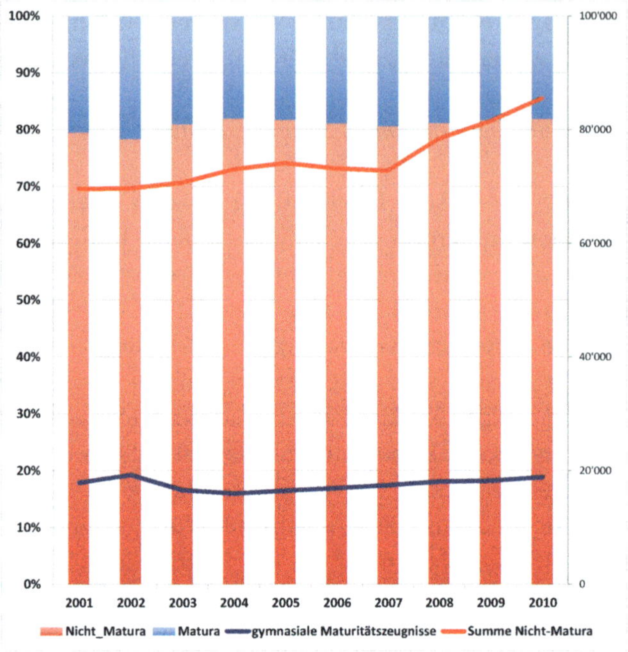

Abbildung 4: Ausbildungsabschlüsse im Sekundar-II-Bereich, 2001-2010 (Quellen: BfS, 2011a; eigene Berechnungen)

Die Skala links auf Abbildung 4 zeigt die Proportion von gymnasialer Maturität und Berufsbildungsabschlüssen in Prozent, und das Resultat ist eindeutig: Der Anteil der Berufsbildung liegt konstant bei etwas mehr als 80 Prozent, und entsprechend lag jener der gymnasialen Maturität nur 2001 und 2002 über 20 Prozent, seither liegt er konstant bei 18 Prozent. Ein wirklicher Trend ist nicht zu erkennen – und wenn schon, dann ein leichter Trend *zuungunsten* der gymnasialen Maturität! Dass von allen Bildungspolitikern, und vor allem von den hysterischen unter ihnen, dauernd das Gegenteil behauptet wird, ändert daran gar nichts. Auf der rechten y-Achse wird die absolute Anzahl der Bildungsabschlüsse im Sek-II-Bereich angezeigt, die bei etwas über 100.000 liegt, und hier wird noch einmal ganz deutlich: Es stagniert nicht nur der Anteil, sondern auch die Zahl der Maturandinnen und Maturanden, während jener der

Berufslehr-Abschlüsse seit 2008 sogar noch etwas ansteigt, was sich, wie gesagt, in einer leichten Steigerung des Anteils der nicht-gymnasialen Abschlüsse von bis zu 82 Prozent im Jahr 2010 manifestiert.

Im Tertiär-Bereich (ohne höhere Berufsbildung) sind die Verschiebungen im letzten Jahrzehnt markanter gewesen. Abbildung 5 zeigt auf der linken Skala die prozentualen Anteile von Universitäts- bzw. ETH-Abschlüssen im Verhältnis zu den Abschlüssen an Fachhochschulen; auf der rechten Skala werden die absoluten Zahlen dieser Abschlüsse ausgewiesen.

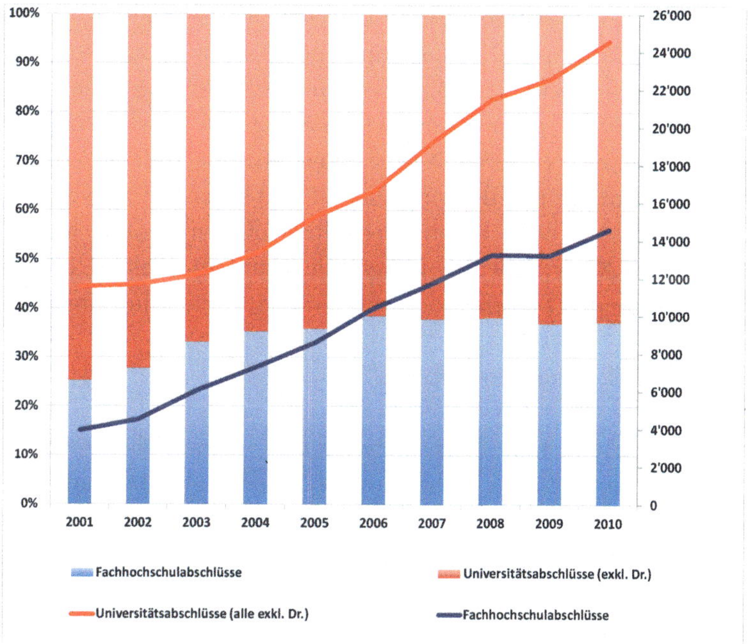

Abbildung 5: Fachhochschul- und Universitätsabschlüsse, 2001-2010 (Quellen: BfS, 2011a; eigene Berechnungen)

Sehr deutlich ist die Zunahme der akademischen Abschlüsse, aber sie ist unterschiedlich stark: die Uni-/ETH-Abschlüsse haben innerhalb der letzten zehn Jahre um 112 Prozent zugenommen, jene der Fachhochschulen hingegen um 271 Prozent. Dabei sind die Daten nicht ganz einfach zu interpretieren, weil sowohl BA- wie auch MA-Abschlüsse gezählt werden, was formal natürlich korrekt ist, dennoch aber zu Doppelzählungen führt, wenn man berücksichtigt, dass viele Studierende in ein oder zwei Jahren nach dem Bachelor auch den Master erhalten. Wenn man daher, um diesen Effekt einzukalkulieren, im Bereich der Fachhochschulen nur 66,6 Prozent der BA-Abschlüsse zählt, im Bereich der Universitäten sogar nur 50 Prozent, so fällt der Zuwachs mit 182 Prozent (Fachhochschulen) bzw. 62 Prozent (Uni/ETH) nicht mehr ganz so markant aus (vgl. BfS, 2011b) Die Daten zeigen allerdings auch, dass der Ausbau der Fachhochschulen als eine Alternative zur Universität/ETH seit vier, fünf Jahren bei einem Fachhochschul-Anteil von rund 38 Prozent stagniert. Das könnte darauf hinweisen, dass eine weitere Verschiebung vom universitären zum Fachhochschul-System nicht möglich ist, dass also die Fachhochschulen an eine gläserne Decke stoßen, etwa, weil die Rekrutierung über die Berufsmaturität zu gering ausfällt und sich daher sowohl der Universitäts- wie auch der Fachhochschulbereich um die gleiche Gruppe der (wenigen) Maturanden bemühen (siehe unten), diese sich aber in ihrer überwiegenden Mehrheit doch für ein Universitätsstudium entscheiden.

3 Das Akademiker-Problem

Damit möchte ich zurückkommen zur Diskussion über die Maturaquote. Ich habe gezeigt, dass das Argument, eine höhere Maturandenquote führe zu mehr Arbeitslosigkeit, sich mit den zur Verfügung stehenden Daten in keiner Weise belegen lässt, um das Mindeste zu sagen. Deutlich wurde auch, dass der Fachhochschulweg in keiner Weise garantiert, dass die Abgängerinnen und Abgänger dann innerhalb eines Jahres eher eine entsprechende Stelle finden als die Abgänger von den universitären Hochschulen. Das nun neben dem Arbeitsmarkt-Argument zweite von Bundesrat Schneider-Ammann stark gemachte Argument gegen eine höhere Maturaquote lautet, es sei egal, woher die Akademiker kämen, die wir auf dem Arbeitsmarkt bräuchten, Hauptsache, es seien die besten, die wir rekrutieren könnten. Das Argument schließt natürlich das

Eingeständnis ein, dass die Schweiz selbst zu wenige universitär geschulte Akademiker ausbildet und diese daher aus dem Ausland rekrutiert werden müssen. Verschiedene Daten bestätigen diesen Befund. Abbildung 6 zeigt die Daten zu den Bildungsabschlüssen der Erwerbsbevölkerung an, nun aber in anderer Aggregation, anderer Darstellung und differenziert nach Schweizern und Ausländern.

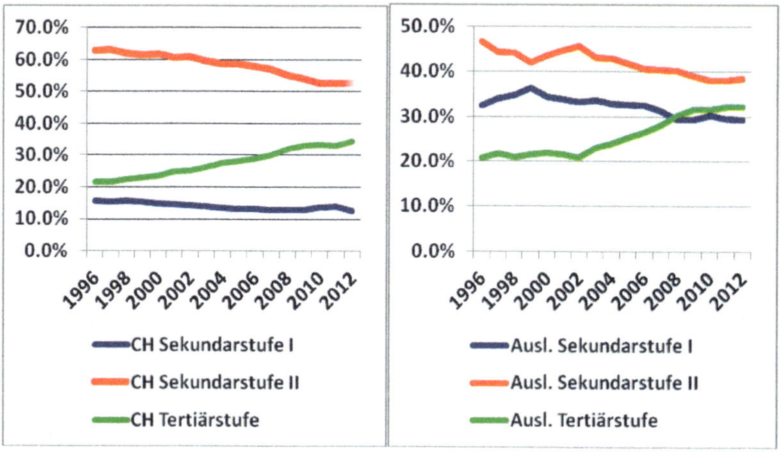

Abbildung 6: Anteile Ausbildungsstufen Erwerbspersonen in Prozent, Schweizer und Ausländer, 1996-2012 (Quellen: BfS, 2012a; eigene Berechnungen)

Offenkundig ist der gerade bei den Schweizern hohe Anteil der sekundären Bildung – d.h. die Berufslehre – stark rückläufig, während der Anteil der tertiären Bildung damit unmittelbar korreliert ansteigt. Bei den Ausländern zeigt sich ein ziemlich anderes und sehr interessantes Bild: Auch hier dominiert zwar die Berufslehre, aber lange nicht so stark wie bei den Schweizern, hoch hingegen ist der Anteil der bloßen Volksschulbildung (Sekundarstufe I), was entsprechend den bekannten Immigrationsmustern von „Fremdarbeitern" vor allem in der Hochkonjunkturphase nach dem Zweiten Weltkrieg zu vermuten war. Seit etwa fünf Jahren aber ändert sich dieses Bild, weil die Gruppe der tertiär gebildeten Ausländer stark wächst. Seit 2008 leben daher mehr ausländische Hochqualifizierte als ausländische Arbeiterinnen und Arbeiter in der Schweiz. Ähnliche Hinweise liefert ein Papier des Think-Tanks „Avenir Suisse" vom August 2012:

> „1991 waren 87 Prozent der Führungskräfte Schweizer, 2011 nur noch 74 Prozent; die Zahl der ausländischen Führungskräfte verfünffachte sich in dieser Zeit. Dieselbe Entwicklung ist bei den anderen hochqualifizierten Beschäftigten zu beobachten."

Und weiter:

> „1970 hatte eine Mehrheit der Ausländer (58 Prozent) keinerlei Berufsbildung, 2010 aber nur noch eine kleine Minderheit von 16 Prozent. Seit 2000 verfügt die Hälfte der Ausländer über einen Hochschulabschluss." (Schär, 16.08.2012)

Man kann das interpretieren wie man will – man kann diese Entwicklung befürworten oder auch nicht –, doch ganz unabhängig davon bedeutet sie schlicht: Die Schweiz bildet die Akademiker, die der Arbeitsmarkt offenkundig nachfragt, nicht bzw. in einem deutlich zu geringen Maße selber aus.

Es gibt in dieser Situation und angesichts dieser Daten nicht allzu viele Optionen, und vor allem nicht viele sinnvolle Optionen. Man könnte erstens sagen: Wir wollen das mit dieser Zunahme der akademischen Führungskräfte verbundene Wirtschafts- und Wachstumsmodell gar nicht. Zweitens, und damit oft verbunden, wie offenbar bei vielen Befürwortern der „Masseneinwanderungs"-Initiative vom Februar 2014, könnte man schlicht ausländerfeindlich werden. Man könnte sich über diese ausländischen Chefs in der Firma ärgern und diese Wut in neuerdings erfolgreicher Weise per Stimmzettel deponieren, oder sie, wie schon lange erprobt, an Asylanten und andern Marginalisierten ablassen. Drittens könnte man sagen: „Das ist doch wunderbar, wenn Ausländer diesen Job machen, wir Schweizer sind im Herzen sowieso eher Bauern und Handwerker und mögen nicht wirklich Englisch sprechen." Es ist kaum nötig zu begründen, dass das keine guten Optionen sind. Zwar soll man selbstverständlich und jederzeit über unser Wirtschafts- und Wachstumsmodell diskutieren können, aber den Trend hin zu einer global vernetzten und in zunehmenden Maße wissensbasierten Ökonomie ist so stark und so eindeutig, dass es illusionär wäre, sich dagegen stemmen zu wollen. Zusammen mit der zweiten Option hat sie allerdings gegenwärtig in der Schweiz Konjunktur – vielleicht noch so lange, bis endgültig klar wird, dass wir uns weder die Bildungs- noch die Ausländerfeindlichkeit leisten können. Die dritte Option ist insofern paradox, als sie das sonst so ausgeprägte schweizerische Unabhängigkeits- und Eigenständigkeitsstreben nur noch als Rückzug in die Bescheidenheit zu zelebrieren vermag, weil man angesichts der Ansprüche, die die Wissensgesellschaft stellt, sich gleichsam auf ein mittleres Qualifikationsniveau zurückzieht und die Spitzenplätze entweder weiterhin den – nun bald „kontingentierten" – Ausländern überlässt, deren Konkurrenzgebaren man dann aber durchaus als sehr unangenehm empfindet.

Es gibt aber noch eine *vierte Option*, für die ich plädieren möchte: Man bildet die eigene Bevölkerung so gut aus, dass sie auch im obersten Qualifikationsniveau konkurrenzfähig bleibt. Das hat nichts mit Ausländerfeindlichkeit zu tun, sondern einzig mit der Wahrung der wohlverstandenen Interessen der eigenen Bevölkerung, und ich muss nicht betonen, dass das alles andere als revolutionär oder elitär ist. Was diese Option konkret bedeutet, ist klar: Man führt so viele junge Menschen wie nur möglich zur Matura – das heißt realistischer Weise wohl: bis zu einem Drittel eines Jahrgangs, wie das in einigen Kantonen der Schweiz schon heute der Fall ist. Denn *erstens* werden, wie nun alle Daten zeigen, diese künftigen Akademiker schlicht gebraucht. *Zweitens* aber geht es um einen fundamentalen Wert einer liberalen Gesellschaft: es geht um individuelle Selbstbestimmung. Es geht darum, die individuellen Lebenschancen von Jugendlichen nicht in zuweilen geradezu planwirtschaftlicher Weise, jedenfalls sehr gouvernemental, durch das bewusste Verengen des akademischen Weges in eine bestimmte Richtung zu lenken. Es ist zwar klar, dass nicht alle alles erreichen können und es daher Anforderungsschranken und Qualifikationshürden geben muss. Aber es geht darum, dass Jugendliche die größtmögliche Wahlfreiheit haben müssen, dass das Bildungssystem sie nicht mehrheitlich auf nur einen Weg festzulegen versucht, wie das heute als Leitlinie die Bildungspolitik bestimmt. Es geht mit anderen Worten schlicht darum, Jugendlichen die größtmöglichen Chancen zu geben, den für sie richtigen Weg *dann* zu wählen, wenn sie dazu reif genug sind.

Die Wahl des eigenen Bildungsweges zu einem Zeitpunkt, an dem die Jugendlichen dazu in der Lage sind, könnte allerdings in einer Weise ausfallen, die von der Bildungspolitik gar nicht vorgesehen ist. Diese geht grundsätzlich davon aus, dass das duale System die Durchlässigkeit immer nur von der beruflichen zur akademischen Bildung hin ermöglicht. Das heißt: die Fachhochulen sind für jene da, die eine Lehre gemacht haben, während die wenigen Hochschulakademiker, die wir auszubilden gewillt sind, zuerst eben das „Gymi" durchlaufen, plus jene ganz wenigen, die von der Fachhochschule her dann noch in die universitäre Hochschule wechseln (dazu liegen übrigens keine Daten vor – weder die Absolventenbefragungen noch die Basisdaten des BfS kümmern sich um die politisch doch einigermaßen brisante Frage, wie viele FH-Abgänger an die Uni wechseln...). Doch abgesehen davon: Die Absolventenbefragungen zeigen, dass längst nicht alle Maturandinnen und Maturanden an eine universitäre Hochschule überwechseln: Gemäß den Daten von 2009 haben von allen Frauen, die in eine Fachhochschule eintreten, 31 Prozent die Matura; bei den Männern, die insgesamt eine viel tiefere Maturaquote aufweisen als die Frauen, haben immerhin 18 Prozent aller Eintretenden in eine Fachhochschule vorher das Gymnasium abgeschlossen. Bei den Pädagogischen Hochschulen sind die Zahlen nochmals ganz anders: hier haben genau *zwei Drittel* der Studierenden vorher die Matura gemacht, was ja auch nicht weiter verwunderlich ist (BfS, 2011b, S. 28).

Mit anderen Worten: Selbst der Fachhochschulweg und die Fachhochschulausbildung braucht als Rekrutierungsbasis zu einem guten Teil das Gymnasium. Das sind noch keine großen Zahlen, denn immer noch wechseln drei Viertel der Maturandinnen und Maturanden an eine Universität; etwas mehr als 16 Prozent gehen an die Fachhochschule und die übrigen 10 Prozent direkt in den Arbeitsmarkt. Doch wie auch immer: schon heute ist der Schritt vom Gymnasium an die Fachhochschule ein etablierter Bildungsweg (im Gegensatz, übrigens, zum Weg von der Matura in eine Berufslehre). Er zeigt, dass es keinen Grund gibt, Jugendlichen den Zugang zum Gymnasium mit dem Argument zu verwehren, sie könnten ja dann später über die Berufsmaturität an einer Fachhochschule studieren. Vielmehr haben diese jungen Menschen dann mit 18 oder 19 Jahren die Wahl, an welchem Hochschultypus sie ihre Ausbildung weiterführen wollen, eine Wahl, die ihnen eine bewusst tief gehaltene Maturaquote aus rein ideologischen – oder doch heimlich ökonomischen? – Gründen bewusst verwehrt bzw. nur über Umwege gestatten wird.

Warum also soll man die „Gymi"-Quote erhöhen? Neben, *erstens*, den klar ausgewiesenen Anforderungen des Arbeitsmarktes sowie *zweitens* dem sehr hohen Wert der Freiheit, den eigenen Bildungsweg selbst wählen zu können, spricht *drittens* die Verfasstheit unserer direktdemokratischen Gesellschaft dafür, dass wir uns für die künftigen Stimmbürgerinnen und Stimmbürger nur die beste Ausbildung leisten können. Man könnte wohl den Test machen: Auf welchem Ausbildungsniveau sind wie viel Prozent der 18-jährigen Stimmbürger in der Lage, das „Bundesbüchlein", das ihnen vor eidgenössischen Abstimmungen jeweils ins Haus flattert, angemessen zu verstehen? Man muss kein Hellseher sein, um zu prognostizieren, dass die Maturanden diese Konkurrenz deutlich gewinnen würden – und man sage nicht, dieses Argument verrate „Bildungsdünkel": Unser politisches System beruht – eigentlich – auf diesem Niveau von „Textverständnis". Es ist ein Argument für die Verstärkung der Allgemeinbildung, und dies selbstverständlich nicht nur im Bereich der gymnasialen Ausbildung.

Das sind vielleicht die drei wichtigsten Gründe, die für eine Erhöhung der Maturaquote in der Schweiz, vor allem aber in den Deutschschweizer Kantonen sprechen. Es gibt aber noch weitere – sie ergeben sich beim Blick auf die negativen Effekte der niedrigen „Gymi"-Quote. Ich will dazu besonders auf zwei negative Effekte hinweisen. Der *erste* liegt darin, dass sich unter der Voraussetzung einer bei 18 bis 20 Prozent stabil gehaltenen Maturaquote und des wachsenden Bedarfs an Akademikern wohl trotz der „Masseneinwanderungs"-Initiative der Ausländeranteil an der Akademikerbevölkerung des Landes noch weiter erhöht, was sich dann zusätzlich in der Generation der Kinder dieser Akademiker als Effekt reproduziert und die Gesamttendenz noch einmal verstärkt. Ich kann das nicht mit Zahlen belegen, aber alles, was ich lese und höre, deutet in diese Richtung. Es bedeutet, dass die Bildungspolitik der Schweiz es zulässt, dass die – salopp gesagt – Kader-Etage dieses Landes, oder zumindest die Kader-Ebene jenseits der kleinräumigen und zuweilen eher ländlich geprägten Welt der KMUs, von Ausländern dominiert wird, die weder gesellschaftlich noch staatsbürgerlich integriert sind. Ich halte das für keine kluge Politik.

Eine *zweite*, mindestens ebenso wichtige Konsequenz wurde von der Bildungsforschung schon im Detail beschrieben und lautet: Je tiefer der Anteil der Maturandinnen und Maturanden an einem Ausbildungsjahrgang, desto überproportional *stärker* werden Kinder aus bildungsfernen Familien und Familien mit Migrationshintergrund von der gymnasialen Bildung ferngehalten. Der 2010 erschienene *Bildungsbericht Schweiz* weist klar nach, dass unter den gegenwärtigen Bedingungen in der Schweiz Kinder aus privilegierten Familien um rund einen Faktor zwei eher ins Gymnasium kommen als Kinder aus benachteiligten Familien; dass sich dabei „Benachteiligung" nicht nur in sozioökonomischen „terms" misst, sondern durch eine migrationsbedingte kulturelle Alterität noch verschärft werden kann, ist vielfach nachgewiesen worden (vgl. z.B. Becker, 2010). Gerade Jugendliche mit „Migrationshintergrund" werden vom heutigen Bildungssystem (nicht selten im Verbund mit Vorurteilen gegen höhere Bildung im Herkunftsmilieu) einigermaßen zuverlässig benachteiligt und finden sich später in weniger qualifizierte Arbeitsbereiche abgedrängt. Insgesamt zeigt daher die eindeutige Korrelation zwischen der familiären Herkunft und der Chance, ein Gymnasium zu besuchen, dass die Chancengleichheit im Bereich der Sekundarstufe II nicht gewährleistet ist. Dieser systematische Ausschluss von sozial oder kulturell Benachteiligten kann nicht sehenden Auges akzeptiert werden – auch wenn die NZZ genau das in zynischer Weise als kluge Bildungspolitik zu verkaufen versucht (vgl. z.B. Bernet, 23.03.2013, der seinen NZZ-Artikel mit dem ironisch gemeinten Titel „Das Gymnasium für alle" versieht).

Harsche Selektionsinstrumente, mit denen der Bildungswille von 12-Jährigen planwirtschaftlich abgewürgt wird, dienen nicht einmal dazu, dass nur „the brightest and the best" den Weg zum Gymnasium finden. Dazu wäre hier an sich eine im Detail komplizierte Diskussion über Intelligenz-Prüfung im Allgemeinen und Eignungs- und Eintrittsprüfungen im Speziellen zu führen. (In einer solchen Diskussion müsste zum Beispiel darauf hingewiesen werden, dass nicht nur der hohe Anteil der Sprachprüfung bei den Eintrittsprüfungen ins Gymnasium etwa im Kanton Zürich alle jene Kinder deutlich und explizit benachteiligt, die nicht aus einem deutschsprachigen Elternhaus kommen, sondern dass auch die Mathematik-Prüfung aus so genannten Textaufgaben besteht, die ein sehr genaues Textverständnis voraussetzen, um richtig gelöst werden zu können. In einer Gesellschaft mit einem so hohen Anteil von Menschen mit nicht-deutscher Muttersprache ist diese Selektion offen diskriminierend; wenn sie überdies von der von Bildungsforschern vorgebrachten Behauptung begleitet wird, sie erfasse „kognitive Kompetenzen", deren Basis zu „70 Prozent die genetische Anlage" sei, erhält diese Form der Diskriminierung *de facto* eine biologistische Note.) Doch auch ohne eine solche hier nicht zu führende Diskussion und Analyse ist evident, dass es vor allem die Eltern aus dem ehemaligen Bürgertum, der neuen Reichen, des gehobenen akademischen Mittelstandes und von einigen hochqualifizierten Zugewanderten sind, die dank der perversen Parallelindustrie der Lernstudios, Privatschulen, „Gymi"-Vorbereitungskurse und schließlich durch eigenen Nachhilfe-Einsatz dafür sorgen, dass ihre Kinder den Übertritt ins Gymnasium schaffen. Die Selektionsinstrumente und Eintrittshürden ins Gymnasium sind daher oft schlichte Klassensortierungsanlagen, die die ehemalige Selbstverständlichkeit, dass man „e Lehr" macht, wenn man zum „Volk" gehört, technokratisch nachbilden und verstetigen.

Dieses elitäre Denken erscheint heute allerdings in weit subtilerer Form. Als eine recht durchsichtige semantische Hülle dient dazu neuerdings der Begriff der „vertieften Gesellschaftsreife", der den Status derjenigen bezeichnen soll, die eine Matura erlangt haben – obwohl es diesen

Begriff, wie eine Google-Recherche zeigt, de facto nicht gibt[3], sondern dieser im Rahmen der Arbeiten zur EVAMAR-II-Studie 1995 vom Zürcher Gymnasialpädagogen Franz Eberle geprägt wurde (Eberle, 2012, S. 6; vgl. Eberle et al., 2008, S. 27 sowie Eberle, 29.05.2010), und nicht nur die Frage aufwirft, welches wohl das „Gegenwort" zu „vertieft" ist, sondern vor allem, was man sich unter „gesellschaftsreif" vorzustellen hat. Doch auch abgesehen von dieser Frage, die hier nicht weiter diskutiert werden kann: Ausdruck dieses Denkens und Kernstück der pädagogischen Diskussion über die „Gymi"-Prüfungen (Eberle, 2013, S. 48f.) ist die in der Schweiz immer noch aufrechterhaltene heilige Kuh des freien Hochschulzugangs, denn dieser beruht auf der harschen Selektion weiter unten bzw. auf der Vorstellung, dass diejenigen, die unter diesen Bedingungen die Matura geschafft haben, tatsächlich die Elite darstellen, der alle Wege offenstehen sollen, d.h. dass diese Maturandinnen und Maturanden dann auch für alle Fächer gleichermaßen geeignet seien, ja dass sich die Qualität des Gymnasiums genau daran messen lasse, dass seine Abgänger auch für alle Studienrichtungen qualifiziert seien.

Das ist ebenso illusionär wie bildungspolitisch verquer. Statt den Zugang zur Matura und damit generell die „Studierfähigkeit" über das diskriminierende Kriterium „Erstsprache" zu regulieren – ja sogar die gesamte gymnasiale Ausbildung auf dieses Kriterium zu eichen, wie das gegenwärtig geplant wird! (vgl. EDK, 11.04.2011) –, sollte der Zugang zur Matura erleichtert werden, dafür aber in den Hochschulen bzw. den einzelnen Studiengängen mittels Eintrittsprüfungen oder einem Assessment-Jahr die Studierfähigkeit von dann eben nicht mehr 12-, sondern 19- bis 20-Jährigen zu testen. Solche Eintrittstests, wie sie heute schon vielfach angewandt werden, sind mit Sicherheit aussagekräftiger als eine „Gymi"-Zulassungsprüfung. Dennoch an den in der Schweiz bestehenden diskriminierenden Selektionshürden festzuhalten, bedeutet damit zumindest zweierlei: Zum einen werden auf diese Weise soziale Verteilmuster – man könnte auch sagen: Klassenverhältnisse – zuverläs-

[3] Google fragt „Meinten Sie Gesellschaftsreise" und weist 846 hits für den Begriff „Gesellschaftsreife" aus, im Wesentlichen alles PDFs aus der Schweizer Bildungslandschaft... (März 2013).

sig reproduziert; das aber führt zum andern dazu, dass die Begabtenreserve unserer Gesellschaft nur unzureichend ausgeschöpft wird. Wir scheinen uns diese Verschwendung leisten zu können.

Dennoch wird der möglichen Erhöhung der Maturaquote ein scheinbar gewichtiges Argument entgegengehalten – in letzter Zeit nicht nur wiederholt von Seiten einiger Vertreter der Erziehungswissenschaften, sondern in prominenter Weise auch von Bundesrat Schneider-Ammann oder dem Rektor der ETH, Lino Guzzella: mit der Erhöhung der Maturaquote würde notwendigerweise „das Niveau" der Matura und dann auch der Universitäten gesenkt („Das Niveau an den Schulen ist gesunken", 29.07.2012). Diese Drohung ist ein alter Ladenhüter aus dem ideologischen Repertoire der konservativen Rechten. Man hat schon in früheren Zeiten, jeweils unterstützt von allerlei Männern der Wissenschaft, gegen den Einbezug etwa von Arbeiterkindern oder auch von Mädchen in die höhere Bildung eingewendet, dass damit die männliche Strenge und das allein durch bürgerliche Kultur garantierte Niveau der akademischen Bildung gesenkt werde. Es ist immer dasselbe, und das Argument wird auch durch seine gegenwärtig so beliebte Wiederholung nicht wahrer. Mehr Jugendlichen im akademischen Feld die Chance zu geben zu zeigen, was sie können, bedroht unsere Universitäten nicht – vorausgesetzt, sie werden entsprechend ausgebaut. Das ist das eine. Das andere ist noch viel pikanter: Ich höre nun von eben jener ETH, die sich so sehr um das Niveau sorgt, dass in den Masterstudiengängen gerade jene Studierenden, die mit einem *Fachhochschul*-Bachelor plus einer Zusatzprüfung den Einstieg in ein ETH-Master-Programm geschafft haben, das Niveau merklich senken würden...

Das ist ein böser Hinweis, politisch vollkommen unerwünscht, und er liegt komplett quer zur Argumentation, dass die „Gymi"-Quote tief sein soll, weil man erstens das Niveau der Matura nicht gefährden will, und zweitens die Abgewiesenen ja dann die Chance haben, über eine Lehre, Berufsmaturität und Fachhochschule später auch noch an die Hochschule zu wechseln. Doch dieser Widersinn ist konstitutiv für das schweizerische Bildungssystem und die hegemonialen bildungspolitischen Konzepte: Während man sich auf der einen Seite so sehr um das

„Niveau“ sorgt und den Zugang zum Gymnasium streng limitiert, gaukelt man jenen, die diese Hürde nicht schaffen, vor, sie könnten auch noch „später“, über den Weg in die Fachhochschule oder gar über den noch späteren, von Auflagen begleiteten Eintritt in eine universitäre Hochschule, akademische Weihen erhalten. Da scheint die Frage nach dem Niveau plötzlich keine Rolle mehr zu spielen, und vor allem scheint es dann egal zu sein, dass diese Studierenden möglicherweise nicht über die für akademische Forschung intellektuellen Voraussetzungen verfügen, die man sich üblicherweise im Gymnasium aneignet. In der Bildungspolitik geistert dementsprechend, wenn auch ziemlich unter der Hand, die Vorstellung herum, es brauche die Art von Allgemeinbildung, die das Gymnasium vermittle, eigentlich gar nicht oder bestenfalls nur für ein paar wenige, weil an den Fachhochschulen ebenso „Forschung“ stattfinde wie an der Universität – eine weitere Augenwischerei... (Allerdings würde auch diese Diskussion über die Fehlkonstruktion der Fachhochschulen im nicht existierenden Feld zwischen berufspraktischer Vertiefung/Weiterbildung/Entwicklung einerseits und der eigentlichen Forschung an den Universitäten bzw. der ETH andererseits den Rahmen dieser Überlegungen sprengen.)

4 Schluss

Ein Plädoyer für die Erhöhung der „Gymi“-Quote muss oder müsste notwendigerweise auch zur Frage führen, welche Art von Gymnasium für die Wissensgesellschaft sinnvoll wäre und für welche weiteren Ausbildungsschritte das Gymnasium qualifizieren soll. Ich bin kein Spezialist für diese Fragen und möchte mich daher nur auf zwei allgemeine Bemerkungen beschränken: Erstens sollte, wie ich zu zeigen versucht habe, das Gymnasium einen Ort von Allgemeinbildung darstellen, von dem aus auch ein Bildungsweg eingeschlagen werden kann, der z.B. über eine Lehre oder direkt in eine Berufs- oder Fachhochschule zu einer stärkeren Praxisorientierung führt. Es ist nicht zu sehen, was dagegen sprechen würde, dass möglichst viele Jugendliche bis zum Alter von 18 Jahren eine breite Allgemeinbildung erhalten (das muss auch nicht das Gymnasium alleine sein), eine Allgemeinbildung jedenfalls, in der zumindest Basiskompetenzen wie sehr gutes Deutsch, sehr gut brauchbares Englisch und Informatikgrundlagen verlässlich vorhanden sind – ohne dass damit schon zwingend gesagt wird, dass diese Jugendlichen dann alle an die Universität wechseln müssen.

Zweitens nun ist zum Schluss noch einmal auf die Rolle der Universität zurückzukommen. Nur die Universität ist – *per definitionem* und seit jeher – der Ort, wo nicht nur brauchbares Wissen vermittelt wird, sondern wo zum einen *neues* Wissen erzeugt wird (i.e. Forschung) und zum anderen über das Wissen nachgedacht, die Entstehung des Wissens und die Effekte von Wissen reflektiert werden (i.e. Reflexion). Nur wer eine Universität besucht, hat die Chance zu lernen, das Wissen eines ganzen Feldes halbwegs überschauen oder zumindest abschätzen zu können, nur er oder sie hat gelernt, kritisch mit Wissen umzugehen, und nur er oder sie ist zumindest tendenziell fähig, sich mehr neue Fragen zu stellen und Probleme aufzuwerfen, als einfach nur anwendungsorientierte Lösungen innerhalb vorgegebener Denkschemata zu liefern. Mit anderen Worten: Nur diese de facto immer universitäre Form von Wissen ist letztlich innovativ und kreativ, auch wenn ich die Rolle der Bastler und Tüftler auf allen Stufen bestimmter Fächer und Felder nicht gering schätzen will. Doch das ändert nichts am grundsätzlichen Befund, dass wir als Gesellschaft auf das Innovations- und Kreativitätspotenzial setzen müssen, dass dieser etwas riskantere, aber eben auch produktivere Umgang mit Wissen bietet, wie man ihn nur an einer Universität lernen kann. Ein ganzes Bildungssystem hingegen auf die „Berufsorientierung" und „Anwendungswissen" auszurichten, ist der direkte Weg in die Sackgasse.

Quellen

Becker, R. (2010). Soziale Ungleichheit von Bildungschancen in der Schweiz und was man dagegen tun könnte. In: R. Künzli & K. Maag-Merki, Hrsg. *Zukunft Bildung Schweiz. Akten der Fachtagung vom 21. April 2010* (S. 21-38). Bern: Akademien der Wissenschaften Schweiz.

Bell, D. (1975 [1973]). *Die nachindustrielle Gesellschaft,* Frankfurt am Main: Campus Verlag (*The Coming of Post-Industrial Society,* New York).

Bernet, W. (23.03.2013). Das Gymnasium für alle. *Neue Zürcher Zeitung*, S. 24.

Bundesamt für Statistik [BfS] (2011a). *Bildungsabschlüsse 2001-2010* (Tabelle T 15.2.2.1.1, abgerufen von http://www.bfs.admin.ch/bfs/portal/de/index/themen/15/05/data/blank/01.html

Bundesamt für Statistik [BfS] (2011b). *Frauen und Männer an Schweizer Hochschulen. Indikatoren zu geschlechtsspezifischen Unterschieden*. Neuchâtel.

Bundesamt für Statistik [BfS] (2012a). *Ausbildungsstufen der ständigen Wohnbevölkerung nach Arbeitsmarktstatus und Nationalität* (Tabelle T 03.01.02.07), abgerufen von http://www.bfs.admin.ch/bfs/portal/de/index/themen/03/02/blank/data/03.html

Bundesamt für Statistik [BfS] (2012b). *Maturitätsquote nach Geschlecht und Kanton*, abgerufen von http://www.bfs.admin.ch/bfs/portal/de/index/themen/15/06/dos/blank/05/03.html

Bundesamt für Statistik [BfS] (2012c). *Registrierte Arbeitslose*, abgerufen von http://www.bfs.admin.ch/bfs/portal/de/index/themen/03/03/blank/key/regist rierte_arbeitslose/nach_kanton.html

Bundeszentrale für politische Bildung (30.10.2011). *Erwerbstätigenquote nach Bildungsstand und Altersgruppe. Europäische Union 2001-2010*, abgerufen von http://www.bpb.de/nachschlagen/zahlen-und-fakten/europa/70590/erwerbstaetigkeit-nach-bildung-und-alter

„Das Niveau an den Schulen ist gesunken" (29.07.2012) *NZZ am Sonntag* 29. Juli 2012, abgerufen von http://www.nzz.ch/nzzas/nzz-am-sonntag/das-niveau-an-den-schulen-ist-gesunken-1.17414472

Eberle, F. (29.05.2010). *Vorbereitung auf die Universität – ist das Gymnasium noch zeitgemäss?* Festrede am Dies academicus 2010 der Universität St. Gallen, abgerufen von http://www.ife.uzh.ch/research/lehrstuhleberle/Dies-Festrede .pdf

Eberle, F. (2012). Das Projekt „Basale fachliche Studierkompetenzen". *Gymnasium Helveticum* 66(4), 6-12.

Eberle, F. (2013). Höhere Maturitätsquote, tieferes Niveau. *Magazin. Zeitschrift der Universität Zürich* 22(1), 48-49.

Eberle, F., Gehrer, K., Jaggi, B., Kottenau, J., Oepke, M. & Pflüger, M. (2008). *Evaluation der Maturitätsreform 1995. Schlussbericht zur Phase II*, Bern: Staatssekretariat für Bildung und Forschung SBF

EDK (11.04.2012). *Medienmitteilung Gymnasiale Maturität: allgemeine Studierfähigkeit genauer bestimmen*, abgerufen von http://www.edk.ch/dyn/24892.php.

Ich hätte lieber etwas weniger, dafür bessere Maturanden (28.10.2012). *NZZ am Sonntag,* abgerufen von http://www.nzz.ch/aktuell/schweiz/ich-haette-lieber-etwas-weniger-dafuer-bessere-maturanden-1.17729488

Imfeld, C. (22.01.2013). Die rechte Hand der Anwälte. *Tages-Anzeiger* 22. Januar 2013, abgerufen von http://www.tagesanzeiger.ch/leben/bildung/Die-rechte-Hand-der-Anwaelte/story/24101590

OECD (2008a). *Tertiary Education for the Knowledge Society,* Bde I+II, Paris: OECD.

OECD (2008b). *Tertiäre Bildung für die Wissensgesellschaft.* Zusammenfassung auf Deutsch abgerufen von http://www.oecd.org/edu/skills-beyond-school/413 14524.pdf

Schär, M. (16.08.2012). *Wie die Schweiz dank Ausländern wächst,* abgerufen von http://www.avenir-suisse.ch/20385/wie-die-schweiz-dank-auslandern-waechst/.

Schellenbauer, P. et al. (2012). *Der strapazierte Mittelstand. Zwischen Ambition, Anspruch und Ernüchterung,* hrsg. von Avenir Suisse, abgerufen von http://www.avenir-suisse.ch/22572/der-strapazierte-mittelstand-zwischen-ambition-anspruch-und-ernuchterung-2/.

Staatsekretariat für Wirtschaft[SECO] (12.03.2014). *Die Lage auf dem Arbeitsmarkt,* abgerufen von http://www.seco.admin.ch/themen/00385/00387/

Diskussion zum Vortrag

Verfasst von Sarah Heinzer und Birgit Hartog-Keisker (Universität Zürich)

Eine Publikumsmeldung leitet die Diskussion mit der Bemerkung ein, dass Herr Sarasin sehr wirtschaftlich argumentiere, aber am Schluss auch noch die Politik ins Spiel gebracht und von stimmberechtigten Schweizern gesprochen habe. Man wisse ja auch, dass Menschen, die eine höhere Bildung besäßen, gesünder seien, über eine höhere Lebenszufriedenheit verfügten, und politisch und sozial aktivere Gesellschaftsmitglieder seien. Da fehle noch etwas in der Argumentation. In Deutschland sei es so, dass auch Handwerker mit Meisterbrief an die Universität kämen, zudem gebe es Hochschulzugangsprüfungen für berufserfahrene Menschen mit mittleren Abschlüssen. Etwas polemisch formuliert stelle sich die Frage, ob es eigentlich ökonomisch nicht sehr preiswert sei, hoch qualifizierte Leute im Ausland ausbilden zu lassen, damit sie dann in der Schweiz arbeiten könnten.

Philipp Sarasin erwidert auf diese Frage, dass es natürlich billiger sei, Ärzte, die schon fertig ausgebildet seien, aus Deutschland zu rekrutieren, als sie selbst in der Schweiz auszubilden. Die deutschen Ärzte, die in der Schweiz arbeiteten, fehlten in Deutschland und würden dann durch polnische Ärzte ersetzt. Wenn man einen Arzt ausbilde, koste das sehr viel und man habe keine Garantie, dass der Arzt dann 40 Jahre Berufsarbeit in der Schweiz absolviere. Bildungsinvestitionen stellten ein gewisses Risiko dar. Es sei in der wirtschaftlichen Situation der Schweiz natürlich relativ verführerisch und leicht zu sagen: Wir holen uns die Leute, die wir brauchen.

Es bestehe zudem eine gewisse Tradition an der Universität Zürich, einen sehr großen Anteil ausländischer Professoren zu beschäftigen. Man könne auch argumentieren, dass das generell hohe Niveau der Industrie, das Bildungsniveau der Universitäten und der Forschungseinrichtungen es notwendig mache, auch ausländische Kräfte hinzuzuziehen. Er plädiere in keiner Weise dafür, dass keine Ausländer mehr im Land sein dürften. Aber es gebe den Aspekt der Rosinenpickerei. Das Argument, so Philipp Sarasin, dass Menschen mit höherer Bildung gesünder seien, habe er nicht gekannt. Es sei sicher ein gutes Argument, aber er würde sich nicht darauf abstützen. Zur Frage der Zulassung von Berufsleuten an die Schweizer Universitäten könne er nicht umfassend antworten, da das Schweizer System sehr verästelt und kompliziert sei. Es gebe natürlich Wege von der Lehre über die Fachhochschule und die Berufsmaturität. Er glaube aber nicht, dass man direkt von der Lehre mit einem Meisterbrief an einer Universität studieren könne, sondern man müsse den Weg über die Fachhochschule wählen und eine mittlere akademische Qualifikation erwerben. In gewissen Fächern habe man die Möglichkeit, eine Eintrittsprüfung für die Universität oder die ETH zu machen. Er wisse, dass in seiner Fakultät die Neigung, Fachhochschulabsolventen aufzunehmen, ausgesprochen gering sei, da man auf der akademischen Basisbildung von Geisteswissenschaftlern beharre. Philipp Sarasin betont aber, dass er diesbezüglich kein Fachmann sei. Überdies scheinen Zahlen zur Anzahl von Studienanfängern aus Fachhochschulen nicht zu existieren oder zumindest nicht publiziert worden zu sein.

Ein Diskussionsteilnehmer erwähnt, dass man an ihrer Schule eine Fachmittelschule im Gymnasium integriert habe. Die Fachmittelschulabgänger könnten in das Gymnasium übertreten und hätten die Möglichkeit, die gymnasiale Matura zu absolvieren. Man stelle fest, dass die intellektuelle Leistungsfähigkeit, welche sich auf Leistungen beziehe, die nicht nur Wissensreproduktion beinhalte, bei den Fachmittelschulabgängern tiefer sei als bei den Gymnasiasten. Man habe große Schwierigkeiten, diese Schüler überhaupt in die Klassen zu integrieren. Nicht weil ihnen Wissen fehlen würde, sondern weil sie schlicht bei schwierigen Texten oder bei etwas komplizierteren Aufgaben in den naturwissenschaftlichen Fächern oder der Mathematik die Abstraktionsfähigkeit nicht besäßen. Es stelle sich die Frage, ob die Schweizer Volkswirtschaft in ihrer jetzigen Struktur mehr Akademikerinnen und Akademiker bräuchte, als sie selbst je von dieser Qualität produzieren könne.

Philipp Sarasin erwidert auf diese Frage, dass er an die Bildungsfähigkeit des Menschen ganz im altruistischen und Rousseauschen Sinne glaube. Das bedeute, dass man nach der Grundstufe, im Alter von 12 bis 16 Jahren, intellektuelle Fähigkeiten, Beweglichkeit und Abstraktionsvermögen in einem bestimmten Schultyp erwerbe. Und dass, wenn man diese Fähigkeiten in diesen Jahren in dem betreffenden Schultyp nicht errungen habe, sich genau die Probleme zeigten, welche geschildert worden seien. Das sei einer der Gründe dafür, weshalb er dafür plädiere, dass möglichst vielen Schülern das Gymnasium ermöglicht werde, um möglichst vielen die Chance zu geben, genau diese Fähigkeiten zu erringen. Er glaube nicht, dass diese Fähigkeiten genetisch angelegt seien.

Franz Eberle erläutert dazu zwei Aspekte, die in diesem Kontext eine Rolle spielen. Zunächst stelle sich die Frage, ob man in der Schweiz den ungehinderten Zutritt zu allen Universitätsfächern mit dem Maturitätszeugnis als Berechtigung beibehalten solle, oder ob man auch Zutrittstests zur Eignungsabklärung einsetzen könnte. Das sei auch eine normativ nicht unumstrittene Entscheidung. Gemäß seiner Einschätzung dächten viele Menschen in der Schweiz, dass das Gymnasium einen Wert als qualifizierende Stufe für die nächste Stufe, die abschließende qualifizierende Stufe, darstelle. Auch Maturandinnen und Maturanden erwarteten mit ihrem Zeugnis freien Zutritt an die Universitäten ohne zusätzliche Eintrittshürden. Durch die so genannte allgemeine Studierfähigkeit, die eben den ungehinderten Zutritt ermögliche, sei auch die breite Fächerung garantiert. Der nächste Streitpunkt sei, dass eine höhere Gymnasialquote mit tieferen durchschnittlichen Leistungen der Maturandinnen und Maturanden verknüpft sei. Es gebe empirische Daten aus Querschnittsuntersuchungen in der Schweiz und auch Deutschland, welche diesen Aspekt belegten. Das habe natürlich auch mit der Grundfrage etwas zu tun, wie weit es möglich sei, alle Schülerinnen und Schüler auf ein Bildungsmaximum zu fördern. Es beständen stabile und variable Bedingungsfaktoren der Schulleistungen, so Franz Eberle. Relativ stabile Bedingungen, wie die allgemeinen kognitiven Fähigkeiten, die nicht beliebig ausweitbar seien, könne man fördern, was aber nicht bedeute, dass er für ein Schulsystem plädiere, welches maximal fördere. Es sei nicht möglich, alle Schülerinnen und Schüler bis zum Maximum zu fördern.

Philipp Sarasin erläutert zum Aspekt der Richtgröße, dass etwa ein Drittel der Schülerinnen und Schüler das Gymnasium besuchten. In Zürich wehre sich der Gewerbeverband gegen eine Erhöhung der Quote, da er um den Verlust der besten Lehrlinge fürchte. Man habe hier ein kulturelles System, bei welchem von vornherein klar sei, der Sohn des Lehrers, des Pfarrers und des Arztes besuchten ein Gymnasium und die anderen absolvierten eine Lehre. Das sei selbstverständlich, so werde von ganz frühkindlichen ersten Schritten an eine Kultur vermittelt, welche sich nicht von einem Tag auf den anderen einfach ändere. Da sei er einverstanden. Er glaube aber, dass die tiefen Gymnasialquoten, auch im europäischen Vergleich, nicht darauf hinwiesen, dass man in der Schweiz eine merkwürdige Bergbevölkerung mit etwas begrenzter Intelligenz habe. Bei der zweiten wichtigen Frage, ob das Gymnasium nicht abschließend qualifizierend sei, könne man einwenden, dass „abschließend" auch „ausschließend" bedeute. Wer es nicht geschafft habe, habe es einfach nicht geschafft. Natürlich gebe es Passerelle-Programme und andere Übertrittsmöglichkeiten. Er sehe aber nicht ein, warum jene Leute, die ins Gymnasium wollten, zuerst den Umweg über die Passerelle machen müssten. Es sei sinnvoller, im Alter von rund 20 Jahren zu schauen, ob jemand geeignet sei, Physik zu studieren oder besser Kunstgeschichte. Zu diesem Zeitpunkt sei die kognitive, intellektuelle und charakterliche Entwicklung schon so weit fortgeschritten, dass eine solche Prüfung dann angemessener sei. Philipp Sarasin illustriert am Beispiel einer Tessiner Familie, deren drei Söhne die Zürcher Eintrittsprüfung ins Gymnasium aufgrund ihrer mangelhaften Deutschkenntnisse nicht geschafft haben, das ausschließende System, welches den Effekt habe, dass ein großer Prozentsatz der Schülerinnen und Schüler in Privatschulen unterrichtet werde, um den Eintritt ins Gymnasium zu schaffen. Das könne nicht sein.

Franz Eberle bemerkt dazu, dass eine soziale Chancenungleichheit herrsche und Handlungsbedarf bestehe. Er sehe vor allem bei der Frühförderung und der besseren Förderung in der Volksschule einen Ansatzpunkt. Man sei sich einig, dass sehr viel geschehen müsse, damit die Startchancen gerechter verteilt würden. Es bestehe allerdings weiterhin eine Meinungsverschiedenheit darüber, zu welchem Zeitpunkt man die Zutrittsprüfung zur Hochschule einsetzen solle. Ein dritter, wichtiger Aspekt sei noch zu diskutieren, der nämlich, ob die anderen Wege im Hinblick auf die Allgemeinbildung tatsächlich so schlecht seien. Bei der Berufsmatura, welche allgemeinbildende Fächer wie Mathematik, Geschichte, Staatsbürgerkunde, Wirtschaft und Gesellschaft beinhalte, könne man nicht von einem Etikettenschwindel reden.

Eine Diskussionsteilnehmerin aus dem Publikum schickt voraus, dass sie Herr Sarasins Argumentation begeistert und überzeugt habe. Sie habe eine Rückfrage zu den Grafiken, welche dokumentieren sollten, dass immer weniger der Kaderstellen von Schweizern besetzt würden. Müsse man das nicht bereinigen um die Zahl derer, die auf diesem Bildungsgrad von der Schweiz ins Ausland gingen? Es gebe auch eine erhöhte Mobilität, die sich vielleicht auch in der Grafik widerspiegle.

Philipp Sarasin räumt ein, dass dies natürlich ein Faktor sei. Es gebe viele Schweizer, welche auch im Ausland eine akademische Karriere machten. Man könne auch argumentieren, dass ein Land wie die Schweiz sowieso ganz intensiv auf Austausch angewiesen sei. Das zeige sich auch wirtschaftlich. Eine intensive Verflechtung mit dem Ausland sei selbstverständlich gegeben und insofern ändere sich an dieser Präsenz von ausländischen Akademikern sicherlich nicht grundsätzlich etwas. Nur habe sich das in den letzten Jahren sehr stark verändert und darauf müsse reagiert werden.

Ein Diskussionsteilnehmer rekurriert auf die Ausführungen von Lucien Criblez, welcher die Quote, zusammengesetzt aus Berufsmaturanden zuzüglich der Personen mit einer Fachmaturität, auf über 34 Prozent betitelt hatte. Es stelle sich hier die Frage, ob man es nicht mit einem semantischen Problem zu tun habe, da verschiedene Abschlüsse in der Schweiz mit „Maturität" bezeichnet würden.

Philipp Sarasin bestätigt die Aussage und bemerkt, dass die Einstellung, die Universität sei in irgendeiner Weise höher oder besser, als Bildungsdünkel bezeichnet werde. Und deshalb sei auch die Vorstellung, dass die gymnasiale Matura besser sei als die Berufsmaturität ein Bildungsdünkel. Er glaube nicht, dass dem so sei. Es bestehe ein Unterschied. Die eine, so genannte „Maturität" befähige nur für die Fachhochschule in einem engeren Bereich.

Franz Eberle ergänzt dazu, dass es gemäß der Reform der Berufsmaturität auch den allgemeinen Fachhochschulzutritt gebe. Wobei noch Zugangsselektionen möglich und üblich seien. Aber grundsätzlich sollte es der Grundausweis für den allgemeinen Fachhochschulzutritt sein.

Philipp Sarasin befürwortet diese Entwicklung, denn Bildung, wie sie im Maturitäts- und Gymnasialbereich definiert werde, müsse so bleiben, sonst sinke das Niveau. Die Diskussion sei allerdings sehr widersprüchlich, auf der einen Seite fürchte man einen Niveauverlust, wenn gefordert werde, dass mehr Jugendliche ans Gymnasium gehen sollten, auf der anderen Seite schaffe man Maturitäten, die weniger anspruchsvoll seien.

Ein Diskussionsteilnehmer bemerkt dazu, dass man vom österreichischen Standpunkt einen kritischen Beitrag zur Kompetenzorientierung und Standardisierung gehört habe. Die deutsche Position habe aufgezeigt, welche Voraussetzungen Abiturienten angesichts der digitalisierten und globalisierten Welt mitbringen sollten. Es würde ihn interessieren, was die Erwartungen eines Schweizerischen Hochschullehrers an allgemein gültig ausgebildete Abiturientinnen und Abiturienten seien.

Da es sich, so Philipp Sarasin, um eine öffentliche Hochschule handle, welche vom Kanton finanziert werde, habe man die Pflicht, Leute auszubilden, welche nicht nur Hochschullehrer und Spitzenforscher werden wollten, sondern auch Gymnasiallehrer, Journalisten, Medienschaffende und andere. Es gehe nicht darum, sich mit Spitzenuniversitäten zu vergleichen, bei denen immer häufiger nur noch Kinder wohlhabender Eltern studieren könnten.

Günter Trost bemerkt dazu, dass Herr Sarasins Forderung auf einer entscheidenden Voraussetzung beruhe. Der Voraussetzung, dass es genügend Begabungsreserven gebe, auf die man zugreifen könne, wenn man diese Forderung umsetze. Die Begabungsforschung liefere dabei einige ernüchternde und einige ermutigende Ergebnisse. Zunächst müsse man vereinfachen, indem man Begabung als Lernfähigkeit, die Fähigkeit mit diesem Bildungsangebot umzugehen, definiere. Betrachte man die Gruppe der Heranwachsenden, finde man die bekannte Normalverteilung. Bei einer Selektion müsste man weiter nach links rücken, dann müsse das Niveau derer, die hereinkommen, sinken. Die Begabungsforschung sage aber auch, dass 70 Prozent dieser Fähigkeit angeboren und 30 Prozent beeinflussbar seien. Da sei der erste Ansatzpunkt. Es gelte, diese 30 Prozent auszuschöpfen und das geschehe noch bei Weitem nicht ausreichend. Herr Eberle habe das Stichwort Frühförderung gegeben. Man könne gar nicht früh genug einsetzen, denn die Förderung beginne in den Köpfen der Eltern. Darüber hinaus existiere das Bild der Katalysatoren, welche die Verwirklichung von Potenzial erleichtern, so Günter Trost. Dazu gehöre beispielsweise das Selbstbild. Es bestehe heute die Möglichkeit, das Selbstbild von Arbeiterkindern in einer ganz anderen Weise zu fördern, indem man durch Anregungen eine Entwicklung begünstige. Die Forderung ließe sich verwirklichen, wenn die Politik unterstützen und auch bezahlen würde.

Philipp Sarasin stimmt der Aussage zu und erläutert, dass harsche Selektionsinstrumente bei Schülerinnen und Schülern im Alter von 12 Jahren natürlich davon ausgingen, dass man Personen vom oberen Quantil der Gauss-Kurve erhielte. Aber er glaube nicht, dass dem so sei. Vielmehr erhielte man Schüler, welche am Tag x einen halben Tag lang die geforderte Leistung erbracht hätten. Sein Argument laute deshalb auch, dass man die Quote ausdehnen solle, denn man könne nicht einfach sagen, im Alter von 12 Jahren hole man sich einfach die 20 Prozent Besten, die anderen brauche man sowieso nicht. Da man eine Unschärfe in der Selektion habe, sei es sinnvoller, diese breiter anzulegen, um mehr eigentlich fähigen Jugendlichen eine Chance zu geben.

Franz Eberle ergänzt dazu, dass es viele kritische Stellen gebe und so sei die Frage, wie valide und prognosevalide die Selektion beim Eintritt ins Gymnasium sei, ganz wesentlich. Da stimme man überein, dass dies nicht befriedigend gelöst sei. Nur könnten die Konsequenzen daraus verschieden sein. Er glaube, dass die Verbesserungsmöglichkeiten hier noch nicht ausgeschöpft seien. In der Problemanalyse herrsche eigentlich eine große Übereinstimmung. Nur bei der Problemlösung gebe es unterschiedliche normative Ausrichtungen und unterschiedliche Vorschläge.

Ein Diskussionsteilnehmer erläutert, dass man sehr viel Erfahrung damit habe, Jugendliche zu fördern, wenn sie nicht aufs Gymnasium gegangen seien. Die Hälfte dieser Schüler käme ohne die Möglichkeit, an einer anderen Schule Abitur zu machen. Erfreulich sei dabei, dass 60 Prozent davon dann bei ihnen das Abitur machen würden. Es kämen natürlich auch Schüler von einem Gymnasium oder einer vergleichbaren Schule, von diesen Schülern machten 80 Prozent das Abitur. Und das sei für ihn ein Hinweis, dass diese Selektion, die Entscheidung, zu dem frühen Zeitpunkt ausgesprochen problematisch und nicht tragfähig sei. Andererseits gebe es aber auch Hinweise, dass eben die jungen Leute, die nicht auf das Gymnasium gingen, durchaus in ihrem Lernwillen und ihren Möglichkeiten eingeschränkt würden. Von daher stelle sich die Frage, ob es nicht generell ein Problem sei, solche Selektionen durchzuführen.

Franz Eberle meint dazu, dass dies den 30 Prozent entspräche, die Herr Trost genannt habe, und die müsse man ausschöpfen, da sei man sich einig. Zudem brauche es die Möglichkeit des Quereinstiegs. Die Selektion sei in der Schweiz im Vergleich mit Deutschland später angesetzt, denn das Langzeitgymnasium sei nicht das einzige Modell. Es gebe das Kurzzeitgymnasium, bei welchem die Selektion der Schülerinnen und Schüler im Alter von 15 Jahren erfolge. Daneben bestehe im Kanton Zürich die Möglichkeit eines Quereinstiegs aus der Sekundarstufe I.

Philipp Sarasin erläutert dazu, dass er seit Bologna verpflichtet sei, auch an der Universität Noten zu geben. Und das sei immer etwas Schwieriges. Aber je weiter die Studentinnen und Studenten im Studium fortgeschritten seien, desto eher könne man sagen, was sie können müssten oder nicht. Aber bei der Masterarbeit fiele dann auch einmal ein gesellschaftliches Urteil darüber, ob jemand in einem Feld etwas könne oder nicht. Aber man lebe nun einmal in einer Konkurrenzgesellschaft mit begrenztem Zugang zu den Fleischtöpfen. Das könne man nicht ändern, das sei so.

Allgemeine Zutrittsberechtigung mit der Matura versus spezifische Zugangsprüfungen

Günter Trost

Unter zehn Thesen möchte ich diesen Beitrag stellen. Sie spannen den Bogen etwas weiter, als der Titel suggeriert. Im Anschluss an jede These werde ich eine Reihe empirischer Befunde vorstellen, die geeignet sein mögen, die jeweilige These zu stützen. Schließen möchte ich mit einigen Folgerungen aus dieser Befundlage.

These 1: Es ist sinnvoll, an der Schwelle zum tertiären Sektor des Bildungssystems bei der Eignungsfeststellung nicht nur die Anforderungen des zurückliegenden, sondern auch jene des bevorstehenden Bildungsabschnitts zu berücksichtigen.

Die Matura attestiert in erster Linie, wie gut die Herausforderungen in der Sekundarstufe bewältigt worden sind. Selbstverständlich ist das Curriculum der Sekundarstufe darauf angelegt, Wissen und Fähigkeiten zu vermitteln, die in den anschließenden Bildungs- und Ausbildungsgängen benötigt werden. Aber es muss, trotz mancherlei Möglichkeiten der Wahl der Fächerschwerpunkte, breit angelegt sein. Es kann und soll nicht ganz speziell auf ein bestimmtes Studienfach, eine bestimmte Berufsausbildung vorbereiten. Folglich lassen die Schulnoten, welche das Zurechtkommen mit den Bildungsangeboten der Sekundarstufe attestieren, nur mit großer Einschränkung Aussagen darüber zu, für welche Richtung im anschließenden Bildungssektor der Absolvent oder die Absolventin sich ganz besonders eignet.

Demgegenüber sind beispielsweise fachbezogene Studierfähigkeitstests – also *eine* Art der speziellen Zugangsprüfungen – ganz auf die spezifischen kognitiven Anforderungen der betreffenden Studiengänge zugeschnitten. Grundlage der Entwicklung solcher Verfahren ist stets eine systematische Anforderungsanalyse für die einzelnen Studiengänge. Legt man die Ergebnisse dieser Analysen übereinander, so zeigen sich erwartungsgemäß Überschneidungen, aber eben auch zahlreiche fachspezifische Elemente. Dieser Befund lässt sich mit einem „Blütenmodell" veranschaulichen.

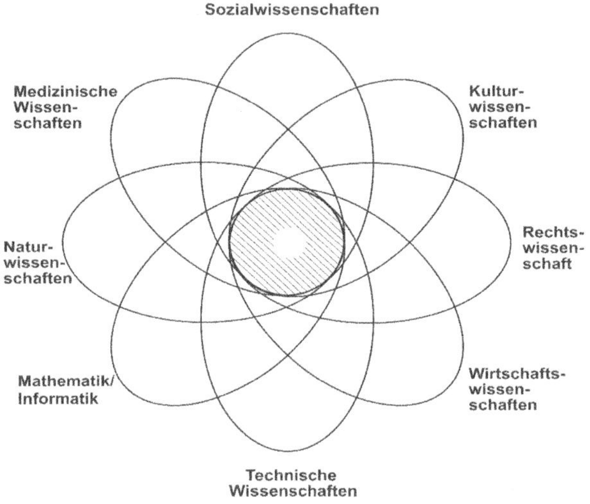

Abbildung 1: Modell der Eignung für verschiedene Studienfelder: Spezifika und Überschneidungen

Wie unterschiedlich die Anforderungen verschiedener Studiengänge sein können und wie diese sich in Aufgabentypen der Studierfähigkeitstests abbilden lassen, mögen die acht Beispiele im Anhang zeigen.

Wenn es also darum geht, die Eignung für bestimmte Studiengänge zu ermitteln, lohnt es sich, beide Informationsquellen zu nutzen: sowohl die Auskünfte über die schulischen Leistungen als auch Ergebnisse fachbezogener Studierfähigkeitstests.

These 2: Was Studierfähigkeitstests messen und schulische Leistungsnachweise anzeigen, ist nicht identisch.

Häufig wird argumentiert, Studierfähigkeitstests und Schulnoten erfassten doch ohnehin dasselbe, weshalb die aufwendige Hinzunahme von

Tests, etwa bei der Zulassung zur Hochschule, unnötig sei. Dem ist nicht so. Testergebnisse und die Schulabschlussnote weisen einen nur mäßigen Zusammenhang auf. Auf der Skala der Korrelationskoeffizienten, die von 0,00 (keinerlei Zusammenhang zwischen den verglichenen Messreihen) bis 1,00 (totaler, gleichsinniger Zusammenhang) reicht, liegen die ermittelten Kennwerte beispielsweise bei allen deutschen Medizinbewerberinnen und -bewerbern der Jahre 1986 bis 1996 um 0,40 (Trost et al., 1998, S. 56). Bei 3.717 deutschen Bewerberinnen und Bewerbern um Studienplätze in wirtschaftswissenschaftlichen Studiengängen lag der Kennwert sogar nur bei 0,22 (Greiff, 2006, S. 239).

Autoren	**Datenquellen**	**Mittlere Korrelationskoeffizienten**
Trost et al. (1998)	alle deutschen Medizinbewerber, 1986 bis 1996	um 0,40
Greiff (2006)	3.717 deutsche Bewerber um Studienplätze in Wirtschaftswissenschaften	0,22

Tabelle 1: Korrelation zwischen der Schulabschlussnote und den Ergebnissen in Studierfähigkeitstests: Ergebnisse von Meta-Analysen

Diese Kennwerte besagen zwar, dass, wer gute schulische Leistungen aufzuweisen hat, in der Tendenz auch bessere Erfolgschancen im Studierfähigkeitstest hat. Sie zeigen aber zugleich, dass die Testergebnisse zum größeren Teil von Fähigkeiten bestimmt werden, die in den Schulnoten nicht zum Ausdruck kommen. Aus diesem Grund kann man bei Zulassungsentscheidungen, die anhand einer Kombination der Kriterien Schulnotendurchschnitt und Testergebnis getroffen werden, von einem „Paternoster-Effekt" sprechen: Personen mit schwächerer Schulleistung erhalten dank guter Testresultate eine Zulassungschance und umgekehrt.

Eine aktuelle Studie der Universität Heidelberg veranschaulicht diesen Effekt. Wegen des großen Andrangs zur Humanmedizin herrscht dort eine besonders strenge Auswahl. Im Jahr 2006, vor der (Wieder-)

Einführung des Tests für medizinische Studiengänge (TMS), waren unter den Zugelassenen ganze vier Prozent mit Abiturdurchschnittsnoten von 1,4 oder schlechter. Seit der Einführung des TMS als zusätzliches Auswahlkriterium hingegen beträgt der Anteil der Personen mit schwächeren Abiturnoten 60 Prozent (Kadmon et al., 2012). Dass sich dieser Paternoster-Effekt nicht negativ auf den Studienerfolg der zugelassenen Personen auswirkt, zeigt eine weitere Heidelberger Untersuchung: Die Studierenden mit Abiturdurchschnittsnoten von 2,0 oder schlechter, aber guten Testergebnissen schnitten in den Integrierten Klausuren des zweiten und vierten Semesters im Mittel genauso gut ab wie die Personen mit besseren Abiturnoten (Kadmon, 2012).

Die wichtigste Frage im Zusammenhang mit dem Thema dieses Beitrags ist die nach der Vorhersagekraft (prognostischen Validität) der Schulnoten und der Ergebnisse von Studierfähigkeitstests bezüglich des Studienerfolgs, und zwar einzeln und in ihrer Kombination. Dazu liegt eine große Zahl von Längsschnittuntersuchungen vor. Besonders eingehen möchte ich auf Befunde aus den medizinischen Studiengängen, an deren Schwelle im deutschsprachigen Teil der Schweiz bekanntlich der Eignungstest für das Medizinstudium (EMS) und in Deutschland bei einer zunehmenden Zahl medizinischer Fakultäten – derzeit sind es 15 – der strukturell ähnliche Test für medizinische Studiengänge (TMS) steht.

These 3: Unter allen Einzel-Prädiktoren weist die Schulabschlussnote den höchsten Prognosewert bezüglich des Studienerfolgs auf.

Zunächst sei ein Blick auf die prognostische Validität von Schul-Abschlussnoten geworfen. In ihrer Meta-Analyse der Befunde von 53 Einzeluntersuchungen aus Deutschland, Österreich und drei weiteren europäischen Ländern seit 1980 fanden Trapmann et al. (2007, S. 17) für die Beziehung zwischen der Durchschnittsnote im Abiturzeugnis und den später erzielten Gesamtnoten in verschiedenen Studiengängen einen mittleren Korrelationskoeffizienten von 0,52.[1] Einen etwas höheren Wert von 0,54 ermittelten Patterson und Mattern bei amerikanischen Studie-

1 Alle hier berichteten Korrelationskoeffizienten wurden rechnerisch korrigiert zum Ausgleich der eingeschränkten Reliabilität der Vorexamens- oder Endexamensnoten sowie der

renden (2012, S. 10); allerdings erstreckt sich bei diesen Studien der Prognosezeitraum nur bis zum Ende des ersten College-Jahres. Allgemein nimmt die Enge der Zusammenhänge zwischen Daten, die vor Studienbeginn erhoben worden sind, und Kriterien des Studienerfolgs mit zunehmendem Zeitabstand ab (Berry und Sackett, 2009, S. 286; Trapmann et al., 2007). Höhere Prognosewerte als für die Schulabschlussnote wurden, von wenigen Ausnahmen abgesehen, für keinen anderen Prädiktor gefunden.

Autoren	**Datenquellen**	**Mittlere Korrelationskoeffizienten**
Trapmann, Hell, Weigand und Schuler (2007)	53 Studien aus 5 europäischen Ländern	0,52
Patterson und Mattern (2012)	198.253 Studierende an 131 US Colleges	0,54

Tabelle 2: Korrelation zwischen Schulabschlussnote und Studienleistungen: Ergebnisse von Meta-Analysen

These 4: Aus „studienfachaffinen" schulischen Einzelnoten lässt sich der Studienerfolg weniger gut vorhersagen als aus dem schulischen Notendurchschnitt.

Die Vorstellung ist weit verbreitet, aus der Berücksichtigung von „fachaffinen" Einzelnoten im Matura- oder Abiturzeugnis lasse sich der Erfolg im betreffenden Studiengang besser vorhersagen als aus der Durchschnittsnote. Die Physiknote im Schulzeugnis beispielsweise müsse demgemäß eine engere Beziehung zu den Prüfungsleistungen im Studiengang Physik aufweisen als die Gesamtnote im Schulabschlusszeugnis. Die Empirie widerlegt diese Erwartung.

Einschränkung der Streuung dieser Examenszensuren, welche durch die Auswahl der Studierenden aufgrund der Abiturnoten bzw. der Ergebnisse in Studierfähigkeitstests verursacht war.

Trapmann et al. (2007, S. 17) ermittelten in ihrer Meta-Analyse einen durchschnittlichen Korrelationskoeffizienten für die Beziehung zwischen „fachaffinen" Einzelnoten und den Prüfungsleistungen in den entsprechenden Studiengängen in der Höhe von lediglich 0,36. Eine Erklärung mag darin liegen, dass die bekannten Einschränkungen in der Messgenauigkeit der schulischen Notengebung sich bei Einzelnoten stärker auswirken und damit auch den Zusammenhang mit Außenkriterien stärker beeinträchtigen, als dies bei einer Durchschnittsnote der Fall ist, in welcher die Urteile einer größeren Anzahl von Lehrpersonen und Ergebnisse einer breiteren Vielfalt von Prüfungssituationen zusammenfließen.

Bei einer Betrachtung über alle Studiengänge hinweg erwies sich die Schulnote im Fach Mathematik als diejenige Einzelnote mit der vergleichsweise höchsten Prognosekraft für den Studienerfolg (0,32). Zu einem ähnlichen Ergebnis (0,30) gelangte Baron-Boldt (1989, S. 83) in einer älteren Meta-Analyse aus 75 Untersuchungen mit insgesamt 26.867 Personen.

Autoren	**Datenquellen**	**Mittlere Korrelationskoeffizienten**
Trapmann, Hell, Weigand und Schuler (2007)	53 Studien aus 5 europäischen Ländern	Mittlere Korrelation zwischen schulischen Fachnoten und Prüfungsergebnissen in *den entsprechenden* Studiengängen: 0,36 Mittlere Korrelation der Mathematiknote im Schulzeugnis mit Prüfungsergebnissen in *allen* untersuchten Studiengängen: 0,32
Baron-Boldt (1989)	75 Studien	Mittlere Korrelation der Mathematiknote im Schulzeugnis mit Prüfungsergebnissen in *allen* untersuchten Studiengängen: 0,30

Tabelle 3: Korrelation zwischen „fachaffinen" Einzelnoten im Schul-Abschlusszeugnis und Studienleistungen: Ergebnisse von Meta-Analysen

Erwartungsgemäß ist der Zusammenhang zwischen Mathematiknote und Studienerfolg in Mathematik-, Natur- und Ingenieurwissenschaften enger als in anderen Studiengängen – aber immer noch niedriger als die Beziehung zwischen der Gesamtnote im Schulabschlusszeugnis und der Studienleistung (Trapmann et al., 2007, S. 21).

These 5: Studierfähigkeitstests leisten einen fast ebenso hohen Beitrag zur Studienerfolgsprognose wie die Schulabschlussnote.

Wie sieht es mit der Prognosekraft von Studierfähigkeitstests aus? Auch hier machen es uns die vorliegenden Meta-Analysen leicht, einen Überblick über die Fülle an Einzelbefunden zu gewinnen.

Die Forschergruppe um Benedikt Hell und Heinz Schuler, welche die oben zitierte Meta-Analyse zur Vorhersagekraft von Schulnoten durchgeführt hatte, untersuchte mit gleicher Methode auch die prognostische Validität von studienfeldspezifischen Studierfähigkeitstests (Hell, Trapmann & Schuler, 2007). Dadurch lassen sich die Ergebnisse gut vergleichen. Auch hier wurden die im Studium erzielten Noten als Erfolgskriterien herangezogen. Der weitaus größte Teil der Untersuchungen stammt aus Deutschland (30 Studien), jeweils drei weitere wurden in der Schweiz und in Österreich durchgeführt. Sämtliche untersuchte Tests sind von der ITB Consulting bzw. ihrer Vorläufer-Einrichtung, dem Institut für Test- und Begabungsforschung, entwickelt worden.

Der mittlere Korrelationskoeffizient, wie er sich über eine Vielzahl von Studiengängen hinweg ergab, betrug 0,48. Damit liegt er etwas niedriger als der Kennwert, der für die Vorhersagekraft der Schulabschlussnote ermittelt worden ist (0,52).

Nimmt man die medizinischen Studiengänge etwas genauer unter die Lupe, so stellt man Folgendes fest. Hell, Trapmann und Schuler (2007, S. 261) fanden in ihrer Meta-Analyse den engsten Zusammenhang zwischen Test- und Studienleistung für die Humanmedizin (0,51). Für die Veterinärmedizin lag der Kennwert bei 0,43, für die Zahnmedizin bei 0,35.

Autoren	Datenquellen	Mittlere Korrelationskoeffizienten	
Hell, Trapmann und Schuler (2007)	33 Studien aus Deutschland, Österreich und der Schweiz	Mittlere Korrelation über *alle* Studiengänge hinweg:	0,48
		Mittlere Korrelation in der *Humanmedizin:*	0,51
		Mittlere Korrelation in der *Veterinärmedizin:*	0,43
		Mittlere Korrelation in der *Zahnmedizin:*	0,35

Tabelle 4: Korrelation zwischen Ergebnissen in spezifischen Studierfähigkeitstests und Studienleistungen: Ergebnisse von Meta-Analysen

Speziell für die Schweiz gelangten Hänsgen und Spicher (2002) zu den folgenden Befunden:

- Die Korrelation zwischen dem Gesamtergebnis im Eignungstest für das Medizinstudium (EMS) und der Durchschnittsnote in der Ersten Vorprüfung im Studiengang Humanmedizin beträgt 0,55.
- Diejenigen Studierenden, welche im ersten Anlauf diese Prüfung bestanden, hatten im EMS im Mittel 105,5 Standardpunkte erzielt. Diejenigen, die zweimal in der Vorprüfung scheiterten, hatten demgegenüber im Durchschnitt nur 96,9 Standardpunkte im Test erreicht. Die Gruppe derer, die einmal in der Vorprüfung nicht erfolgreich waren, hatte im Mittel 97,1 Standardpunkte aufzuweisen. (Die Standardpunkte aller Teilnehmenden haben einen Mittelwert von 100 und eine Standardabweichung von 10.)
- Eine Ausdehnung der Studie bis zur Zweiten Vorprüfung führte zu diesen Ergebnissen: Der Kennwert für die Korrelation zwischen den im EMS erzielten Standardpunkten und der Note im rein schriftlichen Teil der Zweiten Vorprüfung betrug 0,45, der Kennwert für die Korrelation des Testergebnisses mit dem OSPE-Prüfungsteil - einer Parcours-Prüfung mit schriftlichen und mündlichen Elementen - lag bei 0,35 (Eggli, 2007).

Autoren	Datenquellen	Korrelationskoeffizienten
Hänsgen und Spicher (2002)	N = 509 (Schweiz)	Korrelation des EMS-Gesamtwerts mit der Durchschnittsnote in der Ersten Vorprüfung: (Zugangskohorte 1998): 0,50
	N = 414 (Schweiz)	Korrelation des EMS-Gesamtwerts mit der Durchschnittsnote in der Ersten Vorprüfung: (Zugangskohorte 1999): 0,55
Hänsgen und Spicher (2002)	N = 1.605 (Schweiz)	Mittelwert derer im EMS, die diese Prüfung im ersten Anlauf bestanden: 105,5 Standardpunkte
		Mittelwert derer, die in dieser Prüfung zweimal scheiterten: 96,9 Standardpunkte
Eggli (2007)	N = 507 (Schweiz)	Korrelation des EMS-Gesamtwerts mit der Note im schriftlichen Teil der Zweiten Vorprüfung: 0,45
		Korrelation des EMS-Gesamtwerts mit der Note im OSPE-Teil (Parcours-Prüfung) der Zweiten Vorprüfung: 0,35
Mallinger et al., 2007	N = 598 (Österreich)	Korrelation des EMS-Gesamtwerts mit der Gesamtnote in der Summativen Integrativen Prüfung 1 (SIP 1) (entspricht etwa der Ersten Vorprüfung in der Schweiz): 0,53

Tabelle 5: Beziehung zwischen dem Ergebnis im „Eignungstest für das Medizinstudium" (EMS) und dem Erfolg in medizinischen Studiengängen: Schweizerische und österreichische Befunde aus Einzeluntersuchungen

In Österreich wurde in einer Studie ebenfalls zum EMS ein Korrelationswert von 0,53 ermittelt für die Enge der Beziehung zwischen dem Testergebnis und der Gesamtnote in der Summativen Integrativen Prüfung 1 (SIP 1), die etwa der Ersten Vorprüfung in der Schweiz entspricht (Mallinger et al., 2007, S. 8).

Auch in Deutschland konnten die Testleistungen im Test für medizinische Studiengänge (TMS), der mit dem EMS fast identisch ist, den späteren Studienleistungen gegenübergestellt werden. In einer großen Längsschnittstudie mit knapp 28.000 Studierenden wurden die folgenden Prognosekennwerte ermittelt (Trost, Klieme & Nauels, 1997; Trost et al., 1998, Kap. 4):[2]

- Die Korrelation für den Zusammenhang zwischen dem Gesamtwert im TMS und der Gesamtnote in der Ärztlichen Vorprüfung – die frühestens nach vier Fachsemestern abgelegt werden kann – betrug 0,45.
- Etwas höher lag der Kennwert für die Beziehung zwischen der Abiturdurchschnittsnote und dem gleichen Erfolgskriterium: 0,47.

Ein Vergleich mit amerikanischen Daten zur Prognosekraft des Medical College Admission Test (MCAT) bietet sich an. In ihrer Meta-Analyse der Befunde aus 23 Studien mit 51.632 Personen fanden Donnon, Oddone-Paolucci und Violato (2007) Korrelationswerte von 0,43 für die Beziehung zur Leistung im vorklinischen Medizinstudium und von 0,39 für die Beziehung zum Erfolg im klinischen Studienabschnitt.

Autoren	**Datenquelle**	**Mittlere Korrelationskoeffizienten**	
Donnon, Oddone-Paolucci und Violato (2007)	23 Studien aus den USA und Kanada	Mittlere Korrelation mit der Leistung im vorklinischen Studienabschnitt:	0,43
		im klinischen Studienabschnitt:	0,39

Tabelle 6: Korrelation zwischen dem Ergebnis im „Medical College Admission Test" (MCAT) und Leistungen im Medizinstudium: Ergebnisse einer Meta-Analyse

2 Im Unterschied zu den bisher berichteten Kennwerten handelt es sich hier um unkorrigierte Korrelationskoeffizienten, die deshalb etwas niedriger liegen als die anderen.

These 6: Die Kombination von Schulabschlussnote und dem Ergebnis eines Studierfähigkeitstests führt zu einer bedeutenden Verbesserung der Vorhersage des Studienerfolgs.

Die Meta-Analyse von Hell, Trapmann und Schuler (2008) der Ergebnisse von 36 Studien mit 45.091 Studierenden vieler verschiedener Studiengänge ergab für die Kombination von Schulabschlussnote und Studierfähigkeitstest eine mittlere Korrelation mit den Examensleistungen in Höhe von 0,60 (S. 47).

In der oben zitierten großen deutschen Untersuchung an Studierenden der Medizin erhöhte sich, wenn Testergebnis und Abiturnote kombiniert wurden, die Korrelation mit der Gesamtnote in der Ärztlichen Vorprüfung auf einen Wert von 0,54 (Trost et al., 1998, Kap. 4); es handelt sich hier um unkorrigierte Werte.

Autoren	**Datenquellen**	**Korrelationskoeffizienten**	
Hell, Trapmann und Schuler (2008) Meta-Analyse	36 Studien	Mittlere Korrelation für die Kombination aus Schulnote und Testergebnis:	0,60
		Zum Vergleich: für die Abiturnote allein:	0,52
		für das Testergebnis allein:	0,48
Trost et al. (1998) (unkorrigierte Korrelationskoeffizienten)	N = 27.876 Studierende der Humanmedizin in Deutschland	Korrelation für die Kombination aus Schulnote und Testergebnis:	0,54
		Zum Vergleich: für die Abiturnote allein:	0,47
		für das Testergebnis allein:	0,45

Tabelle 7: Korrelation zwischen der Kombination von Schul-Abschlussnote und Ergebnis in spezifischen Studierfähigkeitstests einerseits und Studienleistungen andererseits

These 7: Studierfähigkeitstests kommt neben ihrer Funktion bei der Auswahl der Studierenden auch eine Orientierungsfunktion zu.

Studienbezogene Tests werden nicht nur zu Auswahlzwecken verwendet. Die deutsche Bundesagentur für Arbeit bietet eine Batterie von sechs Studienfeldbezogenen Beratungstests zur Unterstützung bei der Wahl des Studienfachs an (Bundesagentur für Arbeit, 2011). Eine ausführlichere Variante dieser Beratungstests wird seit Anfang der neunziger Jahre an der Universität Linz im Rahmen eines Beratungsprogramms für studieninteressierte Oberstufenschüler verwendet (Brandstätter, Grillich & Farthofer, 2006).

Für immer mehr Studiengänge werden darüber hinaus zur freiwilligen Bearbeitung Self-Assessment-Verfahren bereitgestellt (Kubinger et al., 2012). Diese enthalten neben Fragebogen-Elementen, die auf studienbezogene Interessen und Motive zielen, auch Test-Anteile, die spezifische kognitive Aspekte der Studieneignung erfassen.

Auch einem Auswahltest wie dem Test für medizinische Studiengänge kommt zugleich eine gewisse Orientierungsfunktion zu. Das zeigt das folgende Beispiel. Zu der Zeit, als die Teilnahme am TMS noch verbindlich für alle war, die sich in Deutschland um Studienplätze in den medizinischen Studiengängen bewarben, untersuchten wir das Bewerbungsverhalten sämtlicher 22.500 Personen, die an einem bestimmten Termin den Test bearbeitet hatten, in den darauf folgenden vier Jahren. Dabei stellten wir fest:

- 34 Prozent der damaligen Teilnehmerinnen und Teilnehmer am Test hatten sich über die acht Termine, zu denen eine Bewerbung möglich gewesen wäre, nicht ein einziges Mal um einen Studienplatz in einem der drei medizinischen Studiengänge bemüht.
- Ein Vergleich der Bewerber und der Nicht-Bewerber zeigt, dass sich beide Gruppen in ihren durchschnittlichen Abitur-Ergebnissen nur unwesentlich unterschieden (Mittelwerte der Gesamtnoten: 2,27 gegenüber 2,36); die Differenz entspricht 0,15 Standardabweichungen. Sehr deutlich jedoch unterschieden sich die beiden Gruppen bezüglich ihrer Testergebnisse: Während die späteren Bewerber einen mittleren Testwert von 102 Punkten erzielt hatten, betrug dieser bei

den Nicht-Bewerbern lediglich 97 Punkte. Diese Differenz entspricht einer halben Standardabweichung. Rechnet man die gefundenen Unterschiede in Eta-Werte als Maß für deren praktische Bedeutsamkeit um, so ergeben sich Koeffizienten von 0,26 für den Einfluss der Abiturdurchschnittsnote („mittelmäßig" nach Cohen, 1977, S. 283ff.) und von 0,43 für den Einfluss des Testergebnisses („überaus stark") auf die Entscheidung für oder gegen eine Bewerbung. Daraus lässt sich schließen: Interessenten für ein medizinisches Studium nutzen die Information, welche ihnen ihr Ergebnis im Studierfähigkeitstest bezüglich ihrer kognitiven Voraussetzungen für das Studium dieser spezifischen Fächer gibt, auch als Orientierungshilfe bei ihrer endgültigen Entscheidung für oder gegen eine Bewerbung um Studienplätze in einem der medizinischen Studiengänge; sie orientieren sich deutlich stärker am Testergebnis als an ihrer schulischen Leistung (Trost et al., 1998, S. 102-106).

Kriterium	Mittelwert (aM) der Bewerber/-innen	Mittelwert (aM) der Nicht-Bewerber/-innen	Differenz in Standardabweichungen
Abiturdurchschnittsnote	2,27	2,36	0,15
Ergebnis im TMS	102 Punkte	97 Punkte	0,5

Tabelle 8: Abiturnoten und Ergebnisse im Test für medizinische Studiengänge (TMS) von Personen, die sich um medizinische Studienplätze bewarben, und von „Nicht-Bewerbern/-innen" (Trost et al., 1998)

These 8: Studierfähigkeitstests finden bei den betroffenen Personengruppen gute Akzeptanz.

Hell und Schuler (2005) ließen 237 Studierende in vier Studiengängen (Medizin war nicht darunter) elf verschiedene Auswahlverfahren bzw. -kriterien bei der Zulassung zur Hochschule nach ihrer persönlichen

Präferenz in eine Rangfolge bringen. Hier landeten „Studierfähigkeitstests“ auf dem obersten Rangplatz, gefolgt von „Schulnoten“ und vom „strukturierten, anforderungsbezogenen Auswahlgespräch“ (S. 6).

Auswahlverfahren bzw. -kriterium	**Mittlerer Rangplatz (Skala von 1 bis 11)**
Studierfähigkeitstest	3,6
Schulnoten	4,2
Strukturiertes, anforderungsbezogenes Auswahlgespräch	4,2
Frei geführtes Auswahlgespräch	5,1
Arbeitsproben / Assessment Center	5,5
Biographische Informationen	5,6
Interessentest	5,7
Persönlichkeitstest	6,0
Intelligenztest	6,2
Losverfahren	9,3
Graphologie	10,2

Tabelle 9: Persönliche Präferenz bezüglich 11 verschiedener Auswahlverfahren bzw. -kriterien bei der Zulassung zur Hochschule (Hell und Schuler, 2005); Stichprobe: 237 Studierende in den Studiengängen Wirtschaftswissenschaften, Wirtschaftspädagogik, Agrarwissenschaften und Sozialmanagement

Vor kurzem abgeschlossen wurde eine Untersuchung von Herde (2012) an 394 Bachelor-Studierenden in 29 Studiengängen an 18 deutschen Hochschulen. Gefragt nach ihrer Einschätzung der Tauglichkeit verschiedener Auswahlverfahren bzw. -kriterien für die Zulassung zu Master-Studiengängen auf einer vierstufigen Rating-Skala, stuften sie „studienfachspezifische Fähigkeitstests“ am höchsten ein. Auf dem zweiten Rangplatz landeten „Bachelornoten“, gefolgt von „Auswahlgespräch“ und „berufliche Erfahrung/Praktika“. Die schwächste Einstufung unter elf zur Wahl stehenden Verfahren oder Kriterien erfuhr die „Abiturnote“ (S. 124).

Auswahlverfahren bzw. -kriterium	Mittleres Rating (aM) (Skala von 1 bis 4)	Standard-abweichung
Studienfachspezifischer Fähigkeitstest	1,82	0,68
Bachelornoten	1,92	0,77
Frei geführtes Auswahlgespräch	1,99	0,83
Berufliche Erfahrung / Praktika	2,01	0,84
Strukturiertes Auswahlgespräch	2,02	0,77
Motivations- bzw. Begründungs-schreiben	2,08	0,91
Arbeitsproben / Assessment Center	2,47	0,89
Persönlichkeitstests	2,61	0,91
Wartezeit	2,64	0,89
Intelligenztests	2,81	0,86
Abiturnote	3,16	0,87

Tabelle 10: Einstufung der Tauglichkeit von elf verschiedenen Auswahlverfahren bzw. -kriterien für die Zulassung zu Master-Studiengängen (Herde, 2012); Stichprobe: 394 Bachelor-Studierende in 29 Studiengängen an 18 deutschen Hochschulen

These 9: Für die Auswahl bei der Zulassung zur Hochschule eignen sich spezifische Studierfähigkeitstests besser als spezifische Wissenstests.

Soweit von spezifischen Zugangsprüfungen die Rede war, habe ich bisher ausschließlich von Studierfähigkeitstests gesprochen. Manche Hochschulvertreter fordern hingegen, statt Studierfähigkeitstests spezifische Wissenstests zu verwenden. Ihre Hauptargumente sind:

a. Das für das Studium der jeweiligen Fächer relevante Vorwissen ist bei den Absolventen der Sekundarstufe höchst unterschiedlich.
b. Das Ausmerzen von Wissensdefiziten in den ersten Semestern bindet bei Studierenden und Hochschullehrern kostbare Zeit und Energie.

Gegen die Verwendung von Wissenstests als Auswahlverfahren sprechen indessen die folgenden Fakten:

- Wissenstests sind hochgradig kurzfristig trainierbar. Ihr Einsatz verleitet dazu, sich kurz vor der Zulassungsprüfung die dort geforderten Kenntnisse anzueignen – womöglich in teuren kommerziellen „Pauk-Kursen". Solcherart erworbene Kenntnisse gehen aber auch rasch wieder verloren.
- Nachhaltiger wirken demgegenüber studienspezifische kognitive Fähigkeiten. Sie sind die Werkzeuge, die das Aufnehmen der Lerninhalte im Studium, aber auch das rasche Schließen etwaiger Kenntnislücken erleichtern. Diese kognitiven Fähigkeiten, wie sie von Studierfähigkeitstests gemessen werden, sind nicht kurzfristig erwerbbar, sondern das Ergebnis einer langjährigen Entwicklung; sie tragen damit auch über die gesamte Spanne des Studiums.

Nichts spricht indessen gegen die nicht-selektive Verwendung von Wissenstests als Indikatoren etwaiger individueller Wissenslücken und entsprechenden Nachholbedarfs. Auch spricht nichts gegen ihre Verwendung als Hilfe bei der Zuweisung von Studienanfängern und -anfängerinnen zu bestimmten Brückenkursen.

These 10: Auch bestimmte Persönlichkeitseigenschaften sind für den Studienerfolg von Bedeutung. Der Prognosewert von Persönlichkeitstests ist jedoch vergleichsweise gering.

Häufig ist die Meinung zu hören, entscheidend für den Studienerfolg seien bestimmte Persönlichkeitseigenschaften, insbesondere im Bereich der Motivation. Was zeigt uns die Empirie?

Guntern, Meissner und Hänsgen (2011) stellten bei einer Gruppe von 886 schweizerischen und österreichischen Studierenden der Medizin die Ausprägungen von sieben Persönlichkeitsmerkmalen dem Studienerfolg gegenüber. Als Erfolgskriterium wurde die Zugehörigkeit zum oberen, mittleren oder unteren Drittel in den Prüfungen der ersten beiden Studienjahre herangezogen. Die höchsten (unkorrigierten) Werte für die Korrelation mit diesem Kriterium ließen sich für „Selbstwirksamkeit" – also die Überzeugung, in einer bestimmten Situation die angemessene Leistung erbringen zu können – (0,27), „Anstrengungsbereitschaft" (0,23) und „Selbstdisziplin" (0,21) feststellen (S. 13).

Autoren	Datenquellen	Korrelationskoeffizienten
Robbins et al. (2004) (unkorrigierte Korrelations-koeffizienten)	34 Studien	Mittlere Korrelation am höchsten für „akademische Selbstwirksamkeit" 0,38
Trapmann, Hell, Hirn und Schuler (2007) Meta-Analyse (korrigierte Korrelationskoeffizienten)	58 Studien aus 15 Ländern	Mittlere Korrelation am höchsten für „Gewissenhaftigkeit" 0,27
Richardson, Abraham und Bond (2012) Meta-Analyse (unkorrigierte Korrelationskoeffizienten)	67 Studien	Mittlere Korrelation am höchsten für „akademische Selbstwirksamkeit" 0,31
Guntern, Meissner und Hänsgen (2011) (unkorrigierte Korrelations-koeffizienten)	N = 886 Studierende der Humanmedizin in Österreich und der Schweiz	Höchste Korrelationen für „Selbstwirksamkeit" 0,27 „Anstrengungsbereitschaft" 0,23 „Selbstdisziplin" 0,21

Tabelle 11: Persönlichkeitsmerkmale mit der engsten Korrelation zum Studienerfolg

In ihrer Meta-Analyse der Untersuchungen zum Zusammenhang zwischen Persönlichkeitsmerkmalen und dem Erfolg im College, gemessen am Notendurchschnitt, fanden Robbins et al. (2004, S. 270) in 34 Studien den höchsten (unkorrigierten) Wert für das Merkmal „akademische Selbstwirksamkeit" (0,38). Trapmann et al. (2007) ermittelten in ihrer Meta-Analyse der Ergebnisse aus 58 Studien in 15 Ländern den höchsten (korrigierten) Koeffizienten für die Beziehung zwischen dem Persönlichkeitsmerkmal „Gewissenhaftigkeit" (0,27) und dem Notendurchschnitt im Studium (S. 143). In der jüngsten meta-analytischen Studie errechneten Richardson, Abraham und Bond (2012, S. 366) aus 67 Einzeluntersuchungen einen durchschnittlichen Korrelationskoeffizienten von 0,31 für das Merkmal „akademische Selbstwirksamkeit".

Die Befunde aus den verschiedensten Ländern zeigen mithin eine große Übereinstimmung. Sie weisen darauf hin, dass in der Tat motivationalen Merkmalen und Aspekten des Arbeitsverhaltens unter allen Persönlichkeitsmerkmalen die größte Bedeutung für den Studienerfolg zukommt. Gleichwohl sind diese Merkmale kognitiven Fähigkeiten bezüglich ihrer prognostischen Validität deutlich unterlegen.

Persönlichkeitstests, deren Ergebnisse durchweg auf Selbstauskünften beruhen und deshalb verfälschbar sind, eignen sich nicht für die Verwendung in Auswahlverfahren, bei denen viel auf dem Spiel steht wie etwa der Erhalt eines begehrten Studienplatzes. Wohl aber leisten sie gute Dienste im Zusammenhang von Beratung bzw. Selbstorientierung, wo es im ureigenen Interesse des Individuums liegt, wahrheitsgemäße Auskünfte zu geben.

Einige Folgerungen

- Die im Titel dieses Beitrags anklingende Alternative: „allgemeine Zutrittsberechtigung mit der Matura *oder* spezifische Zugangsprüfungen" ist keine. Grundsätzlich gilt, dass die Matura, das Abitur oder vergleichbare Qualifikationen hinreichende Voraussetzungen für die Zulassung zum tertiären Sektor sind. Die Empirie zeigt, dass die schulische Gesamtleistung ein guter Prädiktor für den Erfolg an der Hochschule ist.
- Zugleich gilt, dass mit Hilfe fachbezogener Studierfähigkeitstests die Prognose des Studienerfolgs deutlich verbessert werden kann. Diese Tests sind objektiv, sie erfassen spezifische Aspekte der Studieneignung, die so in den Schulnoten nicht zum Ausdruck kommen, und sie stoßen laut den vorliegenden Studien auf gute Akzeptanz. Sie sind indessen mit hohem Aufwand verbunden. Deshalb sollte ihre obligatorische Verwendung - zumindest im deutschen Sprachraum – auf jene Studiengänge beschränkt bleiben, in denen ein starkes Missverhältnis zwischen der Zahl der verfügbaren Studienplätze und der Zahl der Bewerberinnen und Bewerber herrscht.

- Wenn Auswahl unerlässlich ist, empfiehlt es sich, diese anhand der verfügbaren diagnostischen Instrumente *vor* dem Studienbeginn zu treffen. Ein „Herausprüfen" einer großen Zahl von Studierenden während oder am Ende des ersten Studienjahres bedeutet eine Verschwendung sowohl individueller Lebenszeit als auch universitärer Ressourcen und ist mit massiveren Misserfolgserlebnissen verbunden, als wenn die Abweisung vor Studienbeginn geschieht. Zudem sind die Leistungskriterien, nach denen die Verabschiedung aus dem Studium erfolgt, häufig wenig repräsentativ für die Anforderungen der späteren Studienabschnitte.
- Soweit Tests bei der Auswahl an der Schwelle zur Hochschule verwendet werden, sind Fähigkeitstests eher zu empfehlen als Wissenstests.
- Spezifische Studierfähigkeitstests eignen sich nicht nur zu Auswahlzwecken. Ihnen kommt, neben anderen Instrumenten wie Motivations- und Interessenstests, eine wichtige Orientierungsfunktion bei der Studienwahl zu.

Literaturverzeichnis

Baron-Boldt, J. (1989). *Die Validität von Schulabschlußnoten für die Prognose von Ausbildungs- und Studienerfolg*. Frankfurt: Peter Lang.

Berry, C. M. & Sackett, P. R. (2009). Individual Differences in Course Choice Result in Underestimation of the Validity of College Admissions Systems. *Psychological Science* 20(7), 822–830.

Brandstätter, H., Grillich, L. & Farthofer, A. (2006). Prognose des Studienabbruchs. *Zeitschrift für Entwicklungspsychologie und Pädagogische Psychologie* 38(3), 121-131.

Bundesagentur für Arbeit (2011). *Probieren geht vor Studieren. Studienfeldbezogene Beratungstests (SFBT)*. Nürnberg: Psychologischer Dienst der Bundesagentur für Arbeit.

Cohen, J. (1977). *Statistical Power Analysis for the Behavioral Sciences*. New York: Academic Press.

Donnon, T., Oddone-Paolucci, E., & Violato, C. (2007). The Predictive Validity of the MCAT for Medical School Performance and Medical Board Licensing

Examinations: A Meta-Analysis of the Published Research. *Academic Medicine* 82(1), 100-106.

Eggli, P. (2007). *Analysen zum Studienerfolg in der 2. Vorprüfung Humanmedizin.* Bern: Universität Bern. Unveröff. Manuskript.

Greiff, S. (2006). *Prädiktoren des Studienerfolgs.* Duisburg: WiKu-Verlag - Wissenschaftsverlag und Kulturedition Dr. Stein.

Guntern, S., Meissner, E. & Hänsgen, K.-D. (2011). *Self-Assessment studienrelevanter Persönlichkeitsmerkmale für das Medizinstudium: Pilotstudie 2010.* Fribourg: Zentrum für Testentwicklung und Diagnostik. Unveröff. Manuskript.

Hänsgen, K.-D. (2008). *Stellungnahme zum Bericht „Evaluation der Eignungstests für das Medizinstudium in Österreich" von C. Spiel u.a. im Auftrag des bm:wf vom Januar 2008.* Fribourg: Zentrum für Testentwicklung und Diagnostik. Unveröffentlicht.

Hänsgen, K.-D. & Spicher, B. (2002). Numerus clausus: Finden wir mit dem „Eignungstest für das Medizinstudium" die Geeigneten? *Schweizerische Ärztezeitung* 83(31), 1653-1660.

Hell, B. & Schuler, H. (2005). Verfahren der Studierendenauswahl aus Sicht der Bewerber. *Empirische Pädagogik* 19(4), 361-376.

Hell, B., Trapmann, S. & Schuler, H. (2007). Eine Metaanalyse der Validität von fachspezifischen Studierfähigkeitstests im deutschsprachigen Raum. *Empirische Pädagogik* 21(3), 251–270.

Hell, B., Trapmann, S. & Schuler, H. (2008): Synopse der Hohenheimer Metaanalysen zur Prognostizierbarkeit des Studienerfolgs und Implikationen für die Auswahl- und Beratungspraxis. In H. Schuler & B. Hell (Hrsg.), *Studierendenauswahl und Studienentscheidung* (S. 43-54). Göttingen: Hogrefe.

Hell, B., Trapmann, S., Weigand, S. & Schuler, H. (2007). Die Validität von Auswahlgesprächen im Rahmen der Hochschulzulassung - eine Metaanalyse. *Psychologische Rundschau* 58, 93-102.

Herde, C. N. (2012). *Verfahren der Studierendenauswahl für Masterstudiengänge aus Sicht der Bewerber.* Universität Trier, Fachbereich Psychologie: Unveröff. Bachelorarbeit.

Kadmon, M. (2012). *Abiturnote 2,x. Wartezeit versus direkte Zulassung zum Medizinstudium.* Vortrag zur Jahrestagung der Gesellschaft für Medizinische Ausbildung am 29.9.2012 in Köln.

Kadmon, G., Kirchner, A., Duelli, R., Resch, F. & Kadmon, M. (2012). Warum der Test für Medizinische Studiengänge (TMS)? *Zeitschrift für Evidenz, Fortbildung und Qualität im Gesundheitswesen* 106, 125-130.

Kubinger, K. D., Frebort, M., Khorramdel, L & Weitensfelder, L. (Hrsg.). (2012). *Self-Assessment: Theorie und Konzepte*. Lengerich: Pabst Science Publishers.

Mallinger, R., Holzbaur, Chr., Dierich, M., Heidegger, M., Hänsgen, K.-D. & Spicher, B. (2007). *EMS. Eignungstest für das Medizinstudium in Österreich*. Fribourg: Zentrum für Testentwicklung und Diagnostik. Abgerufen von http://www.eignungstest-medizin.at/Bericht_EMSAT07.pdf

Patterson, B. F. & Mattern, K. D. (2012). *Validity of the SAT for Predicting First-Year Grades: 2009 SAT Validity Sample (College Board Statistical Report No 2012-2)*. New York: The College Board.

Richardson, M., Abraham, C., & Bond, R. (2012). Psychological Correlates of University Students' Academic Performance: A Systematic Review and Meta-Analysis. *Psychological Bulletin* 138(2), 353-387.

Robbins, S. B., Lauver, K., Le, H., Davis, D., Langley, R., & Carlstrom, A. (2004). Do Psychosocial and Study Skill Factors Predict College Outcomes? A Meta-Analysis. *Psychological Bulletin* 130(2), 261-288.

Trapmann, S., Hell, B., Hirn, S., & Schuler, H. (2007). Meta-Analysis of the Relationship between the Big Five and Academic Success at University. *Zeitschrift für Psychologie/Journal of Psychology* 215, 132-151.

Trapmann, S., Hell, B., Weigand, S. & Schuler, H. (2007). Die Validität von Schulnoten zur Vorhersage des Studienerfolgs – eine Metaanalyse. *Zeitschrift für Pädagogische Psychologie* 21, 11-27.

Trost, G. (1993). Attitudes and Reactions of West German Students with Respect to Scholastic Aptitude Tests in Selection and Counseling Programs. In B. Nevo & R. S. Jäger (Eds.), *Educational and Psychological Testing: The Test Taker's Outlook* (pp. 148-196). Weinheim: Beltz.

Trost, G. u.a. (1998). *Evaluation des Tests für medizinische Studiengänge (TMS): Synopse der Ergebnisse*. Bonn: Institut für Test- und Begabungsforschung.

Trost, G., Klieme, E. & Nauels, H.-U. (1997). Prognostische Validität des Tests für medizinische Studiengänge (TMS). In T. Herrmann (Hrsg.), *Hochschulentwicklung - Aufgaben und Chancen* (S. 57-78). Heidelberg: Roland Asanger.

Anhang

Beispielaufgaben aus Studierfähigkeitstests für die Studienfelder Medizin, Wirtschafts- und Sozialwissenschaften, Philologien, Rechtswissenschaft und Ingenieurwissenschaften

Beispiel 1: „Muster zuordnen"

In den folgenden Aufgaben wird Ihre Fähigkeit geprüft, Ausschnitte in einem komplexen Bild wiederzuerkennen. Dazu werden pro Aufgabe ein Muster und je fünf Musterausschnitte (A) bis (E) vorgegeben. Sie sollen herausfinden, welcher dieser fünf Musterausschnitte an irgendeiner beliebigen Stelle deckungsgleich und vollständig auf das Muster gelegt werden kann.

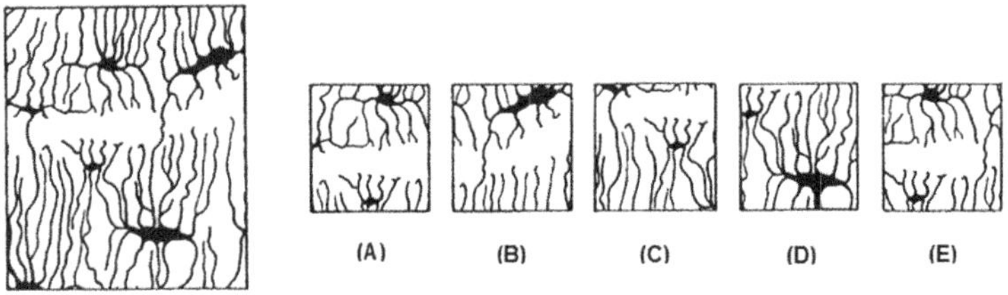

Nur der Ausschnitt (E) ist deckungsgleich, und zwar im mittleren Bereich des Musters

Beispiel 2: „Grafiken und Tabellen interpretieren"

In den beiden Kreisdiagrammen wird die regionale Struktur der Weltbevölkerung im Jahr 2005 der prognostizierten Struktur im Jahr 2050 gegenübergestellt.

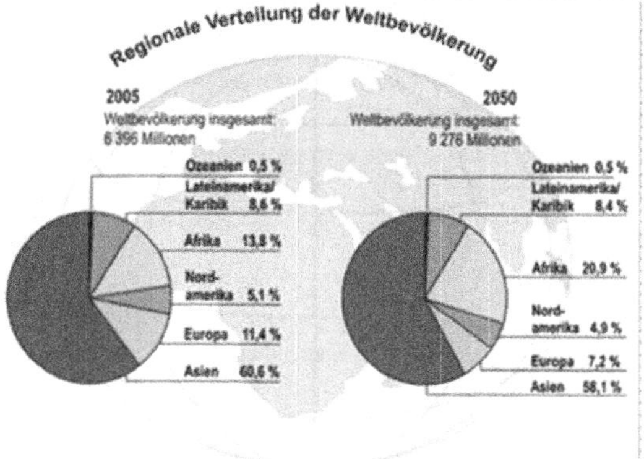

Welche der folgenden Aussagen – vorausgesetzt, die Prognose ist korrekt – lässt bzw. lassen sich aus diesen Informationen ableiten?

I. Der Anteil der Ozeanier an der Weltbevölkerung wird 2050 gleich groß sein wie 2005.

II. 2050 werden mehr als doppelt so viele Afrikaner die Welt bevölkern wie 2005.

Beispiel 3: „Klang und Rhythmus"

Die folgenden Aufgaben enthalten jeweils fünf mit (A) bis (E) bezeichnete Wörter, Wortpaare, Sätze oder Gedichtzeilen. Vier von den fünf Antwortmöglichkeiten sind jeweils nach dem gleichen klanglichen oder rhythmischen Prinzip aufgebaut, eine weicht davon ab. Diese Abweichung sollen Sie herausfinden und markieren.

(A) kurzgefasst
(B) weitgereist
(C) verärgert
(D) tiefbetrübt
(E) durchgemacht

(A) Trog – Sog
(B) Lug – Trug
(C) Weg – Steg
(D) Pfiff – Kniff
(E) Ton - Lohn

Eugen, der Juwelendieb,
(A) nahm, was er nur kriegen konnte,
ohne dass ihm eine Befremden
(B) Über sich zurücke blieb.
Eines Tages aber stahl
(C) Er (man wirds nicht glauben wollen)
(D) Einen ganzen wundervollen
(E) Grade nicht benutzten Saal.

Beispiel 4: „Flussdiagramme"

Der Füllstand in einem Wasservorratsbehälter soll möglichst konstant auf einem vorgeschriebenen Niveau gehalten werden. Durch Zu- und Abschalten von Verbrauchern ändert sich jedoch die abfließende Wassermenge und damit bei konstantem Zufluss auch der Füllstand im Behälter. Durch „Drosseln" bzw. „Verstärken" des Zuflusses kann der vorgeschriebene Füllstand wieder hergestellt werden.

In dem vorgegeben Flussdiagramm ist eine Strategie dargestellt, mit der man den Füll-stand zu regulieren versucht.

Welche der folgenden Aussagen trifft bzw. treffen in diesem Zusammenhang zu?

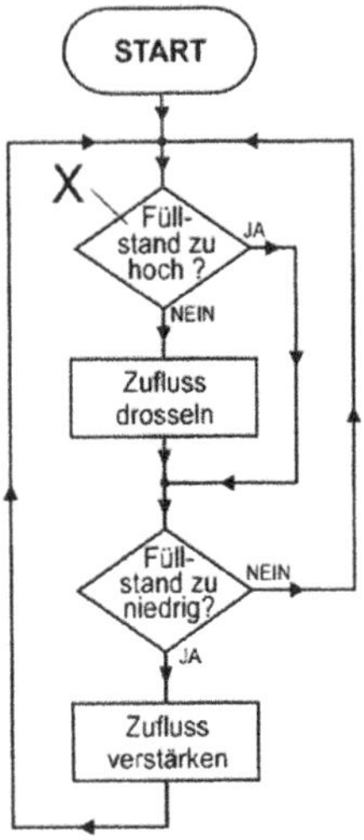

1. Das Flussdiagramm beschreibt eine Strategie, nach der bei korrektem Füllstand der Zufluss gedrosselt wird, während bei zu hohem Füllstand keine Operation erfolgt.
2. Wenn man bei der Entscheidungsstelle X „JA" und „NEIN" vertauscht, beschreibt das Flussdiagramm eine Strategie, mit der bei jedem möglichen Anfangsfüllstand der vorgeschriebene Füllstand wieder hergestellt werden kann.

Beispiel 5: „Fälle und Normen"

Norm

§ 306a Strafgesetzbuch (StGB): Schwere Brandstiftung

Schwere Brandstiftung begeht, wer
- ein Gebäude, ein Schiff, eine Hütte oder eine andere Räumlichkeit, die der Wohnung von Menschen dient,
- eine Kirche oder ein anderes der Religionsausübung dienendes Gebäude oder
- eine Räumlichkeit, die zeitweise dem Aufenthalt von Menschen dient, zu einer Zeit, in der Menschen sich dort aufzuhalten pflegen,

in Brand setzt oder durch eine Brandlegung ganz oder teilweise zerstört.

Sachverhalt

Das Ehepaar Prügel hat eine sechsjährige Tochter Heidi und einen Hund Bello. Für den Hund hat man im Garten eine Hütte errichtet, in der er nachts schlafen soll – tatsächlich bellt er oft lange und stört die Nachbarn erheblich. Wenn Heidi Kummer hat oder auf die Eltern zornig ist, dann verkriecht sie sich schon einmal bei Bello in der Hütte und spricht dort ihr Nachtgebet – auch am späten Abend noch. Nachbar Biedermann hat von Bellos Gebell die Nase voll und zündet eines Nachts die Hundehütte an, in der sich auch Heidi befindet, die verletzt wird; die Hundehütte brennt vollständig nieder.

Welche der beiden folgenden Aussagen lässt bzw. lassen sich aus einem Abgleich von Norm und Sachverhalt ableiten?

Aussage I: Biedermann hat schwere Brandstiftung begangen, weil er eine Hütte angezündet hat, in der sich ein Mensch aufhielt, der verletzt wurde.

Aussage II: Biedermann hat schwere Brandstiftung begangen, weil er ein der Religionsausübung dienendes Gebäude durch Brandlegung ganz zerstört hat.

(A) Nur Aussage I lässt sich ableiten.
(B) Nur Aussage II lässt sich ableiten.
(C) Beide Aussagen lassen sich ableiten.
(D) Keine der beiden Aussagen lässt sich ableiten.

Beispiel 6: „Raumvorstellung"

Gegeben: Draufsicht und Vorderansicht eines Körpers

Draufsicht (DS):

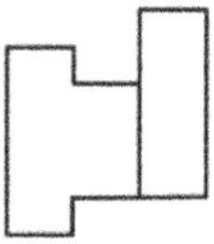

Vorderansicht (VA):

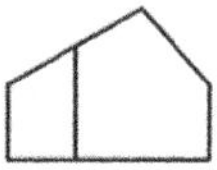

Gesucht: eine Seitenansicht (SA) des Körpers

(A)

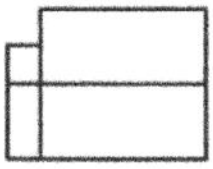

(B)

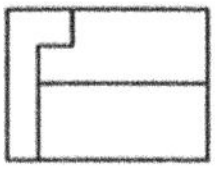

(C)

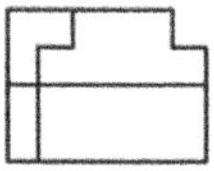

(D)

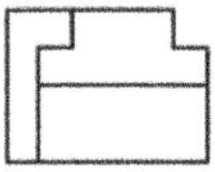

Beispiel 7: „Sprachstrukturen erkennen"

In den folgenden Aufgaben werden Ihnen einige Ausdrücke in erfundenen Fremdsprachen und deren deutsche Übersetzung vorgestellt. Daraus können Sie jeweils die Bedeutung einzelner Wörter sowie einige grammatikalische Regeln der fremden Sprache erschließen. Mit Hilfe dieser Informationen können Sie die sich anschließenden Fragen beantworten. Jeweils zwei Aufgaben beziehen sich auf eine bestimmte Sprache.

Beispielaufgabe

tundo ramodopo novot	=	Der Schüler rief seinen Onkel
namidu kavino suvavot	=	Die Verkäuferin grüßte den Lehrer
tundu kavinopu tetavosir	=	Die Schülerin fragt ihren Lehrer
hidamo tundo nosir	=	Der Hausmeister tadelt den Schüler

"Der Onkel grüßt seinen Hausmeister" heißt in der fremden Sprache

(A) novot suvosir hidamo
(B) namidu hidamopu suvavot
(C) novot hidamopo suvasir
(D) ramodo hidamopo suvavot

Beispiel 8: „Technisches Verständnis"

Die abgebildete Seilwinde „Herkulix" wird zum Heranziehen von Lasten benutzt. Die Lasten werden an das freie Seilende gehängt.

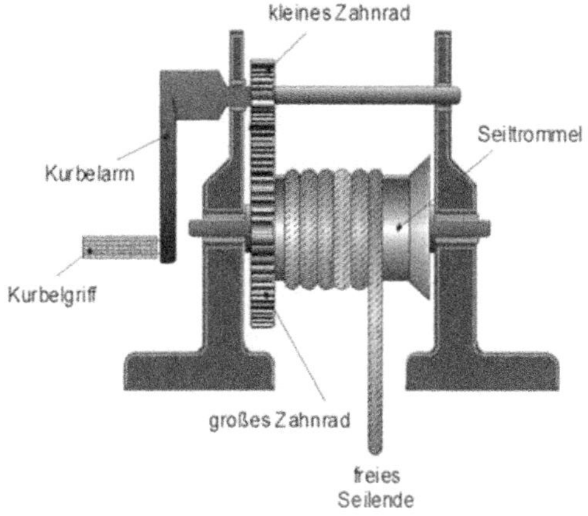

Welche der folgenden Aussagen trifft bzw. treffen in diesem Zusammenhang zu?

I. Verringert man den Durchmesser des großen Zahnrades, so reichen weniger Kurbelumdrehungen als zuvor, um eine Last eine bestimmte Strecke heranzuziehen.

II. Verkürzt man den Kurbelarm, so benötigt man mehr Kurbelumdrehungen als zuvor, um eine Last eine bestimmte Strecke heranzuziehen.

(A) Nur Aussage I trifft zu.

(B) Nur Aussage II trifft zu.

(C) Beide Aussagen treffen zu.

(D) Keine der beiden Aussagen trifft zu.

Diskussion zum Vortrag

Verfasst von Birgit Hartog-Keisker (Universität Zürich)

Ein Diskussionsteilnehmer eröffnet die Diskussion und möchte von Herrn Trost wissen, ob angesichts seiner Aussage, Wissenstests seien kurzfristig trainierbar, dies auch auf den Medizinertest zutreffe bzw. ob es Untersuchungen gebe, welche aufzeigten, dass man eine Steigerung der Leistung beobachten könne, wenn viele solche Tests im Vorfeld bearbeitet worden seien.

Günter Trost führt aus, dass gerade bei den Gegnern dieser Tests die Meinung vorherrsche, man müsse nur genügend Geld für ein Trainingsprogramm aufbringen, um solche Test zu bestehen. Es gebe glücklicherweise genügend Forschung, sowohl aus dem eigenen Haus als auch von unabhängigen hochrangigen Gremien aus dem deutschen wie aus dem US-amerikanischen Sprachraum, die zweierlei sehr deutlich belegten: Ohne jegliche Vorbereitung auf einen solchen Test hat man schwächere Chancen auf ein gutes Ergebnis, als wenn man sich darauf vorbereitet. Entscheidend sei jedoch, so Günter Trost, die Art der Vorbereitung. Sinnvoll sei, sich mit dem Instrumentarium vertraut zu machen, beispielsweise zu schauen, was für Aufgabentypen vorkommen, wie weit man sprachliche Differenzierungen eingehen muss und wie viel Zeit man für jede Aufgabe zur Verfügung hat. Diese Aspekte ließen sich auf einfache Weise anhand des Informationsmaterials, welches für alle diese Tests zur Verfügung stehe, klären. Wer dieses Angebot nutze, das sage die Forschung, sei optimal vorbereitet, weil er das Instrument zu handhaben wisse. Weiteres Pauken einer Unmenge „nachempfundener" Testaufgaben, das von kommerzieller Seite angeboten werde, sei dagegen nicht hilfreich.

Bernd Hackl bedankt sich bei Günter Trost für den außerordentlich interessanten Vortrag. Dadurch, dass er das so präzise und seriös dargestellt habe, sei es auch gut möglich, sich wirklich präzise auf die einzelnen Punkte zu beziehen. Er wolle nur andeuten, wo er vermutlich genau hinschauen würde. Zum einen wäre da der Punkt, dass die Prognosen umso zielsicherer seien, je kürzer der Abstand zwischen dem Zeitpunkt der Bearbeitung des Tests und dem Zeitpunkt der Überprüfung der Bewährung der Studierenden sei. Man müsste das Testergebnis im Grunde genommen mit dem Berufserfolg korrelieren, was natürlich statistisch nicht möglich sei, aber eigentlich finde erst dort die finale Bewährung statt. Das sei ein Punkt, den er gerne genauer betrachten würde. Des Weiteren sei ihm aufgefallen, dass die Testprognosewerte dort hoch seien, wo die Art und Weise des Tests mit der Bewährungssituation methodisch vergleichbar sei. So seien die Prognosewerte eines schriftlichen Tests für eine spätere schriftliche Prüfung hoch und würden für eine mündliche Prüfung sinken. Bernd Hackl betont aber, dass er beeindruckt und sehr froh sei, wenn auch solche seriösen Daten seinem kritischen Ansatz entgegengestellt würden; da könne er sich dann wirklich abarbeiten und genau auf die Punkte konzentrieren.

Günter Trost bestätigt, dass es in der Tat einige diskussionswürdige Punkte gebe. Sehr häufig werde gefragt, was die ganze Studienerfolgsprognose solle, wenn es letztlich darauf ankomme, die richtigen Menschen zu finden, die sich im Beruf bewährten. In der Medizin sei diese Forderung ganz besonders populär und man könne darauf im Grunde genommen mit einer Gegenfrage antworten: Was ist eigentlich Berufserfolg in der Medizin? Ist es die niedrige „Mortalitätsrate", also die Anzahl derer, die jemandem unter dem Messer wegsterben, ist es das Einkommen, ist es die Popularität des Modearztes? Was macht Berufserfolg beim Psychiater aus, verglichen mit dem Kinderarzt oder dem Allgemeinmediziner? Man sehe hier die Vielfalt der beruflichen Anforderungen und der beruflichen Erfolgskriterien, darum sei es schlichtweg nicht möglich, auf ein halbwegs vergleichbares Erfolgskriterium zu kommen. Man habe es zudem mit einem Studienengpass zu tun und da sei schon sehr viel geholfen, wenn man diejenigen mit den besten Erfolgsaussichten zulasse, denn wer das Studium nicht bestehe, so Günter Trost, habe keine Chance, sich im Beruf zu bewähren. Zudem dürfe man annehmen, dass das Studium für sich genommen noch eine ganze Menge an Entwicklungs- und Entfaltungsmöglichkeiten biete, also Fähigkeiten vermittle, die man nicht bereits beim Studienbeginn nachweisen müsse oder könne, die für den späteren Beruf aber sehr wichtig seien. Nun komme das Argument ins Spiel: Wenn bis zum Ende des Studiums die Prognosewerte für einen Auswahltest sinken, lohnt sich das teure Auswahlverfahren dann noch? Da müsse man die Gegenfrage nach den Alternativen stellen. Die Korrelation zwischen den schulischen Leistungen und dem Erfolg im Endexamen würde in ähnlichem Maße absinken, weil mit unterschiedlich sich kumulierenden Einflüssen im Studium zu rechnen sei, weil sich mit anderen Worten in der Altersspanne von 20-23 Jahren noch sehr viel an individueller Entwicklung ereigne. Dieses Phänomen gelte generell und spräche nicht allein gegen den Test. Dass die Prognosewerte für mündliche Prüfungen etwas niedriger lägen, habe in der Tat ein wenig mit den Methoden zu tun. Ein schriftlicher Test sage naturgemäß etwas besser vorher, wie man später mit der Bewältigung von schriftlich dargebotener Information zurechtkomme, deshalb die etwas engeren Zusammenhänge zwischen Testleistung und schriftlichen Examensergebnissen. Die schriftlichen Examina stellten allerdings auch die höchsten Hürden im Medizinstudium dar. Grundsätzlich solle der Test aber nicht in erster Linie prüfen, ob jemand sich in schriftlichen Prüfungen bewähre, sondern wie gut er den Stoff verarbeitet habe. Und das leiste der Test auch. Wann immer man das derzeit verwendete Instrument in Frage stelle, müsse man die Alternativen prüfen. Häufig werde das Auswahlgespräch als ergänzende oder gar bessere Lösung empfohlen; dieses habe aber wesentlich niedrigere Prognosekennwerte. Auch eine andere vielfach vorgeschlagene Variante, studienfachnahe schulische Fachnoten bei der Auswahl besonders zu berücksichtigen, trage nicht zu einer Verbesserung der Prognose bei.

Eine Diskussionsteilnehmerin bemerkt, ihr als Mathematikerin sei eingefallen, dass die Korrelation nicht unbedingt zeige, dass man wirklich den direkten Zusammenhang erfasst habe. Sie frage sich, ob nicht die Struktur des Medizinstudiums und diese Form von Tests besonders gut zusammenpassten und ob es allgemein für alle Studienfächer solche Tests geben könne.

Günter Trost bejaht diese Frage und führt aus, es gebe mittlerweile 16 sehr verschiedene Tests für völlig unterschiedliche Studienbereiche und die Metaanalysen zeigten, dass die Prognosewerte dieser Tests vergleichbar seien. Sie habe Recht, Korrelation bedeute noch nicht Kausalität, es könne sein, dass hinter den ermittelten Zusammenhängen noch irgendein dritter Kausalfaktor stehe, den habe man aber bisher noch nicht gefunden. Die plausibelste Erklärung sei, dass die Tests tatsächlich die Fähigkeiten messen, die für die jeweiligen Studiengänge besonders wichtig seien.

Eine weitere Diskussionsteilnehmerin, welche im Assessmentbereich für ausländische Studierende an einer Universität tätig ist, berichtet, sie hätten festgestellt, dass die ausländischen Studierenden, welche eine Zulassungsprüfung absolvieren mussten, nach Abschluss des ersten Jahres im Vergleich zu den Schweizer Maturanden signifikant besser seien und dass signifikant weniger von ihnen das erste Jahr wiederholen müssten. Des Weiteren hätten sie herausgefunden, dass die weiblichen Studierenden oder Anwärterinnen in allen Modulen schlechter abschnitten, außer in der Aufgabengruppe „Sprachensysteme"; da habe man ein ganz großes Fragezeichen. Sie glaube, dass das Prüfungsformat die Frauen benachteilige. Man habe dieselben Genderaspekte am Orientierungstest für Maturandinnen und Maturanden ihrer Universität festgestellt. Dort erzielten die Schülerinnen ebenfalls signifikant schlechtere Ergebnisse.

Günter Trost bemerkt, er habe die Gender-Problematik in seinem Referat nicht angesprochen, weil sie ein ungeheuer weites Feld öffne. Man wisse, dass sich in den allermeisten, aber nicht allen Studierfähigkeitstests, insbesondere wenn es um eher formal-logisches Denken und Schlussfolgern gehe, Unterschiede zu Ungunsten der Frauen fänden. Man wisse aber auch, dass es andere Bereiche gebe, insbesondere bei Konzentrations- und Gedächtnisaufgaben, in denen die Frauen den Männern etwas überlegen seien. Solche Aufgaben seien aber weniger attraktiv und würden darum bei vielen Studierfähigkeitstests nicht angefordert. Längsschnittstudien zum Medizinertest hätten gezeigt, dass dieser Test Frauen nicht benachteilige. In Deutschland habe man in einer großen Längsschnittstudie, in der Test- und Studienergebnisse zueinander in Beziehung gesetzt und die Befunde für die Geschlechter nach verschiedenen Fairness-Modellen ausgewertet wurden, sogar festgestellt, dass Männer im Test ein wenig benachteiligt seien. Es gebe allerdings ein paar Untersuchungen, die zeigten, dass in einigen Studiengängen die Tests die tatsächlichen Studienleistungen der Frauen etwas unterschätzten. Folgerungen daraus seien schwierig zu ziehen, weil man einfach wisse, dass diese Aufgabengruppen, bei denen kleine Unterschiede zu Ungunsten der Frauen auftauchten, insgesamt die prognostisch wirkungsvollsten seien. Somit sei abzuwägen, ob man im Interesse der Prognosekraft des Gesamtsystems kleinere Geschlechterunterschiede in Kauf nehmen wolle. Dann stelle sich u.a. die politische Frage, ob man diese Unterschiede durch verschiedene Quoten auffangen wolle. Eine einfache Antwort zu dieser Frage liege nicht auf dem Tisch, so Günter Trost.

Eine Diskussionsteilnehmerin, welche als Leiterin eines Gymnasiums in der Lehrplan- und Curriculum-Entwicklung tätig ist, fragt, welche Schlussfolgerungen man aus dem Vortrag ziehen solle. Es stelle sich die Frage, ob man nicht die Oberstufenlehrpläne diesbezüglich überarbeiten müsse und im Rahmen der Kompetenzorientierung solche Fähigkeiten und Fertigkeiten auch in die Lehrpläne mit aufnehmen solle, sicherlich auch unter dem Aspekt, dass man andere damit vielleicht reduzieren müsse.

Günter Trost widerspricht dieser Überlegung, indem er genau für das Gegenteil plädiert. Das Gymnasium solle seine ureigene Funktion ernst nehmen und beibehalten: Es solle auf alles Mögliche vorbereiten – auch auf berufliche Ausbildungen –, aber nicht allzu spezifisch auf bestimmte Studiengänge. Dabei stehe ausser Frage, dass das Gymnasium wichtige *allgemeine* Studienvoraussetzungen vermittle und vermitteln müsse, wie etwa Kommunikations- und Darstellungsvermögen, logisch-schlussfolgerndes Denken und vieles andere – Fähigkeiten, die von Studierfähigkeitstests später auch erfasst würden.

Ein Diskussionsteilnehmer berichtet, im Rahmen eines Versuchs im Kanton Zürich seien vor etwa drei Jahren zusätzlich spezielle Tests bei der Aufnahmeprüfung fürs Gymnasium gemacht worden. Diese Tests prüften allgemeine kognitive Fähigkeiten. Man habe das dann aufgegeben, weil die Prädiktionskraft der bisherigen Schulnoten fast gleich gut gewesen sei. Spannend sei gewesen, dass in den Test-Resultaten eine verdeckte Gruppe von etwa 50 Begabten aufgetaucht sei. Dies seien so genannte „faule Jungs" gewesen, die eigentlich ein Gymnasium hätten schaffen können, aber man habe sich dann gesagt, die könnten in der Berufsbildung genauso gut unterkommen. Es stelle sich die Frage, ob man solche Tests zur Erfassung von menschlich gut geeigneten Medizinern einsetzen könne. Davon habe er bei den aufgezeigten Beispielen nichts entdecken können. Des Weiteren würde ihn interessieren, inwiefern diese Tests bei der Studienberatung bereits eingesetzt würden, um Fehlentscheidungen bei der Studienwahl vorzubeugen.

Günter Trost erwidert, bei den „faulen Begabten" habe man es mit der klassischen „Underachiever"-Problematik zu tun. Studierfähigkeitstests hätten nach seiner Auffassung genau die wichtige Funktion aufzuzeigen, dass bestimmte Fähigkeiten vorhanden seien, aber nicht zum Tragen kämen, weil Motivation und die Anregung fehle. Es gebe ja auch die Begabten, die sich in der Schule unterfordert fühlten und deshalb zum Klassenclown würden oder sich zurückzögen. Auch hier sei es wichtig, den spezifischen Fähigkeiten und Bedürfnissen gerecht zu werden. Tests könnten bei der Aufdeckung brachliegender Begabungen helfen. Die Forderung, man möge doch gerade bei der Medizin die menschlich wichtigen Fähigkeiten vorrangig ermitteln, sei nachvollziehbar, aber die Umsetzung äußerst schwierig. Er habe mit Bedacht von Fähigkeitstests gesprochen, denn mit diesen Tests würden kognitive Fähigkeiten geprüft, nicht das Wissen und nicht motivationale und soziale Eigenschaften. Es gehe, so Günter Trost, um die Fähigkeit, mit den komplexen Inhalten des Studiums zurechtzukommen; diese sei wichtig, aber nicht hinreichend. Man brauche zudem bestimmte Persönlichkeitsmerkmale wie die Selbstdisziplin und die Leistungsmotivation, welche der Test nicht prüfe. Wenn man Persönlichkeitseigenschaften prüfen wolle, müsse man strukturierte, anforderungsbezogene Interviews führen. Damit könne man soziale Kompetenz und bis zu einem gewissen Grad Motivation prüfen. Bei den höchst selektiven privaten Universitäten in Deutschland werde aus diesem Grund ein mehrstufiges Auswahlverfahren durchgeführt, das aus Fähigkeitstest und strukturierten Interviews sowie weiteren Assessment-Elementen bestehe.

Studierfähigkeit und Studienfachwahl von Maturandinnen und Maturanden

Maren Oepke und Franz Eberle

1 Allgemeine Studierfähigkeit als Ziel des Gymnasiums

1.1 Ziele des Gymnasiums in der Diskussion

Gemäß dem dritten Satz des Artikels 5 des Maturitätsanerkennungsreglements (MAR, 1995) lautet das finale Ziel des Schweizer Gymnasiums wie folgt: „Die Schülerinnen und Schüler gelangen zu jener persönlichen Reife, die Voraussetzung für ein Hochschulstudium ist und die sie auf anspruchsvolle Aufgaben in der Gesellschaft vorbereitet." Maturandinnen und Maturanden sollen demnach am Ende ihrer Gymnasialzeit die Studierfähigkeit sowie eine vertiefte Gesellschaftsreife erlangt haben. Weil mit dem Maturazeugnis die – mit Ausnahme des Medizinstudiums – prüfungsfreie Zutrittsberechtigung für alle Studien verliehen wird, ist es eine *allgemeine* Studierfähigkeit – nicht etwa nur eine spezifische. Dabei wird in den letzten Jahren die Erfüllung der zentralen Aufgabe der gymnasialen Hochschulvorbereitung kritisch gesehen. Etwa vor dem Hintergrund der von den Hochschulen durchgeführten Selektionsprozesse mit dem Zweck, weniger geeignete Studierende von Studiengängen auszuschließen, hat sich trotz eines breiten Konsenses von beiden Seiten der Schnittstelle des Überganges vom Gymnasium auf die Hochschulen eine Diskussion um den Sinn und die Berechtigung des allgemeinen Hochschulzuganges in der Schweiz entwickelt (vgl. zusammenfassend Eberle & Brüggenbrock, 2013, S. 57f.). In Frage gestellt wird damit auch der Prozess der Selbstselektion bei der Studienwahl, d.h. die nahezu unbeschränkte Möglichkeit der Maturandinnen und Maturanden, ihr Studienfach nach Interesse und Neigung selbst auszuwählen.

Der vorliegende Beitrag widmet sich dem Ziel der Studierfähigkeit im Zusammenhang mit dieser Studienfachwahl der Absolvierenden des Gymnasiums. Es wird der Frage nachgegangen, für welche Studienrichtungen sich Maturandinnen und Maturanden entscheiden, die unterschiedliche fachliche Kompetenzen und damit Facetten der Studierfähigkeit in unterschiedlicher Qualität aufweisen. In diesem Zusammenhang wird auch untersucht, wie sich die verschiedenen Studienrichtungen in ihren Anforderungen unterscheiden.

Die Untersuchung der Fragen erfolgt anhand von Längsschnittdaten, die im Rahmen einer schweizweiten Studie zur Evaluation der Maturitätsreform von 1995, Phase II (EVAMAR II, vgl. Eberle et al., 2008) und einer Nachfolgestudie zu EVAMAR II erhoben wurden. Einen Schwerpunkt der Maturitätsreform bildete die Umstellung von Maturitätstypen auf ein Angebot von Grundlagen-, Schwerpunkt- und Ergänzungsfächern. Während der Besuch der Grundlagenfächer obligatorisch ist (und damit die allgemeine Studierfähigkeit sichern soll), ermöglicht die Wahl der Schwerpunkt- und Ergänzungsfächer eine individuelle Vertiefung in Interessensgebiete (zur Beschreibung der Reform vgl. z.B. Ramseier et al., 2004). Die Evaluation der Maturitätsreform erfolgte in zwei Projektphasen (EVAMAR I und EVAMAR II). Während beim Projekt EVAMAR I die Umsetzung der Reform an den Schulen im Fokus stand (Ramseier et al., 2004), lag der Schwerpunkt des Projekts EVAMAR II bei der Überprüfung, ob das Ziel der Studierfähigkeit erreicht werde (vgl. Eberle et al., 2008).

Im Folgenden werden zunächst das Konstrukt der (allgemeinen) Studierfähigkeit und die EVAMAR-II-Untersuchungen dazu kurz vorgestellt, danach die Fragestellungen des Beitrags beschrieben und diese anhand der empirischen Ergebnisse beantwortet.

1.2 *Bestimmung des Konstrukts der (allgemeinen) Studierfähigkeit*

Es gibt keine allgemein gültige Definition des hochkomplexen Konstruktes „Studierfähigkeit" (Konegen-Grenier, 2002). Inhaltliche Definitionen der Studierfähigkeit nehmen häufig Bezug auf den Studienerfolg. Danach soll Studierfähigkeit „Studienerfolg ermöglichen und diesen erwartbar werden lassen" (Konegen-Grenier, 2002, S. 29); oder Studierfähigkeit wird als Ensemble von Fähigkeiten verstanden, „ein Studium erfolgreich zu beginnen, durchzuführen und abzuschließen" (Huber, 2009, S. 108). Studierfähigkeit kann sich in diesem umfassenden Sinn auch erst im Verlauf des Studiums voll entwickeln. Zu Beginn muss sie aber mindestens die Befähigung zur erfolgreichen Aufnahme des gewählten Studiums umfassen. Geht man vom üblichen Prinzip aus, dass in Bildungseinrichtungen mit selektivem Zutritt die Zutrittsqualifikation nachgewiesen werden muss, sollte sich der Umfang der Studierfähigkeit nach den Fächern ausrichten, für welche die Zutrittsberechtigung erteilt wird. Mit der Schweizer Matura erfolgt diese für nahezu alle universitären Studiengänge (Eberle & Brüggenbrock, 2013). Lediglich für medizinische Studiengänge muss ergänzend ein Eignungstest (Hänsgen & Spicher, 2007) absolviert werden. Da es sich damit um eine *allgemeine* Studierfähigkeit handelt, mit der die Zutrittsberechtigung für alle Studienfächer verliehen wird, sollte diese dazu befähigen, jedes Studium erfolgreich aufnehmen zu können.

Im Rahmen der EVAMAR-II-Studie zur Evaluation der Maturitätsreform von 1995 wurde für die Schweiz versucht, diese allgemeine Studierfähigkeit theoretisch und empirisch näher zu bestimmen. Im empirischen Teil wurde eine Inhaltsanalyse von Lehrmaterialien und Prüfungen durchgeführt, um in den Lehrveranstaltungen des ersten und zweiten Semesters vorausgesetztes Wissen und Können zu ermitteln. Ergänzend wurden Dozierende danach gefragt, welches fachliche und überfachliche Wissen und Können sie bei Studierenden des ersten und zweiten Semesters für ihre Veranstaltungen voraussetzen (siehe die ausführliche Beschreibung in Eberle et al., 2008).

In Übereinstimmung mit und ergänzend zu anderen Analysen (z.B. Huber, 2009) ergaben die theoretischen und empirischen Untersuchungen der Studie EVAMAR II, dass allgemeine Studierfähigkeit in einer groben Aufteilung die folgenden Komponenten umfasst (siehe Eberle & Brüggenbrock, 2013, S. 97; ferner Heldmann, 1984; Kazemzadeh, Minks & Nigmann, 1987; KMK, 1995; Konegen-Grenier, 2002):

1. Überfachliche kognitive und nicht-kognitive Kompetenzen, wie z.B. allgemeine kognitive Leistungsfähigkeit, analytisches und schlussfolgerndes Denken, Lesefähigkeit (Lesefertigkeit, Lesestrategien und

-techniken), Lerntechniken, Prüfungstechniken, Arbeitstechniken (Informationssuche, Ressourcennutzung), Faktoren der Persönlichkeit (Leistungsstreben, Selbstdisziplin, Pflichtbewusstsein, Belastbarkeit, Freizeiteinschränkung), Motivation und Interessen, Selbstorganisation, Selbstständigkeit, sozialitätsbezogene Kompetenzen (Komponentengruppe 1).

2. Fachliches Spezialwissen und Fachkönnen, das nur in einzelnen Studienfächern vorausgesetzt wird. So bauen z.B. die wirtschaftswissenschaftlichen Studiengänge – und nur diese – stark auf ein bereits überraschend umfangreich vorausgesetztes wirtschaftliches Begriffsrepertoire auf (Eberle et al., 2008, S. 44). Um im Sinne der allgemeinen Studierfähigkeit auf das Studium aller Studienfächer vorbereitet zu sein, braucht es das in allen Studienfächern vorausgesetzte Spezialwissen und -können (Komponentengruppe 2).
3. Fachwissen und Fachkönnen, das nicht nur von einzelnen, sondern von vielen Studienfächern vorausgesetzt wird. Es handelt sich um sog. basale fachliche Kompetenzen für die allgemeine Studierfähigkeit (siehe dazu auch Huber, 2009, S. 118ff.). Dazu gehören insbesondere Wissen und Können aus der Erstsprache, der internationalen Wissenschaftssprache Englisch und aus der Mathematik sowie Informatikanwenderkompetenzen (Komponentengruppe 3).

Auf Basis dieser Voruntersuchungen wurden in einem weiteren Schritt Leistungstests in Erstsprache, Mathematik und Biologie entwickelt und beim Maturajahrgang 2007 zum Zeitpunkt kurz vor der Matura eingesetzt. Zusätzlich wurden allgemeine kognitive Fähigkeiten und mittels Fragebogen Selbsteinschätzungen weiterer hochschulrelevanter überfachlicher Kompetenzen erhoben (vgl. Eberle et al., 2008).

Mit den Leistungstests und den Fragebögen der EVAMAR-II-Studie wurden ausgewählte Bestandteile aller drei Komponenten der allgemeinen Studierfähigkeit erfasst. Das Hauptgewicht des Tests in Erstsprache lag auf übergreifenden, für alle Studienrichtungen wesentlichen Sprachkompetenzen (Komponentengruppe 3). Der Mathematiktest enthielt vor allem Aufgaben zu mathematischen Inhalten, die für eine breite Anzahl von Studienfächern und nicht speziell für das Studienfach Mathematik von Bedeutung sind (Komponentengruppe 3). Der Biologietest hatte den Charakter eines Wissenstests zu Fachinhalten, die vor allem für ein Biologie- oder Medizinstudium wichtig sind (Komponentengruppe 2). Der überfachliche Fähigkeitstest (UFT) lehnte sich an die selektive Eignungsprüfung für das Medizinstudium an und erfasste allgemeinere kognitive Fähigkeiten (Komponentengruppe 1). Mit dem Fragebogen wurden selbst eingeschätzte, überfachliche, nicht-kognitive Kompetenzen erfasst. Als Ergebnis zeigten sich unter anderem bei den verschiedenen Leistungstestresultaten große Unterschiede zwischen einzelnen Schülerinnen und Schülern und zwischen ganzen Klassen (Eberle et al., 2008), die auf eine große Streubreite der allgemeinen Studierfähigkeit deuten.

Ergänzt wurde die querschnittlich angelegte EVAMAR-II-Studie durch eine vom Schweizerischen Nationalfonds geförderte Nachfolgestudie: Mit einer deutschsprachigen Teilstichprobe der EVAMAR-II-Stichprobe wurden drei weitere Erhebungen nach Beginn des Studiums durchgeführt. Es wurde untersucht, welche Wege die Absolventinnen und Absolventen nach ihrem Schulabschluss gegangen sind und welche Bedeutung dabei die im Jahre 2007 erhobenen Merkmale hatten. Darüber hinaus wird in der Längsschnittstudie analysiert, wie verschiedene individuelle Merkmale und strukturelle schulische Faktoren mit Studienerfolg in Zusammenhang stehen (zur Anlage der Studie vgl. den SNF-Antrag von Oepke & Eberle, 2010).

1.3 *Fragestellungen*

Im vorliegenden Beitrag werden die Ergebnisse der Leistungstests aus dem Jahre 2007 zur Studienfachwahl der ehemaligen Maturandinnen und Maturanden in Beziehung gesetzt und den fachlichen Anforderungen verschiedener Studienrichtungen gegenübergestellt. Konkret werden folgende Fragestellungen untersucht:

- Mit der allgemeinen Studierfähigkeit ist der Anspruch der Qualifizierung für alle Studienrichtungen an Schweizer Hochschulen verbunden. In zahlreichen Anforderungsanalysen zu Anforderungen verschiedener Studienrichtungen zeigten sich zwar allgemeine Anforderungen, die für alle Studienfächer gelten, aber auch fachspezifische Besonderheiten und damit eine unterschiedliche Gewichtung mathematischer, räumlicher und sprachlicher Studieninhalte (Zimmerhofer, 2008, S. 28). Dies ergab sich ebenfalls als Ergebnis im Rahmen der Dozierendenbefragung bei EVAMAR II (vgl. Eberle et al., 2008; Oepke, 2007) sowie für den mathematischen Bereich im Rahmen einer curricularen Validitätsprüfung von Aufgaben der TIMSS-Studie (Klieme, 2000). Auch Notter und Arnold (2003, 2006) berichten von einer breiten Streuung dessen, was Studierende in den ersten beiden Semestern als wichtig einschätzen. In einem ersten Schritt werden die Fragen an die Studierenden der Stichprobe analysiert, welches Wissen und Können aus den gymnasialen Schulfächern und einigen überfachlichen Bereichen in ihrem Hauptfach als wichtig erachtet wird. Es soll damit gleichzeitig überprüft werden, ob sich auch aus Sicht der Studierenden die oben aufgeführte Einteilung in die drei Komponentengruppen wiederfindet, die sich in den EVAMAR-II-Untersuchungen auf Basis der Dokumentenanalyse der Studienunterlagen, der Studienprüfungen und der Dozierendenbefragung ergeben hat.

- In einem zweiten Schritt widmen wir uns der Studienfachwahl. Einige Untersuchungen zur Studienfachwahl zeigen, dass diese vorwiegend aus Interesse und Neigung heraus erfolgt (z.B. BFS, 2009; Bieri Buschor, Denzler & Keck, 2008a; Gold & Souvignier, 2005; Nagy, 2005; Ramseier et al., 2004; Schnabel & Gruehn, 2000). Es soll geprüft werden, ob dies auch für die Studienfachwahlen der vorliegenden Stichprobe gilt.
- Schließlich wird untersucht, inwiefern die Studienwahl mit Wissen und Können zusammenhängt, das mit den Leistungstests im Rahmen der EVAMAR-II-Untersuchungen kurz vor den Maturaprüfungen gemessen wurde.

2 Methode

2.1 *Untersuchungsteilnehmerinnen und -teilnehmer*

Wie bereits beschrieben, werden für den vorliegenden Beitrag Daten von Teilnehmerinnen und Teilnehmern der Längsschnittstichprobe der EVAMAR-II-Studie und der dazugehörigen Nachfolgestudie verwendet. Insgesamt liegen Daten von vier Befragungszeitpunkten vor. Die erste Befragung mit der Durchführung der Leistungstests fand 2007 kurz vor der Matura statt, die zweite, postalisch durchgeführte und die dritte Befragung per Onlinefragebogen erfolgten dreieinhalb bzw. vier Jahre später. Die vierte Befragung wurde im Winter 2012/2013 wiederum online durchgeführt. Insgesamt liegen von 1.026 Personen Daten für alle vier Messzeitpunkte vor. Die vorliegenden Analysen beziehen sich entweder auf diejenigen 1.607 Personen, für die Daten des ersten und des zweiten Messzeitpunktes (so genannte Statuserhebung, 62 Prozent weiblich) vorhanden sind, oder auf die 1.202 Personen, für die zusätzlich Daten der dritten Erhebungswelle zur Verfügung stehen (65 Prozent weiblich). Während zum Zeitpunkt der Statuserhebung etwa 94 Prozent der Teilnehmerinnen und Teilnehmer studierten, betrug der Anteil Studierender zum dritten Erhebungszeitpunkt nur noch ca. 71 Prozent, da bereits ein entsprechender Teil das Studium abgeschlossen hatte.

Der Anteil an Studierenden, die einen Studiengang gewechselt haben, beträgt zum Zeitpunkt der Statuserhebung ca. 17 Prozent, und ca. 24 Prozent zum dritten Messzeitpunkt. Weitere Analysen zeigen, dass diese Wechsel zum Messzeitpunkt der Statusbefragung meistens bereits erfolgt waren. In der Interpretation der Ergebnisse wird daher zu beachten sein, dass sich die Variablen des Studiengangs und des Motivs für die Studienwahl auf bereits gewechselte Studiengänge beziehen.

Ein wichtiger Aspekt, der bei der Interpretation der Ergebnisse ebenfalls zu berücksichtigen ist, betrifft die Selektivität der Stichprobe: Diesbezügliche Analysen zeigen, dass sich in der Stichprobe sehr wenige Studierende befinden, die ihr Studium abgebrochen haben. Während der nationale Anteil an Studienabbrechern neusten Zahlen zufolge mit ca. 28 Prozent anzusetzen ist (Wolter, Diem & Messer, 2013), liegt der Anteil in unserer Stichprobe bei lediglich ca. 10 Prozent zum Zeitpunkt der ersten Online-Befragung. Es ist daher davon auszugehen, dass bereits zum Zeitpunkt der Statusbefragung (1. Nachfolgeerhebung) eine starke Selektion nach diesem Kriterium stattgefunden hat, dass also Studienabbrecher vermehrt schon nicht den Fragebogen der Statuserhebung ausgefüllt haben. Diese Vermutung muss umso mehr gelten angesichts des Befundes aus der Literatur, dass Studienabbrüche vor allem in den ersten zwei bis drei Semestern erfolgen (Heublein et al., 2009, S. VI), sich die meisten Teilnehmerinnen und Teilnehmer zum Zeitpunkt der Statusbefragung aber bereits im 5. oder 6. Semester befanden bzw. der Zeitpunkt des Maturaabschlusses bereits etwa dreieinhalb Jahre zurücklag.

2.2 *Studienrichtungen*

Die Versuchspersonen wurden zu allen Messzeitpunkten der Nachfolgeerhebungen nach ihren Studienfächern gefragt. Diese wurden auf der Grundlage des „SHIS-Fächerkatalogs für Universitäre Hochschulen" sowie der „Offiziellen Klassierung der Studiengänge FH-PH", herausgegeben vom Bundesamt für Statistik (BFS), insgesamt 10 Kategorien zugeordnet. Danach verteilen sich die Studierenden der Stichprobe zum Zeitpunkt der Statuserhebung wie in Tabelle 1 dargestellt auf die verschiedenen Studienrichtungen.

		Häufig-keit	Pro-zent	Gültige Prozente
Gültig	Geisteswissenschaften	128	8.0	8.4
	Wirtschaftswissenschaften	248	15.4	16.3
	Recht	141	8.8	9.3
	Naturwissenschaften mit Mathematik und Informatik	209	13.0	13.7
	Medizin und Pharmazie	175	10.9	11.5
	Technische Wissenschaften	123	7.7	8.1
	Interdisziplinäre	34	2.1	2.2
	Lehrerbildung[1]	171	10.6	11.2
	Musik und Kunst	55	3.4	3.6
	Sozialwissenschaften	237	14.7	15.6
	Gesamt	1521	94.6	100.0
Fehlend		86	5.4	
Gesamt		1607	100.0	

Interdisziplinäre = Sportwissenschaft und Ökologie

Tabelle 1: Studienrichtungen in Anlehnung an BFS

86 Personen haben entweder nicht studiert oder ihren Studiengang nicht angegeben, so dass eine Zuordnung nicht möglich war. Weitere Analysen auf der Basis von Zahlen des BFS und einer etwas detaillierteren Aufteilung der Studienrichtungen zeigen, dass die Stichprobe – mit Ausnahme des überproportional vertretenen Anteils an Naturwissenschaftsstudierenden und des etwas geringeren Anteils an Studierenden des Bauwesens – recht gut die schweizweite Verteilung widerspiegelt.

1 Gemeint ist die Lehrerbildung, die fast ausschließlich an Pädagogischen Hochschulen angesiedelt ist.

2.3 *Instrumente*

Um die erste Frage zu klären, welche fachlichen und überfachlichen Anforderungen in den einzelnen Studienrichtungen an die Studierenden gestellt werden, wurden die Studierenden zum zweiten Erhebungszeitpunkt der Nachfolgeuntersuchung gefragt, wie wichtig in ihrem Hauptfach Wissen und Fertigkeiten aus den vorgelegten gymnasialen Grundlagenfächern[2] und den überfachlichen Bereichen „Zeitmanagement und selbständige Studiengestaltung", „Techniken wissenschaftlichen Arbeitens" und „Computerkenntnisse/Informatikkenntnisse" seien. Die Beurteilung erfolgte auf einer vierstufigen Antwortskala (mit den Möglichkeiten (1) = „gar nicht wichtig", (2) = „wenig wichtig", (3) = „eher wichtig" und (4) = „sehr wichtig").

Um die leitenden Motive der Studienfachwahl zu erfragen, wurde den Studierenden - ebenfalls im Rahmen der Online-Befragung des dritten Messzeitpunkts - eine Liste möglicher Wahlmotive vorgelegt. Die entsprechende Frage lautete: „Wie wichtig waren die unten aufgeführten Gründe für die Wahl Ihres Studienfaches?" mit folgender Antwortskala: (1) = „unwichtig", (2) = „eher unwichtig", (3) = „eher wichtig", (4) = „sehr wichtig". Die einzelnen Motive können der Tabelle 4 entnommen werden.

Schließlich werden, wie einleitend beschrieben, die Leistungstestdaten der EVAMAR-II-Studie aus dem Jahr 2007 verwendet, die bereits im Abschnitt 1.2 dargestellt sind. In die Berechnungen gehen die Rasch-skalierten Personenfähigkeitswerte des Erstsprache-, Mathematik- und Biologietests sowie des überfachlichen Fähigkeitstests ein. Details zur Entwicklung und zur Durchführung der Tests können im Schlussbericht des EVAMAR-II-Projekts (Eberle et al., 2008) nachgelesen werden.

2 Die Liste der Grundlagenfächer findet sich in Tabelle 2.

3 Ergebnisse

3.1 Studienrichtungen und ihre Anforderungen

In der ersten Fragestellung wird untersucht, welches schulisch vermittelte Wissen und welche schulisch vermittelten Kompetenzen in verschiedenen Studiengängen von Bedeutung sind (zum Wortlaut der Frage siehe Abschnitt 2.3). Die Ergebnisse sind in Tabelle 2 ablesbar.

Wichtigkeit von Wissen des Fachs	N	Min.	Max.	MW	SD
Englisch	1104	1	4	3.27	.87
Deutsch	1113	1	4	3.01	1.01
Mathematik	1112	1	4	2.75	1.10
Wirtschaft und Recht	1105	1	4	2.41	1.13
Biologie	1110	1	4	2.15	1.19
Physik	1110	1	4	2.08	1.17
Geschichte	1111	1	4	2.02	1.00
Chemie	1111	1	4	2.01	1.16
Französisch	1111	1	4	1.90	1.04
Geographie	1107	1	4	1.87	.96
Latein	1098	1	4	1.54	.80
Bildnerisches Gestalten	1106	1	4	1.52	.93
Musik	1103	1	4	1.40	.85
Italienisch	1094	1	4	1.21	.54
Griechisch	1089	1	4	1.17	.48

MW = Mittelwert, SD = Standardabweichung; (1) = „unwichtig“, (2) = „eher unwichtig“, (3) = „eher wichtig“, (4) = „sehr wichtig“

Tabelle 2: Wichtigkeit von Wissen und Fertigkeiten aus gymnasialen Fächern für das Hauptfach, Gesamtstichprobe

Über alle Studiengänge hinweg gesehen wird Wissen und Können aus dem Fach Englisch als im Durchschnitt am wichtigsten bewertet (MW = 3.27), gefolgt von Deutsch (3.01) und Mathematik (2.75). Am Ende der Liste rangieren Wissen und Können aus den Fächern Griechisch (1.17), Italienisch (1.21) und Musik (1.40). Dabei weist die Wichtigkeit der Kenntnisse aus den einzelnen Fachbereichen sehr unterschiedliche Varianzen auf. So haben etwa die Antworten zu Biologie, Physik und Chemie deutlich höhere Standardabweichungen als zu Englisch (vgl. Tabelle 2).

Des Weiteren wurde – auf der gleichen vierstufigen Bewertungsskala – auch nach der Bedeutung dreier überfachlicher Kompetenzen für das Hauptfach gefragt. Aus Tabelle 3 ist ablesbar, dass die Kompetenzen „Zeitmanagement und selbständige Studiengestaltung" (MW = 3.50) und „Techniken wissenschaftlichen Arbeitens" (3.33) als wichtig bis sehr wichtig eingestuft werden. Sie übertreffen in ihren Mittelwerten deutlich den entsprechenden Wert des führenden Grundlagenfachs Englisch. Die eher tiefen Standardabweichungen dieser beiden Bereiche zeigen zudem auf, dass sie von fast allen Studierenden als wichtig bewertet werden. Auch die „Computerkenntnisse/Informatikkenntnisse" werden als eher wichtig (2.87) eingeschätzt. Im Vergleich mit der Wichtigkeit der Grundlagenfächer würden sie sich, wenn man sie in Tabelle 2 entsprechend einordnete, an der dritten Stelle befinden, noch vor der Mathematik.

	N	Min.	Max.	MW	SD
Zeitmanagement	1105	1	4	3.50	.69
Techniken wissenschaftlichen Arbeitens	1106	1	4	3.33	.79
Computerkenntnisse / Informatik	1110	1	4	2.87	.86

MW = Mittelwert, SD = Standardabweichung; (1) = „unwichtig", (2) = „eher unwichtig", (3) = „eher wichtig", (4) = „sehr wichtig"

Tabelle 3: Wichtigkeit der überfachlichen Kompetenzen für das Hauptfach

Im Weiteren wurde mittels univariater und multivariater Varianzanalysen untersucht, inwiefern die vorgelegten Kenntnisse und Fähigkeiten für verschiedene Studienrichtungen als unterschiedlich wichtig eingestuft wurden. Der übergreifende Haupteffekt der multivariaten Analyse ist mit F = 28.366 (p = .000) hochsignifikant, und insgesamt kann von der Varianz der Wichtigkeit der verschiedenen Wissensbereiche etwa 33 Prozent ($ETA^2 = .33$) durch die Zugehörigkeit zu einer Studienrichtung aufgeklärt werden. In den univariaten Analysen erweisen sich alle Wissens- und Könnensbereiche für die Studienrichtungen als jeweils unterschiedlich wichtig. Exemplarisch werden im Folgenden die Fachbereiche Erstsprache, Mathematik, Biologie (Testfächer von EVAMAR II) sowie Englisch als Wissenschaftssprache in ihrer Bedeutung für verschiedene Studienrichtungen dargestellt.

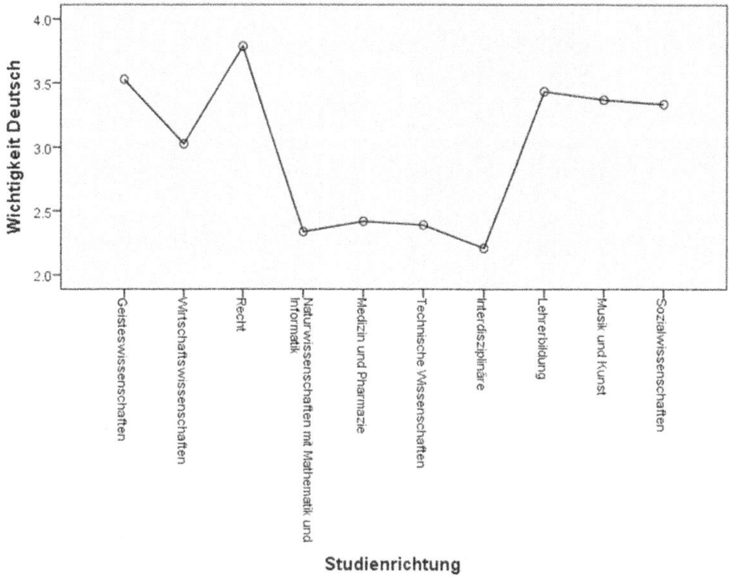

Abbildung 1: Mittelwerte der Wichtigkeit des Wissens und Könnens aus dem Fach Erstsprache für verschiedene Studienrichtungen

Es zeigt sich, dass Erstsprache-Kompetenzen vor allem für die Rechtswissenschaften, Geisteswissenschaften und in der Lehrerbildung sowie für die Studierenden der Musik und Kunst und der Sozialwissenschaften eine besonders wichtige Rolle spielen. In den naturwissenschaftlich orientierten Studiengängen hingegen kommt den Erstsprachekenntnissen eine deutlich geringere Bedeutung zu.

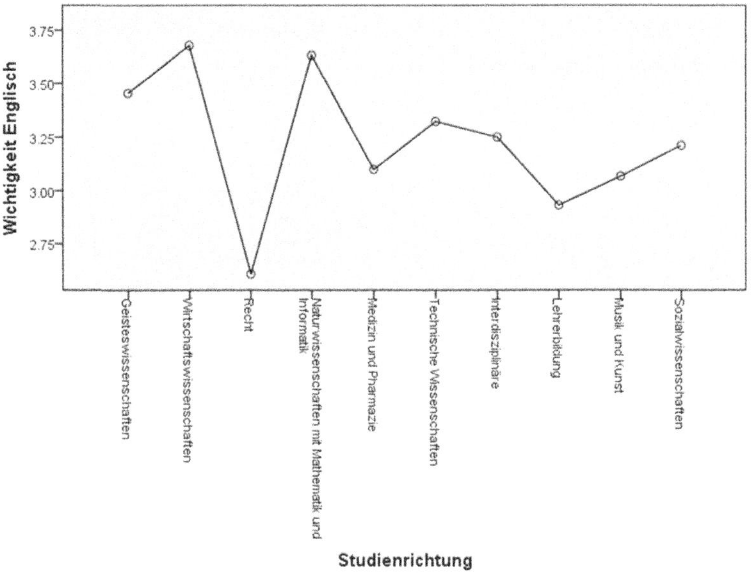

Abbildung 2: Mittelwerte der Wichtigkeit des Wissens und Könnens aus dem Fach Englisch für verschiedene Studienrichtungen

Für das Fach Englisch findet sich lediglich für die Rechtswissenschaften eine im Vergleich zu den anderen Studienrichtungen etwas tiefer ausgeprägte Wichtigkeit (die aber absolut noch immer nicht niedrig ist). Besonders wichtig sind Englischkenntnisse für die Studienfächer der Wirtschaftswissenschaften, der Naturwissenschaften mit Mathematik und Informatik sowie der Geisteswissenschaften.

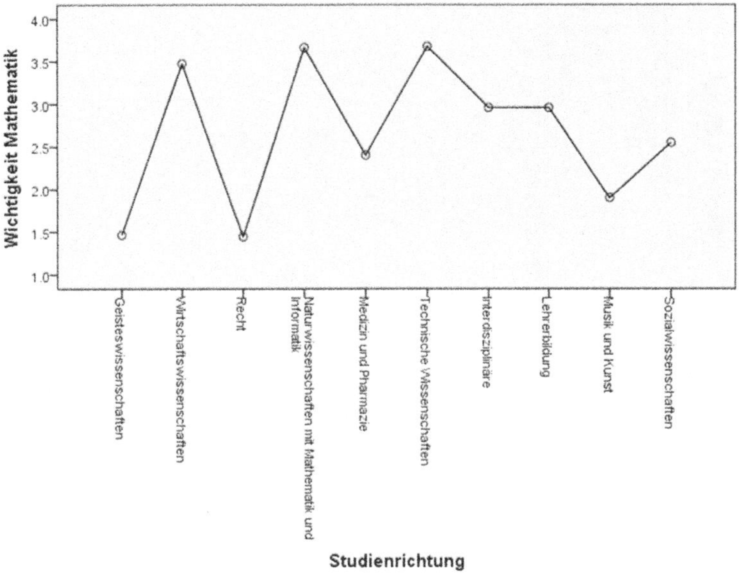

Abbildung 3: Mittelwerte der Wichtigkeit des Wissens aus dem Fach Mathematik für verschiedene Studienrichtungen

Ein hoher Bedarf an Mathematikkompetenzen wird für die Studienrichtungen der Technischen Wissenschaften, der Naturwissenschaften mit Mathematik und Informatik und der Wirtschaftswissenschaften beschrieben. Dagegen müssen Studierende der Rechtswissenschaften und der Geisteswissenschaften im Rahmen ihres Studiums kaum auf mathematische Kenntnisse zurückgreifen.

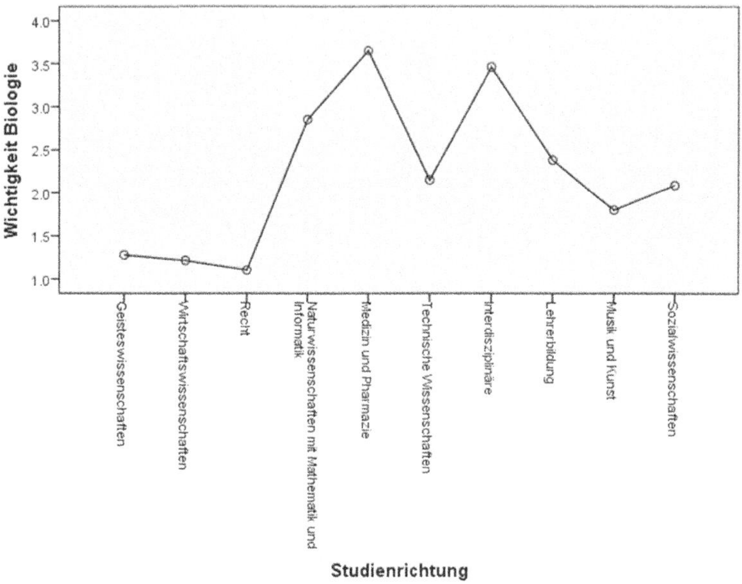

Abbildung 4: Mittelwerte der Wichtigkeit des Wissens und Könnens aus dem Fach Biologie für verschiedene Studienrichtungen

Kenntnisse in Biologie werden vor allem von Studierenden aus den Bereichen Medizin und Pharmazie sowie aus den Studiengängen der Interdisziplinären Richtungen (Ökologie und Sportwissenschaften) als wichtig eingestuft. Studierende der Rechtswissenschaften, der Wirtschafts- und Geisteswissenschaften benötigen dagegen kaum biologisches Fachwissen.

3.2 *Motive der Studienfachwahl*

Im vorliegenden Abschnitt wird die Studienfachwahl im Hinblick auf die Motive der Wahl analysiert. Verschiedene Studien zur Studienfachwahl zeigen, dass diese vorwiegend aus Interesse und Neigung heraus erfolgt (z.B. BFS, 2009; Bieri Buschor, Denzler & Keck, 2008a, 2008b; Gold & Souvignier, 2005; Nagy, 2005; Ramseier et al., 2004; Schnabel & Gruehn, 2000).

Wie wichtig waren die Gründe für die Wahl des Studienfaches:	N	Min.	Max.	MW	SD
Fachinteresse	1103	1	4	3.64	.57
Persönliche Neigung und Begabung	1107	1	4	3.55	.61
Wunsch nach persönlicher Entfaltung	1099	1	4	3.14	.81
Beruflich viel Umgang mit Menschen	1103	1	4	2.67	1.11
Wissenschaftliches Interesse	1103	1	4	2.50	.99
Streben, anderen zu helfen	1104	1	4	2.48	.99
Gute Arbeitsmarktchancen	1107	1	4	2.46	.98
Fester Berufswunsch	1099	1	4	2.27	1.08
Ratschläge von Eltern/ Verwandten/ Freunden	1105	1	4	2.12	.86
Aussicht auf hohes Einkommen	1108	1	4	2.10	.88
Streben nach angesehenem Beruf	1103	1	4	1.91	.89
Empfehlung von Studien-/Berufsberatung	1105	1	4	1.74	.86
Zufällige Entscheidung	1101	1	4	1.65	.88
Position in den Rankinglisten	1101	1	4	1.24	.58
Keine Zulassung für Wunschfach Medizin	1096	1	4	1.12	.50

MW = Mittelwert, SD = Standardabweichung; (1) = „unwichtig", (2) = „eher unwichtig", (3) = „eher wichtig", (4) = „sehr wichtig"

Tabelle 4: Studienwahlmotive

Wie aus Tabelle 4 ersichtlich, gilt auch für die vorliegende Stichprobe, dass das Fachinteresse als das wichtigste Motiv für die eigene Studienfachwahl genannt wird (MW = 3.64), gefolgt von der „persönlichen Neigung und Begabung“ (MW = 3.55) und dem „Wunsch nach persönlicher Entfaltung“ (MW = 3.14). Damit ähnelt die vorliegende Reihenfolge dem Ergebnis einer Berner Ehemaligenbefragung, in der ca. 3.500 Studierende ein Jahr nach der Matura sowie ein Jahr darauf nach den Gründen für die Wahl eines Studienfachs an der Hochschule befragt wurden (Ramseier, 2006).

3.3 *Studienfachwahl und Testleistungen*

In diesem Schritt wird untersucht, inwiefern die Studienwahl mit Wissen und Können zusammenhängt, das mit den Leistungstests im Rahmen der EVAMAR-II-Untersuchungen kurz vor den Maturaprüfungen 2007 gemessen wurde.

In Tabelle 5 finden sich zunächst die deskriptiven Statistiken bezüglich der Ergebnisse der Leistungstests.

	N	Min.	Max.	MW	SD
Gesamtergebnis Erstsprache	1503	195	780	504	83
Gesamtergebnis Mathematik	1536	224	816	507	88
Gesamtergebnis Biologie	1531	294	791	522	82
Gesamtergebnis UFT	1488	252	770	508	90

MW = Mittelwert, SD = Standardabweichung

Tabelle 5: Deskriptive Werte der EVAMAR-II-Leistungstests

Als nächstes wird untersucht, ob sich die verschiedenen Studienrichtungen in den Leistungstestergebnissen der EVAMAR-II-Studie unterscheiden. In Tabelle 6 sind die Mittelwerte der verschiedenen Studienrichtungen für die Gesamtergebnisse im Erstsprachetest eingetragen.

	N	MW	SD	Min.	Max.
Geisteswissenschaften	120	530	87	278	780
Wirtschaftswissenschaften	229	498	81	214	668
Recht	137	506	81	195	691
Naturwissenschaften mit Mathematik und Informatik	190	517	77	263	704
Medizin und Pharmazie	165	504	83	229	690
Technische Wissenschaften	115	508	85	246	700
Interdisziplinäre	30	489	78	341	625
Lehrerbildung	163	489	85	223	758
Musik und Kunst	51	494	82	263	657
Sozialwissenschaften	221	498	81	236	694
Gesamt	1421	504	82	195	780

MW = Mittelwert, SD = Standardabweichung;
Interdisziplinäre = Sportwissenschaft und Ökologie

Tabelle 6: Gesamtergebnis Erstsprache verschiedener Studienrichtungen

Es lässt sich erkennen, dass Studierende der Geisteswissenschaften im Durchschnitt die besten Erstsprachetestergebnisse erzielten (MW = 530), gefolgt von den Studierenden der Naturwissenschaften mit Mathematik und Informatik (517), während Studierende der Lehrerbildung und der Interdisziplinären Richtungen mit einem Wert von je 489 den tiefsten Mittelwert aufweisen. Während sich für Studierende der Sportwissenschaft und der Ökologie zeigte, dass Erstsprachkenntnisse in ihrer Interdisziplinären Studienrichtung wenig wichtig waren, gilt dies für die Lehrerbildung nicht (vgl. Abbildung 1). In dieser Studienrichtung wurde eine relativ hohe Bedeutsamkeit von Erstsprachekenntnissen festgestellt, so dass sich diesbezügliche Defizite für Studierende der Lehrerbildung negativ auswirken könnten.

Um zu überprüfen, ob die Unterschiede signifikant sind, wurden wiederum Varianzanalysen gerechnet. Der Haupteffekt der Studienrichtungen ($F = 3.041$, $p = .001$) erweist sich zwar als statistisch relevant. Die praktische Bedeutsamkeit mit einem ETA^2 von .02 ist jedoch nur schwach ausgeprägt. Die Paarvergleiche zeigen, dass der Haupteffekt vor allem darauf zurückgeht, dass die Maturandinnen und Maturanden, die sich für einen geisteswissenschaftlichen Studiengang entschieden haben, herausragend bessere Erstsprache-Ergebnisse erzielten als eine Reihe Studierender anderer Studienrichtungen.

Für den Mathematiktest finden sich ebenfalls signifikante Unterschiede, wie die folgenden Ergebnisse zeigen: In Tabelle 7 sind die Mittelwerte und Standardabweichungen sowie der Minimal- und Maximalwert je Studienrichtung aufgeführt.

	N	MW	SD	Min.	Max.
Geisteswissenschaften	123	483	77	289	671
Wirtschaftswissenschaften	235	510	77	348	720
Recht	140	482	69	315	642
Naturwissenschaften mit Mathematik und Informatik	200	556	97	293	816
Medizin und Pharmazie	165	525	87	303	810
Technische Wissenschaften	118	574	87	373	791
Interdisziplinäre	32	510	88	342	717
Lehrerbildung	160	477	71	224	660
Musik und Kunst	54	463	77	329	669
Sozialwissenschaften	226	476	76	274	703
Gesamt	1453	508	88	224	816

MW = Mittelwert, SD = Standardabweichung,
Interdisziplinäre = Sportwissenschaft und Ökologie

Tabelle 7: Gesamtergebnis Mathematik verschiedener Studienrichtungen

Personen der Studienrichtung der Technischen Wissenschaften (MW = 574) und auch der Naturwissenschaften mit Mathematik und Informatik (556) wiesen im Durchschnitt deutlich bessere Mathematiktestergebnisse auf als Studierende der Richtung Musik und Kunst (463) oder der Lehrerbildung (477). Die nähere Prüfung zeigt, dass es sich dabei um signifikante Unterschiede zwischen den Studienrichtungen handelt. Der Haupteffekt der Studienrichtungen wird mit F = 28.723 und p = .000 ausgewiesen. Insgesamt kann von der Varianz der Mathematiktestleistungsergebnisse 15 Prozent durch die Zugehörigkeit zu einer Studienrichtung aufgeklärt werden (ETA^2 = .15).

Wiederum kann für die Studierenden der Lehrerbildungsstudiengänge eine durchschnittliche Diskrepanz zwischen Anforderungen ihres Studienganges und dem, was an Kompetenzen bei den Studierenden (im Vergleich zu den anderen Studienrichtungen) vorhanden ist, festgestellt werden. So wird durchaus eine Wichtigkeit mathematischer Kenntnisse konzediert bei gleichzeitig durchschnittlich eher niedrig ausgeprägten Mathematikleistungstestergebnissen der Studienanfänger.

Als nächstes wurde untersucht, ob sich die Studienrichtungen in Bezug auf die Biologie-Testergebnisse unterscheiden. In Tabelle 8 lassen sich zunächst die entsprechenden Mittelwerte verschiedener Studienrichtungen ablesen.

Wie zu erwarten, weisen Personen, die ein Studienfach aus dem Gebiet der Naturwissenschaften mit Mathematik und Informatik gewählt haben, im Durchschnitt die höchsten Werte beim Biologieleistungstest (MW = 558) auf, gefolgt von den Studierenden der Medizin und Pharmazie (552). Die niedrigsten Werte erzielten Studierende der Lehrerbildung (489) und der Interdisziplinären Richtungen (503). Diese Unterschiede zwischen den Studienrichtungen sind den statistischen Analysen zufolge auch signifikant (Haupteffekt F = 13.682, p = .000, ETA^2 = .08).

	N	MW	SD	Min.	Max.
Geisteswissenschaften	123	521	81	301	710
Wirtschaftswissenschaften	231	513	79	309	706
Recht	138	504	74	329	787
Naturwissenschaften mit Mathematik und Informatik	199	558	85	323	791
Medizin und Pharmazie	167	552	83	312	759
Technische Wissenschaften	118	539	78	323	685
Interdisziplinäre	33	503	82	339	740
Lehrerbildung	165	489	76	313	689
Musik und Kunst	51	514	66	344	653
Sozialwissenschaften	224	505	78	294	731
Gesamt	1449	521	82	294	791

MW = Mittelwert, SD = Standardabweichung,
Interdisziplinäre = Sportwissenschaft und Ökologie

Tabelle 8: Gesamtergebnis Biologie verschiedener Studienrichtungen

Angesichts der hohen Bedeutsamkeit, die Biologiekenntnissen für die Studienrichtung der Interdisziplinären zukommt (vgl. Abbildung 4), erscheint der Kenntnisstand des biologischen Wissens der Studierenden dieser Studienrichtung, gemessen an den Ergebnissen des EVAMAR-II-Biologietests, als eher schwach ausgeprägt.

Als letzte zu analysierende Testleistung bleibt der überfachliche Fähigkeitstest UFT; wiederum sollen zunächst die Mittelwerte der verschiedenen Studienrichtungen betrachtet werden (siehe Tabelle 9).

	N	MW	SD	Min.	Max.
Geisteswissenschaften	117	493	82	301	677
Wirtschaftswissenschaften	227	505	87	281	736
Recht	135	497	88	252	720
Naturwissenschaften mit Mathematik und Informatik	196	548	87	306	748
Medizin und Pharmazie	163	539	82	347	750
Technische Wissenschaften	118	553	87	346	746
Interdisziplinäre	33	497	93	320	678
Lehrerbildung	151	461	71	261	638
Musik und Kunst	50	476	84	298	664
Sozialwissenschaften	221	485	91	294	770
Gesamt	1411	508	90	252	770

MW = Mittelwert, SD = Standardabweichung,
Interdisziplinäre = Sportwissenschaft und Ökologie

Tabelle 9: Gesamtergebnis: UFT verschiedener Studienrichtungen

Wie schon bei den Mathematiktestleistungen zeichnen sich die Studierenden der Technischen Wissenschaften durch besonders hohe Werte der Personenfähigkeiten aus (553), gefolgt von den Studierenden aus dem Bereich der Naturwissenschaften mit Mathematik und Informatik (548). Lehrerbildungsstudierende (461) sowie Studierende der Richtung Musik und Kunst (476) weisen dagegen im Mittel einen besonders niedrigen Wert auf. Die Ergebnisse der Varianzanalysen verdeutlichen, dass die Unterschiede hochsignifikant und auch in mittlerer Stärke praktisch bedeutsam sind ($F = 19.359$, $p = .000$, $ETA^2 = .11$).

4 Diskussion

In vorliegendem Beitrag wurde anhand einer Längsschnittstichprobe der Zusammenhang zwischen der Studienwahl von Maturandinnen und Maturanden, den Anforderungen verschiedener Studienrichtungen auf der einen Seite und Kompetenzen der Studierenden auf der anderen Seite untersucht. Dies erfolgte, indem Studienrichtungen dahingehend analysiert wurden, welche fachlichen und überfachlichen Anforderungen sie an ihre Studierenden stellen sowie ob sich ihre Studienanfänger systematisch in ihren fachlichen Kompetenzen unterscheiden. Darüber hinaus wurden die Motive für die Studienfachwahlen einer Betrachtung unterzogen.

4.1 Unterschiedliche Bedeutsamkeit verschiedener Kompetenzbereiche

Die vorliegende Untersuchung zeigt nicht als erste, dass den verschiedenen gymnasialen Fächern eine unterschiedliche Bedeutung im Hinblick auf ein Hochschulstudium zukommt. Diesbezüglich ähnliche Resultate, wie sie in der vorliegenden Deutschschweizer Untersuchung gefunden werden konnten, ergaben sich zum Beispiel auch in den beiden Studien von Notter und Arnold (2003 und 2006) für die gesamte Schweiz. Die Liste der wichtigsten fachlichen und überfachlichen Kompetenzen für das jeweils gewählte Studienfach wird von den überfachlichen Kompetenzen „Zeitmanagement und selbständige Studiengestaltung" sowie „Beherrschen der Techniken wissenschaftlichen Arbeitens" angeführt, gefolgt von Englisch, Deutsch, Computerkenntnisse/Informatik und Mathematik. Mit einigem Abstand folgen die weiteren genannten Fachbereiche, angeführt von Wirtschaft und Recht. Die hohen Werte sind grundsätzlich darauf zurückzuführen, dass viele Studierende verschiedener Fachrichtungen die entsprechenden Bereiche als wichtig erachtet haben. Weitere Analysen zeigen, dass bei den überfachlichen Kompetenzen diese Bedeutungszumessung über alle Studienfächer hinweg hoch ist, ebenso bei Englisch. Bei Deutsch und Mathematik vergrößern sich die Unterschiede in der Bedeutungszumessung zwischen den Studienrichtungen.

Alle weiteren Kompetenzen sind in ihrer eingeschätzten Bedeutung noch enger an einzelne Studienrichtungen gebunden.

Die Ergebnisse bestätigen die auf der Grundlage der EVAMAR-II-Studie beschriebenen drei Komponentengruppen allgemeiner Studierfähigkeit (siehe Abschnitt 1.2), insbesondere die Zugehörigkeit von Teilen der Inhalte der gymnasialen Fächer Deutsch, Mathematik und Englisch sowie der Informatik-Anwenderkompetenzen zu den basalen fachlichen Studierkompetenzen. Diese (Komponentengruppe 3) sowie die überfachlichen kognitiven und nicht-kognitiven Studierkompetenzen (Komponentengruppe 1) sollten unabdingbar und ausnahmslos erworben werden, wenn die allgemeine Studierfähigkeit erreicht werden soll. Sie sind notwendig für die allgemeine Studierfähigkeit, aber – um einem weit verbreiteten Missverständnis (vgl. Eberle, 2012) entgegenzutreten – natürlich nicht hinreichend.

Die Zuschreibung unterschiedlicher Bedeutsamkeit der verschiedenen Fachbereiche für die allgemeine Studierfähigkeit sollte nicht dazu verleiten, diese generell auf die Bedeutsamkeit der gymnasialen Fächer zu übertragen. Diese legitimieren sich zu einem großen Teil auch aus ihrer Bedeutsamkeit für das zweite Hauptziel des Gymnasiums, die Vorbereitung auf anspruchsvolle Aufgaben in der Gesellschaft, also die Förderung der vertieften Gesellschaftsreife. Dieses Ziel war jedoch nicht Thema der vorliegenden Untersuchung.

4.2 Zusammenhang von Studienfachwahl und Kompetenzen

Bezüglich des Zusammenhangs zwischen Anforderungen der Studienfächer auf der einen und Kompetenzen der Studierenden auf der anderen Seite lässt sich zusammenfassend schließen, dass offensichtlich auch in unserer Stichprobe Interessen für ein Studienfach und dessen Wahl mit entsprechenden Kompetenzen einhergehen (vgl. Gold & Souvignier, 2005; Nagy, 2005). Von Personen mit eher guten Testleistungen in Mathematik oder in den naturwissenschaftlichen Tests wie dem UFT und dem Biologietest werden vermehrt auch solche Studienrichtungen gewählt, in denen diese Kompetenzen benötigt werden (z.B. Technische

Wissenschaften, Naturwissenschaften mit Mathematik und Informatik sowie Medizin und Pharmazie). Maturandinnen und Maturanden mit Schwächen auf diesen Gebieten scheinen diese Fächer entsprechend eher zu vermeiden. Sie wählen vermehrt solche Fächer, die als „sprachlastig" gelten oder zumindest als solche, in denen Mathematik oder naturwissenschaftliches Wissen und Können eine geringere Rolle spielt: Geisteswissenschaften oder Rechtswissenschaften. Die erstgenannte Studienrichtung wiederum wird häufig von Personen mit guten Erstsprachetestleistungen gewählt.

Dieses Ergebnis lässt sich unterschiedlich interpretieren: Einerseits scheint die Selbstselektion zu funktionieren, d.h. die Maturandinnen und Maturanden wählen vorwiegend solche Studienfächer, die ihren Kompetenzen entsprechen. An dieser Stelle muss aber auf den in Abschnitt 2.1 beschriebenen Befund hingewiesen werden, dass sich vermutlich ein großer Teil der Studienabbrecher an der Follow-up-Studie gar nicht beteiligt hat. Zudem muss bei den Daten berücksichtigt werden, dass zum Zeitpunkt der Erhebung die meisten Studienwechsel und auch Abbrüche bereits abgeschlossen waren. Eventuelle Diskrepanzen zwischen fachlichen Kompetenzen und den Anforderungen sind daher unter Umständen nicht mehr relevant, da die Variable der Studienrichtung sich bereits auf die neuere Studienrichtung bezieht, in der eine bessere Abstimmung herrschen sollte - insbesondere falls diesbezügliche Diskrepanzen Motive für einen Wechsel darstellten.

Andererseits lässt sich auch fragen, ob nicht einzelne Maturandinnen und Maturanden ein anderes Studienfach wählen würden, wenn sie in gewissen Bereichen über höhere Kompetenzen verfügten – z.B. bessere Mathematik-Kompetenzen – und ihnen damit auch in der Selbstwahrnehmung der Weg zu mehr Studienfächern offen stünde. Zudem hängen Interessen auch von der selbst wahrgenommenen Kompetenz im entsprechenden Bereich ab. Wenn es also gelingen würde, das Niveau der Mathematikleistungen von Maturandinnen und Maturanden zu erhöhen und damit das mathematische Kompetenzerleben zu verbessern, würde sich das vermutlich auch in einem höheren Interesse für mathematisch geprägte Studienrichtungen niederschlagen.

4.3 Wahl des Studienfachs

Dennoch spricht der Befund, dass die abschließende Wahl des Studienfachs (nach einem Fachwechsel) zu einem beträchtlichen Ausmaß mit den entsprechenden fachnahen Kompetenzen beim Maturaabschluss übereinstimmt, für ein überwiegendes Gelingen des Übergangs in die Tertiärstufe, insbesondere an die Universitäten. Unterstrichen wird diese Interpretation durch die Ergebnisse zur Studienfachwahl, wonach das Fachinteresse, die Wahrnehmung der eigenen persönlichen Neigung und Begabung sowie der Wunsch nach persönlicher Entfaltung ausschlaggebend für die Wahl des Studiums sind.

Wenngleich der Übergang ziemlich gut zu funktionieren scheint, sind andererseits zwei Befunde der vorliegenden Untersuchung zur Studienwahl unbefriedigend: (1) Die Lehrerinnen- und Lehrerbildung haben diejenigen Maturandinnen und Maturanden mit den über fast alle Testbereiche gesehen tiefsten Leistungswerten gewählt. Zwar ist das fachliche Wissen und Können nur einer der verschiedenen Bereiche professioneller Kompetenz von Lehrpersonen (Baumert & Kunter, 2006), es bleibt aber unabdingbar notwendig für guten Unterricht. (2) Die Anzahl der Studienfachwechsel ist hoch. Dies lässt sich dahingehend interpretieren, dass die Einschätzung der Übereinstimmung der eigenen Interessen und Fähigkeiten mit den Inhalten und Anforderungen des zunächst gewählten Studiums noch verbessert werden könnte. Dazu sind zwei Wege geeignet: Erstens eine noch bessere Information über die Anforderungen der verschiedenen Studienfächer. Und zweitens sollten die Bemühungen um eine möglichst gute Passung des hinter dem heterogenen Konstrukt der allgemeinen Studierfähigkeit steckenden Wissens und Könnens mit den Anforderungen der verschiedenen Studienrichtungen fortgeführt werden. Dazu ist eine noch umfangreichere Einforderung eines entsprechend genügenden Wissens- und Könnensstandes bei den Maturandinnen und Maturanden notwendig. Grundlage dazu könnten die Befunde zur Wichtigkeit fachlicher und überfachlicher Kompetenzen für die verschiedenen Studienfächer und zum Stand des entsprechenden Wissens und Könnens zum Zeitpunkt der Matura sein, wie sie in vorliegendem Beitrag in Zusammenhang gebracht worden sind.

Literaturverzeichnis

Baumert, J. & Kunter, M. (2006). Stichwort Professionelle Kompetenz von Lehrkräften. *Zeitschrift für Erziehungswissenschaft* 9(4), 469-520.

Bieri Buschor, C., Denzler, S. & Keck, A. (2008a). Welche Maturandinnen und Maturanden wählen welche Studienfächer? Im Zentrum steht die Frage der Passung. *Netzwerk, die Zeitschrift der Wirtschaftsbildung Schweiz* 102(1), 34-43.

Bieri Buschor, C., Denzler, S. & Keck, A. (2008b). Wohin nach der Matur? Faktoren der Studienfachwahl von Maturandinnen und Maturanden. *Gymnasium Helveticum* 2, 14-19.

Bundesamt für Statistik [BFS]. (2009). *Studienfachwahl und Hochschulwahl. Motivationale Aspekte* [Broschüre]. Neuchâtel: BFS.

Eberle, F. (2012). Das Projekt „Basale fachliche Studierkompetenzen". *Gymnasium Helveticum* 66(4), 6-12.

Eberle, F. & Brüggenbrock, Ch. (2013). *Bildung am Gymnasium.* EDK-Schriftenreihe „Studien + Berichte". Bern: Schweizerische Konferenz der kantonalen Erziehungsdirektoren.

Eberle, F., Gehrer, K., Jaggi, B., Kottonau, J., Oepke, M. & Pflüger, M. (2008). *Evaluation der Maturitätsreform 1995.* Schlussbericht zur Phase II. Bern: Staatssekretariat für Bildung und Forschung SBF.

Gold, A. & Souvignier, E. (2005). Prognose der Studierfähigkeit. Ergebnisse aus Längsschnittanalysen. *Zeitschrift für Entwicklungspsychologie und Pädagogische Psychologie* 37, 214-222.

Hänsgen, K.-D. & Spicher, B. (2007). *EMS Eignungstest für das Medizinstudium 2007. Bericht 13 über die Durchführung und Ergebnisse 2007.* Freiburg: Zentrum für Testentwicklung und Diagnostik der Universität Freiburg.

Heldmann, W. (1984). Studierfähigkeit. Göttingen: Schwartz.

Heublein, U., Hutzsch, C., Schreiber, J., Sommer, D. & Besuch, G. (2009). *Ursachen des Studienabbruchs in Bachelor- und in herkömmlichen Studiengängen. Ergebnisse einer bundesweiten Befragung von Exmatrikulierten des Studienjahres 2007/08* (HIS-Projektbericht). HIS & Bundesministerium für Bildung und Forschung.

Huber, L. (2009). Von „basalen Fähigkeiten" bis „vertiefte Allgemeinbildung": Was sollen Abiturientinnen und Abiturienten für das Studium mitbringen?

In D. Bosse (Hrsg.), *Gymnasiale Bildung zwischen Kompetenzorientierung und Kulturarbeit* (S. 107-124). Wiesbaden: VS Verlag für Sozialwissenschaften.

Kazemzadeh, F., Minks, K. & Nigmann, R. (1987). *„Studierfähigkeit" – eine Untersuchung des Übergangs vom Gymnasium zur Universität.* Hannover: Hochschul-Informations-System.

Klieme, E. (2000). Fachleistungen im voruniversitären Mathematik- und Physikunterricht: Theoretische Grundlagen, Kompetenzstufen und Unterrichtsschwerpunkte. In J. Baumert, W. Bos & R. Lehmann (Hrsg.), *Dritte Internationale Mathematik- und Naturwissenschaftliche Bildung am Ende der Schullaufbahn.- Bd. 2: Mathematische und physikalische Kompetenzen am Ende der gymnasialen Oberstufe* (S. 57-128). Opladen: Leske + Budrich.

Konferenz der Kultusminister (KMK) (1995). *Weiterentwicklung der Prinzipien der gymnasialen Oberstufe und des Abiturs.* Bonn: Konferenz der Kultusminister.

Konegen-Grenier, C. (2002). *Studierfähigkeit und Hochschulzugang.* Köln: Deutscher Instituts-Verlag.

MAR (1995). Verordnung des Bundesrates/Reglement der EDK über die Anerkennung von gymnasialen Maturitätsausweisen (MAR) vom 16. Januar/15. Februar 1995. Abgerufen von http://edudoc.ch/record/38112/files/VO_MAR_d.pdf

Nagy, G. (2005). *Berufliche Interessen, kognitive und fachgebundene Kompetenzen: Ihre Bedeutung für die Studienfachwahl und die Bewährung im Studium.* Dissertation, Universität Berlin, Berlin.

Notter, P., & Arnold, C. (2003). *Der Übergang ins Studium. Bericht zu einem Projekt der Konferenz der Schweizerischen Gymnasialrektoren (KSGR) und der Rektorenkonferenz der Schweizer Universitäten (CRUS).* Bern: Bundesamt für Bildung und Wissenschaft.

Notter, P. & Arnold, C. (2006). *Der Übergang ins Studium II, Bericht zu einem Projekt der Konferenz der Schweizerischen Gymnasialrektoren (KSGR) und der Rektorenkonferenz der Schweizer Universitäten (CRUS).* Bern: Staatssekretariat für Bildung und Forschung, Schriftenreihe SBF.

Oepke, M. (2007). *Erwartungen Dozierender an Wissen und Können zu Beginn des Studiums.* Vortrag auf der 70. Tagung der AEPF in Lüneburg, 10.-12.09.2007.

Oepke, M. & Eberle, F. (2010). *Studierfähigkeit von Maturandinnen und Maturanden. Eine Follow-up-Studie zur EVAMAR-II-Untersuchung.* Antrag an den SNF vom 01.10.2010, Universität Zürich: Institut für Erziehungswissenschaft.

Ramseier, E. (2006). *Gründe für die Wahl eines Studienfachs an der Hochschule.* In CEST Workshop, Higher Education Studies 2006. Fächerwahl – Doktorierende (S. 41-45). Bern: CEST.

Ramseier, E. et al. (2004). *Evaluation der Maturitätsreform 1995 (EVAMAR). Neue Fächerstruktur – Pädagogische Ziele – Schulentwicklung*. Schlussbericht zur Phase 1. Bern: Schweizerische Konferenz der Erziehungsdirektoren und Bundesamt für Bildung und Wissenschaft.

Schnabel, K. U. & Gruehn, S. (2000). Studienwünsche und Berufsorientierungen in der gymnasialen Oberstufe. In J. Baumert, W. Bos & R. Lehmann (Hrsg.), *TIMSS/III. Dritte internationale Mathematik- und Naturwissenschaftsstudie – Mathematische und naturwissenschaftliche Bildung am Ende der Schullaufbahn: Bd. 2. Mathematische und physikalische Kompetenzen am Ende der gymnasialen Oberstufe* (S. 405-453). Opladen: Leske + Budrich.

Wolter, S.C., Diem, A. & Messer, D. (2013). *Studienabbrüche an Schweizer Universitäten*. SKBF Staff Paper 11. Aarau: Schweizerische Koordinationsstelle für Bildungsforschung (SKBF).

Zimmerhofer, A. (2008). *Studienberatung im deutschen Hochschulsystem auf der Basis psychologischer Tests: Studienfachprofile, Vorhersagevalidität und Akzeptanz*. Dissertation, Technische Hochschule Aachen.

Wirtschafts-, Mathematik- und Deutschkenntnisse Deutschschweizer Lernender am Ende der Berufsmaturität und des Gymnasiums

Stephan Schumann und Franz Eberle

1 Einführung und Problemstellung

Die strukturelle Ausgestaltung des schweizerischen Bildungssystems konnte bis in die 1990er Jahre hinein als ausgesprochen traditionell bezeichnet werden. Dabei erfolgte ungeachtet „kleinerer" formaler Alternativen faktisch eine klare Aufteilung der nachwachsenden Generationen auf einen akademisch orientierten Weg über das Gymnasium an die Universität und weiter in eine zumeist akademische Erwerbstätigkeit für zuletzt ca. ein Fünftel einer Kohorte auf der einen Seite und auf einen beruflich orientierten Weg über die 9-jährige Volksschule sowie die berufliche Ausbildung in das nicht-akademische Beschäftigungssystem für rund 80 Prozent eines Jahrgangs auf der anderen Seite.

Einhergehend mit der Gründung von Fachhochschulen wurde in den 1990er Jahren mit den Berufsmaturitätsschulen (BMS) ein neuartiges Strukturelement geschaffen, welches eine Berufsausbildung mit einer vertieften Allgemeinbildung verknüpft und deren Abschluss einen prüfungsfreien, jedoch i.d.R. fachgebundenen Zutritt an die neu etablierten Fachhochschulen erlaubt (Gonon, 2013). Die Berufsmaturität markiert bis heute das bedeutsamste Durchlässigkeitselement zwischen dem beruflichen und akademischen Teil des Schweizer Bildungssystems und gilt gemeinhin als Erfolgsmodell (Gonon, 2013). Die Schweiz verfügt folglich im Vergleich zu auf den ersten Blick bildungssystemisch ähnlichen Ländern wie Deutschland oder Österreich über wesentlich weniger Öffnungsoptionen von der beruflichen Bildung in den Tertiärbereich, gleichwohl die besondere Bedeutung der höheren Berufsbildung (Tertiärbereich B) in der Schweiz keinesfalls unterschätzt werden darf (Schmid & Gonon, 2013). Ohne jegliche Wertung vorzunehmen, darf festgehalten werden, dass sich die Schweiz mit einer gymnasialen Maturitätsquote von knapp 20 Prozent im internationalen Vergleich am unteren Rand befindet (Eberle & Brüggenbrock, 2013).

Angesichts der mit der Berufsmaturität und mit der gymnasialen Maturität ausgestellten Hochschulzugangsberechtigungen stellt sich die Frage nach der Anschlussfähigkeit der in den Bildungsgängen erworbenen Kompetenzen der Lernenden. Während zum schweizerischen Gymnasium mit den Ergebnissen aus der TIMSS-Studie (Ramseier et al., 1999) und vor allem mit den Befunden aus der EVAMAR-II-Studie (Eberle et al., 2008) empirische, auf Leistungstests beruhende Evidenz zu den Kompetenzen der Schülerinnen und Schüler vorliegt, ist das Wissen über die Leistungsfähigkeit der Berufsmaturandinnen und Berufsmaturanden als defizitär zu bezeichnen. Jenseits der auf den Kanton Tessin bezogenen Studie von Ghisla, Bernasconi und Poglia. (2009) liegen unseres Wissens keine Untersuchungen vor.

Mit den Daten der vom Schweizerischen Nationalfonds finanzierten Studie „Ökonomische Kompetenzen von Maturandinnen und Maturanden (OEKOMA)" ist es nun erstmals möglich, ein genaueres Bild der schulischen Leistungsfähigkeit von Lernenden im letzten Jahr der Berufsmaturität zu zeichnen. Im vorliegenden Beitrag wird dabei auf die Mathematik- und die Deutschkenntnisse sowie – im Sinne eines Erklärungsfaktors – auf die kognitive Grundfähigkeit eingegangen. In strukturbezogener Hinsicht wird der Vergleich zum Gymnasium sowie der Vergleich zwischen den Richtungen bzw. Profilen innerhalb der Bildungsgänge vorgenommen. Ein besonderes Augenmerk erfährt zudem die Analyse der Kenntnisse im Wirtschaftsbereich. Hierzu liegen bislang weder zum Gymnasium noch zur Berufsmaturitätsschule belastbare empirische Befunde vor.

2 Hintergrund und Forschungsstand

In fast keinem Land ist die Beschreibung des Gymnasiums als „Königsweg" zur Universität so zutreffend wie in der Schweiz. Hier vergibt das Gymnasium mit der Maturität nicht nur den formalen Nachweis der allgemeinen Studierfähigkeit[1], sondern zugleich auch eine nicht an weitere Notenanforderungen gebundene generelle Zutrittsberechtigung zu allen Studiengängen der schweizerischen Universitäten (außer im Studiengang Medizin) sowie der Pädagogischen Hochschulen. Die Hochschulen selbst selektionieren Bewerberinnen und Bewerber mit gymnasialer Maturität nicht, erwarten jedoch umgekehrt ein hinreichendes Maß an Kenntnissen und Fähigkeiten zur Aufnahme eines Studiums. Diese „Qualitätssicherung von unten" lässt sich unter Annahme der Konstanthaltung der Eingangserwartungen der Schweizer Universitäten faktisch nur über eine im internationalen Vergleich ausgesprochen niedrige Maturitätsquote von durchschnittlich 20 Prozent erreichen. Wie fragil und auf gesellschaftlicher Ebene aushandlungsbedürftig diese Konstruktion ist, zeigt die in regelmäßigen Abständen wiederkehrende öffentliche Diskussion um die „richtige" Maturaquote.

Das empirisch fundierte Wissen über die Leistungsfähigkeiten der Abgänger vom Gymnasium speist sich aktuell vor allem aus der Studie „Evaluation der Maturitätsreform 1995, Phase II (EVAMAR II)" (Eberle et al., 2008). Als ein Hauptergebnis zeigte sich, dass zwar der überwiegende Teil, aber nicht alle Maturandinnen und Maturanden über ausreichende Kenntnisse in zentralen Kompetenzbereichen (Mathematik, Erstsprache, Biologie) verfügen. Insbesondere in Mathematik, aber auch in der Erstsprache, zeigten sich erhebliche Lücken, wobei zugleich massive Profileffekte der besuchten Schwerpunktfächer beobachtbar sind. Besondere Aufmerksamkeit sollte auch der Befund der erheblichen Varianz der Mittelwerte in den geprüften Kompetenzen zwischen den Klassen erfahren, welche zumindest als empirische Hinweise auf substanzielle Unterrichtsqualitätsunterschiede interpretierbar sind. Eine „lückenlose" allgemeine Studierfähigkeit ist folglich nicht gegeben, jedoch erfolgt zu einem beträchtlichen Teil eine Selbstselektion durch fähigkeits- und interessenorientierte Studiengangswahl der Lernenden (Ramseier et al., 2004).

---

1 Neben der allgemeinen Studierfähigkeit beinhaltet das Maturitätsanerkennungsreglement (MAR 95) als weiteres Hauptziel des Gymnasiums die Vermittlung einer „vertieften Gesellschaftsreife" (vgl. Eberle et al., 2008, S. 27).

Mit der Einführung der Berufsmaturität im Jahre 1993 wurde, wie einführend beschrieben, in der Schweiz ein zweiter Weg ins Hochschulsystem geöffnet, denn sie führt zur fachgebundenen Fachhochschulreife.[2] Rein quantitativ stößt die Berufsmaturität auf eine beachtliche Resonanz. Die Berufsmaturitätsquote liegt derzeit im Durchschnitt bei 12 Prozent und hat in einigen Kantonen schon fast die Quote der gymnasialen Maturitäten erreicht. Allerdings scheint, ähnlich wie bei der Entwicklung der gymnasialen Maturitäten, seit einigen Jahren ein gewisses Sättigungsniveau erreicht. Die Berufsmaturität kann dabei lehrbegleitend während der beruflichen Ausbildung oder im Anschluss an eine Berufsausbildung im Vollzeitunterricht erworben werden. Ungeachtet der zuletzt durchgeführten Totalrevision der BMS-Verordnung werden in diesem Bildungsgang in Abhängigkeit der Berufe Richtungen bzw. Profile belegt, wobei die kaufmännische gefolgt von der technischen Richtung dominiert.

Zum schulischen Wissen und Können der Abgänger aus den Berufsmaturitätsschulen liegen jenseits der Daten aus der im empirischen Teil des vorliegenden Beitrags näher dargestellten OEKOMA-Studie (Schumann & Eberle, 2014) kaum belastbare Befunde vor. Auf Leistungstests beruhende Ergebnisse publizierten Ghisla, Bernasconi und Poglia (2009) für den Kanton Tessin. Hier ließ sich ein klarer Vorsprung im Bereich allgemeiner kognitiver Fähigkeiten für Lernende am allgemeinen Gymnasium beobachten. Zudem zeigten sich innerhalb der BMS-Population für die meisten Variablen Vorteile für Lernende in der technischen Richtung, während die Lernenden der kaufmännischen Richtung im Textverständnis unwesentlich besser abschnitten.

Empirische Hinweise auf den Wissensstand lassen sich auch aus der „Evaluation der Studierfähigkeit von BM-Absolventen/innen an Fachhochschulen" (Econcept, 2013) ableiten. In einer Befragung von Studiengangsverantwortlichen an Fachhochschulen konnte festgestellt

---

2 Für den Eintritt in ein universitäres Studium kann zudem seit 2005 eine so genannte Passerellenprüfung abgelegt werden, welcher in der Regel ein einjähriger Vorbereitungskurs vorausgeht. Die Passerelle wird jährlich von weniger als 3 Prozent der BMS-Absolventinnen und -absolventen genutzt.

werden, dass je nach BMS-Richtung 10 bis 50 Prozent der BMS-Absolventinnen und -Absolventen Mängel in der Studierfähigkeit attestiert wurden. Bei differenzierterer Betrachtung zeigt sich allerdings, dass die Studierfähigkeit von Studierenden jener BMS-Richtungen als gut beurteilt wird, welche fachlich dem jeweiligen Studienbereich entsprechen. So wird 80 Prozent der BMS-Absolventinnen und -absolventen der kaufmännischen Richtung eine gut bis sehr gut ausgeprägte Studierfähigkeit im Studienfeld „Wirtschaft und Dienstleistungen" zugeschrieben. Unter Bezug auf einzelne Fächer wurden insbesondere Mängel in Deutsch, Mathematik und Englisch benannt. Weniger kritisch wurden die Wirtschaftskenntnisse gesehen: Hier sagten fast 70 Prozent der Befragten, dass diese gut bis sehr gut ausgeprägt seien. Insgesamt sind die Befunde aus zumindest zwei Gründen vorsichtig zu interpretieren: Erstens handelt es sich um Fremdeinschätzungen, deren Validität zu prüfen wäre. Und zweitens darf nicht übersehen werden, dass sich die Einschätzungen der Studiengangsverantwortlichen jeweils lediglich auf die BMS-Abgängerinnen und -Abgänger beziehen, die an eine Fachhochschule gewechselt sind. Es ist jedoch bekannt, dass nur gut die Hälfte aller BMS-Lernender später an eine Hochschule wechselt (BfS, 2013). Unterstellt man Mechanismen der Selbstselektion, so ist davon auszugehen, dass das Niveau aller BMS-Absolventinnen und -Absolventen insgesamt niedriger ist.

3 Die Studie OEKOMA

Die SNF-Studie „Ökonomische Kompetenzen von Maturandinnen und Maturanden (OEKOMA)" verfolgte im Kern das Ziel, ökonomische Kompetenzen von Jugendlichen und jungen Erwachsenen der Deutschschweiz mittels Leistungstests und eines Begleitfragebogens zu erfassen sowie schulische und außerschulische Einflussfaktoren auf den Kompetenzstand zu identifizieren. OEKOMA fokussierte dabei mit Blick auf die „Abgangskompetenzen" erstens auf Maturandinnen und Maturanden an Gymnasien und zweitens auf Schülerinnen und Schüler in Berufsmaturitätsschulen (BMS). In der Studie wurden zudem die Fähigkeiten der Lernenden in Mathematik und Deutsch sowie die kognitive Grundfähigkeit im Sinne von Kovariaten erfasst. Damit kann zugleich erstmals eine Abbildung der Kenntnisse in den genannten Domänen von Berufsmaturandinnen und Berufsmaturanden der Deutschschweiz vorgenommen werden. Im Hinblick auf die ökonomischen Kompetenzen gilt diese Einschätzung auch für die Gymnasiastinnen und Gymnasiasten.

Der Studie OEKOMA wurde ein Verständnis ökonomischer Kompetenzen zugrunde gelegt, welches fachlich-kognitive Aspekte im Sinne einer ökonomischen Grundbildung umfasst und zugleich motivational-affektive Komponenten sowie Einstellungen und Werthaltungen mit einbezieht. Ökonomische Kompetenzen umfassen demnach die Gesamtheit des Wissens, der Fertigkeiten und Bereitschaften eines Individuums, wirtschaftliche Problemstellungen erfolgreich und verantwortungsvoll lösen zu können. Das Konstrukt ist damit im engeren Sinne nicht auf Studierfähigkeit, sondern primär auf das Ziel der „vertieften Gesellschaftsreife" ausgerichtet. Eberle (2013) weist jedoch auf den großen Überschneidungsbereich dieser beiden Ziele hin.

Im Hinblick auf die empirische Erfassung des ökonomischen Wissens und Könnens wurde im Projekt ein neuer Leistungstest entwickelt. Als konzeptuelle Referenzfigur fungierte dabei der „junge Erwachsene, welcher als mündiger Wirtschafts- und Gesellschaftsbürger in der Lage ist, authentische und alltagsbezogene Darstellungen zu wirtschaftsbezogenen Problemstellungen zu verstehen, zu analysieren und begründete Schlüsse daraus zu ziehen". Entsprechend dieses Ansatzes wählten wir im Projekt den Zugang zur Inhaltsbestimmung über eine Analyse ausgewählter Printmedienartikel (zum Verfahren vgl. Schumann, Oepke & Eberle., 2011, S. 60f.; sowie Schumann, Eberle, Oepke, Pflüger, Gruber & Pezzotta, 2010).

Die Erhebung der Deutsch- und Mathematikkenntnisse erfolgte im Gegensatz dazu mit einem Fokus auf die allgemeine Studierfähigkeit. Hierfür wurden ausgewählte Teile des in der Studie EVAMAR II entwickelten Instrumentariums verwendet (Eberle et al., 2008). Die kognitive Grundfähigkeit wurde mit einem Teil des KFT 4–12R von Heller und Perleth (2000) erfasst. Damit ist eine differenzielle Bestimmung kognitiver Fähigkeitsdimensionen möglich, die für schulisches Lernen relevant sind. Getestet wurden die Fähigkeitsbereiche sprachliches Denken, numerische Fähigkeiten und figurales Denken.

Die querschnittliche Datenerhebung fand am Ende des Schuljahrs 2010/11 an Gymnasien und Berufsmaturitätsschulen der deutschsprachigen Schweiz statt (N = 2.328). Der Hauptuntersuchung war im November 2010 eine Pilotstudie zum Instrumentencheck vorgelagert. Zur Sicherung der Durchführungsobjektivität wurde die Untersuchung durch Testleiterinnen und Testleiter durchgeführt. Damit die interessierenden Merkmale möglichst zuverlässig geschätzt werden konnten und zuverlässige Vergleiche von interessierenden Teilgruppen möglich waren, wurden vier explizite Strata gebildet: 1) Gymnasialklassen mit dem Schwerpunktfach „Wirtschaft und Recht", 2) Gymnasialklassen mit anderen Schwerpunktfächern, 3) kaufmännische Berufsmaturitätsklassen und 4) Berufsmaturitätsklassen der anderen fünf BMS-Richtungen.

Schulform/Stratum	Klassen	SuS	Geschlecht		Alter	
	n	n	weiblich	männlich	M	SD
Gymnasium (Schwerpunktfach WuR)	42	754	43%	57%	18.6	0.9
Gymnasium (andere Schwerpunktfächer)	37	523	66%	34%	18.6	0.9
BMS (kaufmännische Richtung)	35	525	59%	41%	19.6	2.3
BMS (andere Richtungen)	36	526	28%	72%	20.8	2.3
Gesamt	150	2328	48%	52%	19.4	1.9

Erläuterungen: SuS: Schülerinnen und Schüler, M: Mittelwert, SD: Standardabweichung

Tabelle 1: Stichprobenmerkmale

Insgesamt wurden 2.328 Lernende aus 150 Klassen untersucht. Tabelle 1 zeigt die Stichprobenmerkmale anhand der Merkmale Schulform/Stratum, Geschlecht und Alter. Dabei zeigt sich folgende Geschlechtsverteilung: Im gymnasialen Schwerpunktfach „Wirtschaft und Recht" sowie in den anderen BMS-Richtungen sind die männlichen Jugendlichen stärker vertreten, bei den beiden anderen Teilgruppen ist es umgekehrt. Über die gesamte Stichprobe hinweg betrachtet ist die Geschlechtsverteilung hingegen fast ausgeglichen. Im Hinblick auf das Alter ist die Gruppe der Gymnasiastinnen und Gymnasiasten im Durchschnitt jünger und homogener. Immerhin ein Drittel der BMS-Lernenden ist dagegen schon 21 Jahre und älter.

Detailliertere Angaben zum theoretischen Hintergrund, zum Konzept und zur Methode der Studie OEKOMA können u.a. bei Schumann, Oepke und Eberle (2011), bei Schumann, Eberle und Oepke (2013) sowie bei Schumann und Eberle (2014) nachgeschlagen werden.

4 Befunde

Die Ergebnisse zu den Wirtschaftskenntnissen der Lernenden sind zusammenfassend in Tabelle 2 dargestellt.[3] Hierbei lässt sich zunächst der schon aus verschiedenen anderen Studien (z.B. NCES, 2012) bekannte Vorsprung der männlichen Lernenden beobachten. In OEKOMA fällt jedoch der Unterschied mit einer halben Standardabweichung vergleichsweise groß aus. Bezüglich der Bildungsgänge lässt sich feststellen, dass Gymnasiastinnen und Gymnasiasten mit dem Schwerpunktfach „Wirtschaft und Recht (W&R)" wie von uns erwartet im Mittel die höchsten Werte aufweisen. Ihr Vorsprung gegenüber den Lernenden, die nur die obligatorische Einführung in W&R besucht haben, beträgt mehr als eine Standardabweichung, was als außerordentlich großer Abstand interpretiert werden darf.[4] Differenzierte, hier nicht graphisch dargestellte Auswertungen einzelner Aufgaben zeigen, dass Maturandinnen und Maturanden, die andere Schwerpunktfächer belegten, auch bei einfachen Aufgaben häufig zu falschen Lösungen kamen.

3 Die Testwerte wurden auf einen Mittelwert von 500 standardisiert. Die Werte sind in ihrer absoluten Ausprägung nicht interpretierbar.

4 Um die Ergebnisse im Hinblick auf die Subgruppen nicht zu verfälschen, wurden die 60 Lernenden aus den Auswertungen ausgeschlossen, die das Fach W&R als Ergänzungsfach gewählt hatten.

	Gesamtwert		VWL		BWL		Finanzen	
	M	SD	M	SD	M	SD	M	SD
Geschlecht								
Weiblich	480	84	484	83	480	84	484	83
Männlich	519	93	515	93	519	93	515	93
Bildungsgang								
Gymnasium (SPF WuR)	547	94	546	93	536	94	551	57
Gymnasium (andere SPF)	444	89	451	93	456	89	412	72
BMS (kaufmännische Richtung)	526	87	512	90	510	87	580	56
BMS (andere Richtungen)	463	92	467	95	478	92	427	57

Anmerkungen: M = Mittelwert, SD = Standardabweichung, SPF = Schwerpunktfach

Tabelle 2: Wirtschaftskenntnisse nach Geschlecht und Bildungsgang

Im Zusammenhang mit dem Bildungsgangvergleich ist ersichtlich, dass die Schülerinnen und Schüler im gymnasialen Schwerpunktfach W&R im Vergleich zu den BMS-Lernenden der kaufmännischen Richtung höhere Leistungen im volkswirtschaftlichen und betriebswirtschaftlichen Bereich aufweisen, zugleich jedoch niedrigere Testleistungen im Bereich Finanzen erzielten. Im Finanzbereich verfügen die Lernenden der kaufmännischen Richtung der BMS über die besten Kenntnisse, was wiederum mit der curricularen Schwerpunktbildung in der Ausbildung korrespondiert. Auffällig ist darüber hinaus, dass die Gymnasiastinnen und Gymnasiasten, die nur das Grundlagenfach W&R besucht hatten, sogar signifikant schlechtere Leistungen als die BMS-Lernenden der nicht-kaufmännischen Richtungen erzielten. Unter Einbezug der Mathematik- und Deutschkenntnisse sowie der kognitiven Grundfähigkeiten nimmt dieser Effekt nochmals zu (tabellarisch nicht gezeigt).

Das identifizierte Ergebnismuster korrespondiert im Wesentlichen mit dem unterschiedlichen Umfang der jeweiligen Lektionen für jene Unterrichtsfächer, in denen ökonomisches Wissen und Können erworben wird (BWL/(Recht)/VWL/Rechnungswesen oder Wirtschaft und Recht). Die Befunde deuten damit auf eine substanzielle Wirkung des Wirtschaftsunterrichts und der dazu verfügbaren Zeit hin.

	Mathematik		Deutsch		Kognitive Grundfähigkeit	
	M	SD	M	SD	M	SD
Geschlecht						
Weiblich	486	93	519	85	481	89
Männlich	512	104	489	97	520	88
Bildungsgang						
Gymnasium (SPF WuR)	533	74	527	85	516	90
Gymnasium (andere SPF)	559	98	540	83	523	90
BMS (kaufmännische Richtung)	365	72	483	87	449	94
BMS (andere Richtungen)	453	80	438	89	473	102

Anmerkungen: M = Mittelwert, SD = Standardabweichung, SPF = Schwerpunktfach

Tabelle 3: Mathematik- und Deutschkenntnisse sowie kognitive Grundfähigkeiten nach Geschlecht und Bildungsgang

Tabelle 3 dokumentiert die vergleichenden Ergebnisse für die Deutsch- und Mathematikkenntnisse sowie für die allgemeinen kognitiven Fähigkeiten. Zunächst wird deutlich, dass die Schülerinnen in Deutsch die höheren Testwerte erreichen. Der Vorsprung fällt mit rund einem Drittel einer Standardabweichung recht deutlich aus und liegt über den aus EVAMAR II bekannten Differenzen (vgl. Eberle et al., 2008, S. 205), die sich nur auf das Gymnasium bezogen. Umgekehrt kann der Vorteil der männlichen Lernenden in Mathematik und in den kognitiven Grundfähigkeiten als Bestätigung der EVAMAR-II-Befunde auch im Hinblick auf die beobachtbare Effektstärke angesehen werden.

Beim Bildungsgangvergleich zeigt sich, dass am Gymnasium die Lernenden mit Schwerpunktfach W&R in Deutsch und Mathematik im Mittel leicht schlechtere Testwerte als der Durchschnitt der Lernenden in den anderen Schwerpunktfächern aufweisen, während der Unterschied bei den allgemeinen kognitiven Fähigkeiten unbedeutend ist. Dieser Befund ist damit erklärbar, dass die Lernenden in den mathematisch-naturwissenschaftlich orientierten Profilen das Mittel in Mathematik und die sprachlich orientierten Schülerinnen und Schüler jenes in Deutsch nach oben drücken. Diese Einschätzung korrespondiert mit den Befunden der Studie EVAMAR II (Eberle et al., 2008).

Der Vorsprung der Gymnasiastinnen und Gymnasiasten gegenüber den BMS-Lernenden in Deutsch und Mathematik kommt angesichts der weit größeren Zahl an Unterrichtstunden im Gymnasium nicht unerwartet und korrespondiert auch mit den höheren Durchschnittswerten bei den allgemeinen kognitiven Fähigkeiten. Die Differenzen bei letzteren sind mit rund zwei Drittel Standardabweichung hoch und bestätigen die Annahme, dass das Gymnasium überwiegend von jenen Jugendlichen eines Jahrgangs besucht wird, die über die höchsten allgemeinen kognitiven Fähigkeiten verfügen, auch wenn sich die Häufigkeitsverteilungen der parallelen Schulniveaustufen überlappen (Eberle & Brüggenbrock, 2013, S. 102). Innerhalb der BMS lässt sich eine Differenzierung dahingehend beobachten, dass die BMS-Lernenden der kaufmännischen Richtung in Deutsch besser als ihre Kolleginnen und Kollegen der anderen BMS-Richtungen abschneiden, während letztere deutlich höhere Werte im mathematischen Bereich und bei den allgemeinen kognitiven Fähigkeiten erzielen.

5 Diskussion

Mit den Daten der OEKOMA-Studie ist es erstmals möglich, für die Deutschschweiz repräsentative Ergebnisse zum Kenntnisstand von Lernenden am Ende des Gymnasiums und der Berufsmaturitätsschule in den Bereichen Wirtschaft, Mathematik und Deutsch sowie zu deren kognitiven Grundfähigkeiten vorzulegen. Die Geschlechtervergleiche replizieren die aus vielen Studien bekannten Unterschiede.

Unter Bildungsgangperspektive wird im Hinblick auf die Wirtschaftskenntnisse ein starker curricularer bzw. Profilbildungseffekt deutlich: Die Lernenden des Gymnasiums im Schwerpunktfach „Wirtschaft und Recht" erzielen die besten Leistungen, recht knapp gefolgt – und im Bereich Finanzen sogar übertroffen – von den BMS-Lernenden der kaufmännischen Richtung. Bedenklich stimmt der Befund, dass die Gymnasiastinnen und Gymnasiasten mit anderen Schwerpunktfächern die schlechtesten Werte aufweisen. Das Obligatorium im Fach „Einführung in Wirtschaft und Recht" reicht vermutlich nicht aus, um die grundlegenden Konzepte der Ökonomie zu verstehen und diese auf aktuelle und authentische wirtschaftliche Problemstellungen anzuwenden. Angesichts der Tatsache, dass viele dieser Gymnasiastinnen und Gymnasiasten im späteren Leben verantwortungsvolle Positionen einnehmen werden, gibt dieses Ergebnis zu denken. Ökonomisches Wissen und Können ist eine Grundvoraussetzung wirtschafts- und staatsbürgerlicher Kompetenz, und diese wieder eine der Grundlagen für die soziale Teilhabe und demokratische Mitwirkung jedes Einzelnen und damit für die Entwicklung der Gesellschaft als Ganzes (vgl. auch Eberle, 2006).

Darüber hinaus stellt sich für alle Lernenden auch die Frage nach der Anschlussfähigkeit des ökonomischen Wissens und Könnens für spätere wirtschaftswissenschaftliche Studiengänge. Es ist bemerkenswert, dass die öffentliche und wissenschaftliche Diskussion zur wirtschaftlichen Allgemeinbildung bislang die Frage nach der damit verbundenen Studierfähigkeit im Unterschied z.B. zu den mathematisch-naturwissenschaftlichen Domänen kaum gestellt hat. Dies erstaunt insofern, als dass erstens wirtschaftswissenschaftliche Studiengänge den größten Anteil im Tertiärbereich A einnehmen und zweitens die Wichtigkeit des Wirtschaftswissens auch von den Studierenden selbst über viele Studiengänge hinweg weit oben auf der Prioritätenliste angesiedelt wird; deutlich vor Fächern wie Biologie, Geschichte, Physik oder Latein (vgl. Eberle, Kükenbrink & Oepke, in Vorbereitung). Eine Follow-up-Studie von OEKOMA zu den Effekten ökonomischer Kompetenzen auf den Erfolg im Studium ist gegenwärtig in Planung (vgl. dazu auch Schumann, in Vorb.).

Mit Blick auf die Mathematik- und Deutschkenntnisse können die hier vorgelegten Befunde zu den Gymnasiastinnen und Gymnasiasten die Ergebnisse von EVAMAR II weitgehend replizieren. Neu sind dagegen die Befunde zu den BMS-Lernenden. Dabei ist der Rückstand der BMS-Lernenden im Vergleich zu den Lernenden am Gymnasium in Deutsch, aber insbesondere in Mathematik beträchtlich. Vermutlich spielt der kumulative, über eine beträchtlich höhere Zahl an Unterrichtsstunden laufende Wissensaufbau im Gymnasium als differenzielles und leistungsförderliches Entwicklungsmilieu eine wichtige Rolle. Eine wesentliche Erklärungskomponente lässt sich aber auch in den höheren kognitiven Grundfähigkeiten der Gymnasiastinnen und Gymnasiasten finden. Damit bestätigt sich in dieser Untersuchung die Annahme, dass eine gezielte Ausweitung der Maturitätsquote an Gymnasien ceteris paribus (c.p.) zu einer Abnahme des durchschnittlichen Niveaus der allgemeinen kognitiven Fähigkeiten führen, damit c.p. auch das durchschnittliche Niveau der Maturaleistungen und somit die allgemeine Studierfähigkeit sinken würde (Eberle & Brüggenbrock, 2013, S. 102f.).

Innerhalb der Berufsmaturitätsschule bildet sich der von Ghisla, Bernasconi und Poglia (2009) identifizierte leichte Vorsprung der kaufmännischen Lernenden im Bereich Textverständnis in unserer Studie nochmals stärker ab. Umgekehrt stimmt der Befund des enormen Rückstands der Lernenden der kaufmännischen BMS-Richtung im Mathematikbereich bedenklich. Die Befragung der Studiengangsleitenden in der von Econcept (2013) durchgeführten Evaluation hat dieses Defizit nicht in dieser Ausprägung benannt. Hier bieten sich Anschlussuntersuchungen zu den Effekten der mathematischen Kenntnisse, aber auch zu den geforderten Eingangsniveaus im Vergleich von Universität und Fachhochschule an.

Literaturverzeichnis

Bundesamt für Statistik [BfS] (2013). *Maturitäten und Übertritte an Hochschulen.* Neuchatel: Bundesamt für Statistik.

Eberle, F. (2006). Zur Bedeutung von Wirtschaft und Recht in der gymnasialen Bildung. *Gymnasium Helveticum* 3, 16–23.

Eberle, F. (2013). Allgemeine Studierfähigkeit durch breite Allgemeinbildung. Empirische Evidenz aus der schweizerischen EVAMAR-II-Studie. In

B. Schneider-Taylor, D. Bosse & F. Eberle (Hrsg.), *Matura und Abitur in Zeiten von Bologna* (S. 44–62). Weinheim: Beltz/Juventa.

Eberle, F. & Brüggenbrock, Ch. (2013). *Bildung am Gymnasium*. Bern: EDK.

Eberle, F., Gehrer, K., Jaggi, B., Kottonau, J., Oepke, M. & Pflüger, M. (2008). *Evaluation der Maturitätsreform 1995. Schlussbericht zur Phase II*. Bern: Staatssekretariat für Bildung und Forschung SBF.

Eberle, F., Kükenbrink, A. & Oepke, M. (in Vorbereitung). *Studierfähigkeit von Maturandinnen und Maturanden* (Arbeitstitel).

Econcept (2013). *Evaluation der Studierfähigkeit von Berufsmaturitäts-Absolventen/innen an den Fachhochschulen*. Befragung der FH-Bachelor-Studiengangleiter/innen. Zürich: Econcept

Ghisla, G., Bernasconi, M. & Poglia, E. (2009). Die Kompetenzen der Berufsmaturanden: Evaluation in der Berufsbildung. Eine regionale Studie mit einem Vergleich zwischen Berufsmaturität und gymnasialer Maturität. *Schweizerische Zeitschrift für Bildungswissenschaften* 31(2), 249–286.

Gonon, P. (2013). Berufsmaturität als Reform – Hybris oder Erfolgsstory? In M. Maurer & P. Gonon (Hrsg.), *Herausforderungen für die Berufsbildung in der Schweiz* (S. 119-145). Bern: hep.

Heller, K. & Perleth, C. (2000). *Kognitiver Fähigkeitstest für 4.–12*. Klassen, Revision (KFT 4–12 + R). Göttingen: Hogrefe.

National Center for Education Statistics (NCES). (2012). *The nation's report card: Economics 2012*. US-Department of Education.

Ramseier, E., Keller, C. & Moser, U. (1999). *Bilanz Bildung. Eine Evaluation am Ende der Sekundarstufe II auf der Grundlage der Third International Mathematics and Science Study*. Chur, Zürich: Rüegger.

Ramseier, E. et al. (2004). *Evaluation der Maturitätsreform 1995 (EVAMAR). Neue Fächerstruktur – Pädagogische Ziele – Schulentwicklung. Schlussbericht zur Phase I*. Bern: Schweizerische Konferenz der Erziehungsdirektoren und Bundesamt für Bildung und Wissenschaft.

Schmid, E. & Gonon, P. (2013). Die höhere Berufsbildung unter Profilierungsdruck. In M. Maurer & P. Gonon (Hrsg.), *Herausforderungen für die Berufsbildung in der Schweiz* (S. 147-170). Bern: hep.

Schumann, S. (in Vorb.). *Wie hängen die ökonomische Kompetenzen von Lernenden am Ende der Sekundarstufe II und deren Studienaspirationen zusammen?* (Arbeitstitel).

Schumann, S. & Eberle, F. (2014). Ökonomische Kompetenzen von Lernenden am Ende der Sekundarstufe II. *Zeitschrift für Erziehungswissenschaft* 17(1), 103-126.

Schumann, S., Eberle, F. & Oepke, M. (2013). Ökonomisches Wissen und Können am Ende der Sekundarstufe II: Effekte der Bildungsgang-, Klassen- und Geschlechtszugehörigkeit. In Faßhauer, U., Fürstenau, B. & Wuttke, E. (Hrsg.), *Jahrbuch der berufs- und wirtschaftspädagogischen Forschung 2013* (S. 35-46). Opladen: Budrich.

Schumann, S., Eberle, F., Oepke, M., Pflüger, M., Gruber, C. & Pezzotta, D. (2010). *Inhaltsauswahl für den Test zur Erfassung ökonomischen Wissens und Könnens im Projekt „Ökonomische Kompetenzen von Maturandinnen und Maturanden (OEKOMA)"*. Universität Zürich: Institut für Gymnasial- und Berufspädagogik.

Schumann, S., Oepke, M. & Eberle, F. (2011). Über welche ökonomischen Kompetenzen verfügen Maturandinnen und Maturanden? Hintergrund, Fragestellungen, Design und Methode des Schweizer Forschungsprojekts OEKOMA im Überblick. In U. Faßhauer, J. Aff, B. Fürstenau, & E. Wuttke (Hrsg.), *Lehr-Lernforschung und Professionalisierung* (S. 51–63). Opladen & Farmington Hills: Budrich.

Der Hochschulzugang im europäischen Vergleich

Christel Brüggenbrock

Beschäftigt man sich mit dem Zustand und möglichen Veränderungen des Gymnasiums in der Schweiz, so darf ein Blick über die Grenzen nicht fehlen. Das gebietet allein die insulare Position des Landes und seine Kleinheit. Zu diesen Faktoren sind in den letzten Jahren weitere Gründe hinzugekommen, die für einen Vergleich der hiesigen Verhältnisse mit anderen sprechen: Zum einen macht sich in zunehmendem Maße die Globalisierung aller Lebensbereiche bemerkbar, was für das Bildungssystem der Schweiz in erster Linie eine Europäisierung bedeutet, die sich v.a. in länderübergreifender Kooperation und in einem regen personellen Austausch manifestiert. Diese zunehmende Multikulturalität führt zu einer Wahrnehmung auch des Bildungssystems als globalisiert oder zumindest international vernetzt. Auch die öffentlich und öffentlichkeitswirksam heftig diskutierten internationalen Vergleichsstudien der letzten Jahre haben zu einem gestiegenen Interesse an Informationen und Parallelen mit dem Ausland beigetragen. Und schließlich tun kantonsübergreifende Initiativen wie der Bildungsraum Nordwestschweiz, schweizweite wie HarmoS sowie auf europäischer Ebene der Bologna-Prozess ein Übriges, um den Blick auf weiträumig angelegte Vereinheitlichungstendenzen und die Bildungssysteme der anderen zu lenken.

Die Forschung zu Gymnasien bzw. zu Vergleichsmöglichkeiten der verschiedenen Bildungssysteme spiegelt diese Situation. Es gibt viele Untersuchungen, die sich mit der faktischen Heterogenität verschiedener Systeme beschäftigen und sie quasi synoptisch aufbereiten. Auf dieser phänomenologischen Ebene bewegen sich Arbeiten, die Bildungsindikatoren oder -strukturen in verschiedenen Ländern vergleichen (wie etwa Benavot, 2006; Green, Wolf & Leney, 2000; Hödl, 2002) sowie im Gefolge der internationalen Vergleichsstudien entstandene Untersuchungen, die auf eine Analyse der Besonderheiten der außergewöhnlich gut rangierten Bildungssysteme fokussieren und Implementierungsmöglichkeiten für die eigenen Verhältnisse ausloten (z.B. Arbeitsgruppe Internationale

Vergleichsstudie, 2007; Döbert & Sroka, 2004). Ein weiterer Teil der Studien ist normativ-problematisierender Art: Sie stellen grundsätzliche theoretische Überlegungen zur Bedeutung und Funktion des Vergleichs von Bildungssystemen und deren Elementen oder Strukturen an (so etwa Arnove, 2007; Bos, 1999; Hörner, 1999, 2004; Steiner-Khamsi, 2010) oder analysieren den Prozess der Internationalisierung bzw. Europäisierung von Bildung (vgl. Chisholm, 2010; Martens & Wolf, 2006; Nóvoa & Lawn, 2002; Osterwalder & Weber, 2004). Wegen der international und in vielen Staaten auch national sehr uneinheitlichen Bildungssysteme sind klare und definitive vergleichende Aussagen schwierig, sofern sie sich nicht rein durch Zahlen ausdrücken und gegenüberstellen lassen, wie es z.B. in der OECD-Publikation „Bildung auf einen Blick" geschieht oder im „Global Education Digest" (OECD, 2011 bzw. UNESCO Institute for Statistics, 2011). Die phänomenologische Vielgestaltigkeit verwehrt einen einfachen Zugang oder einen strukturierten Überblick. Zwar gibt es immer wieder Versuche, strukturelle Vergleiche mit internationalem Horizont anzustellen, etwa zur Ausgestaltung bestimmter Bildungsstufen (vgl. etwa Kamens & Benavot, 2007 zu „worldmodels" der Formen der Sekundarstufe II; sowie Kamens, Meyer & Benavot, 1996) oder unter organisatorisch-administrativen Aspekten (wie z.B. bei Hofman, Hofman & Gray, 2008); als Ergebnis können solche Studien aber nur auf generelle Tendenzen verweisen, die sich in jedem Staats- oder Kulturraum schon wieder ganz anders ausprägen können.

Auch eine Beschränkung auf möglichst kleine Vergleichseinheiten bietet nur eine unbefriedigende Lösung, weil die Separierung der jeweils betrachteten Faktoren zwar eine Vergleichsmöglichkeit mit analogen Strukturen in anderen Systemen eröffnet, dadurch aber den Kontext des ursprünglichen Bildungssystems außer Acht lässt, so dass kaum sinnvolle Aussagen gemacht werden können, die sich ja zwangsläufig wieder auf bestimmte Kontexte innerhalb von Bildungssystemen beziehen. Es ist eine Rekontextualisierung bzw. eine „dichte Beschreibung" der Verhältnisse vor Ort (und zwar an jedem Ort) nötig, um der Vielgestaltigkeit der faktischen Verhältnisse gerecht zu werden (vgl. Arnove, 2007, S. 6–7; Bartlett & Vavrus, 2009, S. 8f.; Rademacher, 2013, S. 65f.; Steiner-Khamsi,

2010, S. 324–328; praktische Umsetzungsversuche stellen die Sammlungen von Länderbeschreibungen dar von Döbert, Hörner, von Kopp & Reuter, 2010; sowie von Gries, Lindenau, Maaz & Waleschkowski, 2005).

Dieser Beitrag soll den Blick auf ähnliche und andersartige Verhältnisse zwar über die Schweizer Grenzen hinaus schweifen lassen, kann aber nur zu recht oberflächlichen Aussagen struktureller Art gelangen, die punktuell vertieft und mithilfe kurzer landesspezifischer Darstellungen illustriert werden sollen. Ein solcher Vergleich kann entsprechend nur eine idiografische Funktion haben (vgl. Hörner, 2004, S. 235). Im Zentrum steht die Frage nach der Art des Hochschulzugangs in anderen Ländern und – weiter gefasst – nach der Besonderheit der Schweizer Gymnasien (vgl. zu weiteren Vergleichspunkten Eberle & Brüggenbrock, 2013, S. 17-38).

1 Die Schweiz inmitten Europas

Der wichtigste internationale Bezugsrahmen für die Schweiz ist sicher die Europäische Union, die mit dem Vertrag von Maastricht 1992 die Bildung zu einer gemeinschaftlichen Angelegenheit machte: „Die Gemeinschaft trägt zur Entwicklung einer qualitativ hochstehenden Bildung dadurch bei, dass sie die Zusammenarbeit zwischen den Mitgliedstaaten fördert und die Tätigkeit der Mitgliedstaaten unter strikter Beachtung der Verantwortung der Mitgliedstaaten für die Lehrinhalte und die Gestaltung des Bildungswesens sowie der Vielfalt ihrer Kulturen und Sprachen erforderlichenfalls unterstützt und ergänzt." (Vertrag über die europäische Union, 1992, Art. 126, Abs. 1) Der im selben Artikel formulierte Vorbehalt zum „Ausschluss jeglicher Harmonisierung der Rechts- und Verwaltungsvorschriften der Mitgliedstaaten" (ebd., Abs. 4) schwand in den folgenden Jahren unter dem faktischen Vereinheitlichungsdruck von administrativer und wirtschaftlicher Seite dahin (vgl. Hörner, 2004, S. 240). Inzwischen sind Bildungsprogramme – wie etwa das aktuelle Strategiepapier Europa 2020 – ein selbstverständlicher Teil einer gemeinsamen Politik der Euroländer geworden. Sie sind eng mit wirtschaftspolitischen Zielen verzahnt, welche auch die Schweiz verfolgt.

Der Bundesrat zieht – trotz Divergenzen bezüglich der Ziele, etwa der Erhöhung der Hochschulabsolventenquote – eine eindeutig positive Bilanz aus der Zusammenarbeit mit den EU-Partnern: Es zeige sich eine erhöhte Mobilität der Schweizer Studierenden und Dozierenden und eine Integration Schweizerischer Bildungsinstitutionen in 19 europäische Projekte sowie insgesamt ein Erfolg bei der Positionierung der Schweiz und der Geltendmachung Schweizer Interessen in der Union. Man möchte die gute Kooperation in Zukunft verstärken (Staatssekretariat für Bildung und Forschung, 2010, S. 6–9, 16).

Unterhalb dieser visionären Ebene hat es sich die EU zur praktischen Aufgabe gemacht, aktuelle Informationen über die Bildungssysteme ihrer Mitgliedsstaaten zu sammeln und zur Verfügung zu stellen. Diese im Rahmen des EURYDICE-Projekts verfassten Länderberichte bieten sich als Quellenbasis für einen Vergleich der gymnasialen Verhältnisse an. Sie werden von einer von der Kommission der europäischen Gemeinschaften eingerichteten Exekutivagentur für Bildung, Audiovisuelles und Kultur (EACEA) veröffentlicht. Die Länderberichte werden von den nationalen EURYDICE-Stellen erarbeitet, regelmäßig aktualisiert und haben die Aufgabe, „den Verantwortlichen für die Bildungssysteme und Bildungspolitiken in Europa europaweite Analysen und Informationen bereitzustellen, die sie in ihrer Entscheidungsfindung unterstützen" (EACEA, 20.07.2012).[1]

2 Die Maturität als Voraussetzung für den Hochschulzugang

Als den kleinsten gemeinsamen Nenner aller „gymnasialen Formen" (Oelkers, 2008, S. 31) kann man wohl die Qualifikation bezeichnen, welche die Schülerinnen und Schüler erwerben können: Die erfolgreich bestandene Abschlussprüfung vermittelt den Zugang zur Hochschule. Betrachtet man die verschiedenen europäischen Schulsysteme unter dem

1 Die im Rahmen von EURYDICE online verfügbaren Informationen zu den einzelnen Ländern sind abrufbar unter http://eacea.ec.europa.eu/educaton/eurydice/eurypedia_de.php. Sie sind in der Datenbank „Eurypedia" abgelegt und werden hier folgendermaßen zitiert: Eurypedia, Ländername, Abschnitt [Datum der letzten Überarbeitung].

Vorzeichen des Hochschulzugangs, erweist sich der Abschluss des Gymnasiums oder Lyzeums in den meisten Fällen als notwendige, aber nicht (mehr) hinreichende Bedingung für die Aufnahme eines Studiums. Eine Studienberechtigung im Sinne eines unbeschränkten Zugangs zu allen Studienrichtungen wird mit dem Reifezeugnis in den wenigsten Ländern erteilt. Die medizinischen Fächer sind in allen Staaten an Zulassungsbeschränkungen bzw. Eintrittstests gebunden und auch bei den künstlerisch-musischen und den sportlichen Fachbereichen ist in der Regel ein Nachweis entsprechender Befähigung vonnöten.

Einen unbeschränkten Zugang zu allen anderen Studienfächern nur aufgrund des Reifezeugnisses gewährt – außerhalb der Schweiz – lediglich der flämische Teil Belgiens (Eurypedia, Belgium-Flemish-Community, 7.2.1 [12.12.2012]); im wallonischen Belgien gibt es für die ingenieurwissenschaftlichen Studiengänge Eingangstests (Eurypedia, Belgium-French-Community, 7.2.1 [19.12.2012]).

Auch in den kulturell eng mit der Schweiz verbundenen Nachbarländern existieren Zugangsbeschränkungen beim Übergang zur Hochschule. In Deutschland unterliegen die Fachbereiche, in denen die Nachfrage der Studierenden das Angebot an Studienplätzen übersteigt, wie es gewöhnlich in den medizinischen Fächern und in der Pharmazie der Fall ist, einem Numerus clausus. Die Studienplätze in diesen Fächern – die von Semester zu Semester wechseln können – werden von der Stiftung für Hochschulzulassung über ein zentrales Verfahren vergeben (Eurypedia, Deutschland, 7.2.1 [20.12.2012]). Darüber hinaus bestehen seit einigen Jahren sog. örtliche Zulassungsbeschränkungen, die für mehr als die Hälfte aller Studiengänge gelten. Hier erfolgt die Bewerbung direkt an die Hochschule, welche mittels Abiturnote, einem fachspezifischen Eingangstest, einem Auswahlgespräch oder nach anderen Kriterien über die Zulassung zum Studium entscheiden kann (ebd.; vgl. Stiftung für Hochschulzulassung: Von der Schule zur Hochschule, abgerufen von http://www.hochschulstart.de/index.php?id=29 [10.01.2013]).

Ganz ähnlich und nicht unabhängig davon haben sich in Österreich in jüngster Zeit die Bedingungen verschärft, unter denen ein Studium aufgenommen werden kann. Um des Zustroms von Studierenden – unter anderem aus Deutschland – Herr zu werden, wurden zum Studienjahr 2010/11 Aufnahmeprüfungen für die Fächer Psychologie sowie Publizistik- und Kommunikationswissenschaft eingeführt (Eurypedia, Austria, 7.2.1 [19.11.2012]). Zudem kann seit 2002 jede Hochschule spezielle Aufnahmeregelungen festlegen für Pharmazie, Biologie, Psychologie, Sozial- und wirtschaftswissenschaftliche Studien sowie für Publizistik (vgl. zur Aufnahme an österreichischen Universitäten die Informationen unter http://www.bmwf.gv.at/startseite/studierende/studieren_in_oesterreich/postsek_bildungseinrichtungen/universitaeten/ [10.01.2013]). Seit dem Studienjahr 2011/12 durchlaufen alle Studierenden der nicht zulassungsbeschränkten Fächer im ersten Semester eine sog. Studieneingangs- und Orientierungsphase (STEOP), während derer sie verschiedene Prüfungen absolvieren müssen, deren Bestehen über die Möglichkeit entscheidet, das Studium fortzusetzen (ebd.).

Im Nachbarland Frankreich berechtigt das Baccalauréat zwar grundsätzlich zur Aufnahme jedes Studiengangs, davon ausgenommen sind aber neben den Grandes Écoles auch die technologischen Institute sowie jene Studiengänge an den Universitäten, die aufgrund begrenzter Aufnahmekapazitäten eine Selektion durchführen können (Eurypedia, France, 7.2.1 [12.06.2012]). In Italien war bis vor kurzem lediglich ein Eingangstest für das Studium der Architektur und für bestimmte Lehramtsstudiengänge obligatorisch (Eurypedia, Italy, 7.2.1 [01.08.2012]). Seit ein oder zwei Jahren aber nutzen die italienischen Hochschulen zunehmend die gesetzlich verankerte Möglichkeit, lediglich eine bestimmte Anzahl Studierender aufzunehmen und diese über einen Eingangstest auszuwählen; inzwischen sind es über die Hälfte der Studiengänge, die dieser Art von Zugangsbeschränkungen unterliegen (De Gregorio, 03.09.2012). Es handelt sich auch hier um eine örtliche Zulassungsbeschränkung: Jede Hochschule entscheidet über die Zugangsmodalitäten.

Das Maturitätszeugnis als Ausweis der allgemeinen Studienberechtigung ist also eine Besonderheit der Schweiz. Abgesehen vom flämischen Teil Belgiens eröffnet die Maturität nur in der Schweiz den Zugang zu jedem beliebigen Studienfach, ohne weitere Auswahlverfahren durchlaufen zu müssen. Europaweit geht der Trend in Richtung Selektionierung, sowohl in quantitativer als auch in qualitativer Hinsicht, wobei die arbeitsmarktorientierte oder hochschulbedingte, rein quantitative Beschränkung der Anzahl Studierenden eines Jahrgangs häufig mit einer qualitativ motivierten Auswahl der geeignetsten Studienbewerber zusammengeht (vgl. zur Begriffsunterscheidung Hödl, 2002, 22–24).

Interessant für den Stellenwert der Maturitätsprüfung bzw. der Gymnasien überhaupt ist gerade in den Ländern mit Zulassungsbeschränkungen zum Studium, wie sich die Selektionierung der Maturandinnen und Maturanden jeweils gestaltet (vgl. Eberle, 2010, S. 28). Die schulischen Leistungen spielen in den Auswahlprozessen der Hochschulen in verschiedenen Ländern nämlich eine ganz unterschiedliche Rolle. Ein Beispiel für eine relativ starke Gewichtung der Schulabschlussnoten bei der Selektion stellt die Hochschulzugangsregelung der Niederlande dar: Für die sog. Numerus-fixus-Fächer (NF-Fächer) gilt ein abgestuftes Auswahlverfahren. Alle Studienbewerber, die als Abschlussnote in der Matura mindestens acht Punkte (von zehn möglichen) erreicht haben, erhalten garantiert den Studienplatz ihrer Wahl. Die übrigen Zulassungen erfolgen teils durch nach Maturadurchschnittsnoten gestaffelte Ziehungen und teils über ein dezentralisiertes Verfahren, in dem die Hochschulen ihre Studierenden auswählen (Eurypedia, Netherlands, 7.2.1 [21.06.2011]). Im Studienjahr 2012/13 gehören zu den NF-Fächern z.B. Klinische Technologie in Twente, International Business in Groningen und Maastricht sowie an mehreren Universitäten Kriminologie und Biomedizin (Dienst Uitvoering Onderwijs, 2011). Für die Zukunft ist geplant, das dezentralisierte Verfahren auf alle Studienanwärterinnen und -anwärter auszuweiten, die nicht direkt aufgrund ihrer Leistungen einen Platz garantiert erhalten (Eurypedia, Netherlands, 7.2.1 [21.06.2011]).

Ein Beispiel für ein Land mit einer unterschiedlichen bzw. eher schwachen Gewichtung der Maturitätsnoten ist Finnland, das ebenfalls eine Studieneingangskontrolle aufgrund eines Numerus Clausus für alle Fächer kennt. Die Auswahl der Studierenden erfolgt jedoch sehr viel weniger reglementiert als in den Niederlanden: Die finnischen Hochschulen haben einen höheren Grad an Autonomie, sie legen selber die Kriterien fest, nach denen sie die Studienplatzbewerber auswählen.

> „Universities and polytechnics select their students independently and they decide on the field-specific student in take according to the agreed target number of degrees. The numbers are determined in performance negotiations between the Ministry of Education and Culture and the higher education institutions. There is restricted entry, ‹numerus clausus›, to all fields of study, as there are many more applicants than there are places available.“ (Eurypedia, Finland, 7.2.1 [03.02.2012]).

Es gibt Studienplätze für jeweils etwa ein Drittel jedes Jahrgangs; der Wettbewerb unter den Studienbewerbern ist daher hoch (ebd.; vgl. Meri 2010, S. 234f.). Das gängigste Selektionsverfahren der Universitäten besteht in der Auswahl aufgrund der Abschlussnoten des Reifezeugnisses und dem Abschneiden in der Eingangsprüfung der jeweiligen Hochschule. Möglich ist aber auch eine Auswahl allein aufgrund der vorgängig erbrachten Leistungen (Maturanoten, Arbeitserfahrung, berufsspezifische Qualifikationen) oder allein aufgrund einer Aufnahmeprüfung (Eurypedia, Finland, 7.2.1 [03.02.2012]). In allen Fällen entscheidet jedoch die Universität, ob sie den auf dem „Lykio“ bzw. dem Gymnasium erbrachten Leistungen einen Stellenwert beimisst und wenn ja welchen.

Über eine noch umfassendere Autonomie bei der Auswahl ihrer Studierenden verfügen die Universitäten in Großbritannien, das in vielerlei Hinsicht einen Sonderfall darstellt. Die britischen Hochschulen sind zwar staatlich finanziert, unterliegen aber keinerlei Kontrolle durch ein Ministerium und können weitgehend autonom agieren. Unter anderem sind sie sehr frei in ihrer Entscheidung, welche Studierenden sie aufnehmen. Eine Studienberechtigung durch einen bestimmten Schulabschluss gibt es in dem Sinne nicht, die Universitäten sind nicht an formale Vorgaben gebunden und befugt, jedermann aufzunehmen oder auch abzulehnen (Eurypedia, United-Kingdom-England, 7.2.1 [10.01.2013]; Eurypedia, United-Kingdom-Northern-Ireland, 7.2.1 [10.01.2013]; Eurypedia, United-Kingdom-Scotland, 7.2.1 [02.02.2012]; Eurypedia, United-Kingdom-Wales, 7.2.1 [10.01.2013]; vgl. zu Großbritannien insgesamt auch Hödl, 2002, S. 94f., 98–103). Das hat u.a. zur Folge, dass Großbritannien – mit Schweden – zu den europäischen Ländern mit dem höchsten Anteil an Studierenden gehört, die über alternative Bildungswege an die Universitäten gelangen (Orr & Riechers, 2010, S. 34).

Das weitest verbreitete Modell in den EU-Ländern ist eine Mischung aus der Anerkennung von Vorleistungen und dem Prüfen der Studierfähigkeit durch die aufnehmende Institution. Ein typisches Beispiel dafür ist die Tschechische Republik, in der die quantitative Beschränkung von der Kapazität der jeweiligen Hochschule bzw. Fakultät abhängt und die Selektionierung der Studierenden mit Blick auf die verfügbaren Plätze erfolgt. Jede Institution kann eigenständig entscheiden, ob sie für ihre Auswahl die Schulabschlussnoten, Eingangsklausuren oder -interviews berücksichtigt. Die meisten Universitäten basieren ihr Ausleseverfahren auf einer Kombination dieser Faktoren. Manche ziehen überdies noch etwaige zusätzliche berufsspezifische Qualifikationen oder bisherige Arbeitserfahrungen der Bewerber heran (Eurypedia, Czech Republic, 7.2.1 [03.07.2012]). Ähnlich gestaltet sich der Aufnahmeprozess in Ländern wie Bulgarien, Dänemark, Estland, Lettland, Polen, Portugal, Schweden und der Slowakei: Die auswählende Institution verlässt sich teilweise auf die Maturitätsergebnisse, führt aber in vielen Fällen zusätzlich Eingangsprüfungen durch (Eurypedia, Bulgaria, 7.2.1 [15.12.2012]; Eurypedia, Denmark, 7.2.1 [22.11.2011]; Eurypedia, Estonia, 7.2.1 [06.11.2012]; Eurypedia, Latvia, 7.2.1 [10.07.2012]; Eurypedia, Poland, 7.2.1 [02.12.2011]; Eurypedia, Portugal, 7.2.1 [28.12.2012]; Eurypedia, Sweden, 7.2.1 [17.10.2011]; Eurypedia, Slovakia, 7.2.1 [02.02.2012]).

Jene Bildungssysteme, in denen es staatliche Examina gibt, mit denen die Maturitätsprüfungen der verschiedenen Schulen entsprechend einem landesweiten Standard ersetzt oder sogar wiederholt werden, messen den Vorleistungen eine denkbar geringe Bedeutung zu. Das ist etwa in Griechenland und Zypern der Fall, wo neben dem gymnasialen Abschlusszeugnis auch das Ergebnis in den panhellenischen bzw. panzyprischen Prüfungen ausschlaggebend ist für die Zulassung zu einem Studium. Zusätzlich sind in einigen Fakultäten noch Eingangstests zu absolvieren (Eurypedia, Greece, 7.2.1 [29.12.2012]; Eurypedia, Cyprus, 7.2.1 [28.09.2011]).

Im spanischen Bildungssystem ist der „Prueba General de Bachillerato“, mit der die Oberstufe abschließt, die „Prueba de Acceso a la Universidad“ (PAU) nachgeschaltet, deren Bestehen für die Zulassung an eine Hochschule ausschlaggebend ist. In einem ersten, obligatorischen Teil prüft der Test die mit dem „Bachillerato“ erworbenen Fähigkeiten, er übernimmt also die Funktion, die das „Bachillerato“ als Reifeprüfung haben sollte (Eurypedia, Spain, 7.2.1 [06.11.2012]). Der zweite, freiwillige Teil besteht in einer Prüfung spezifischer Fähigkeiten, die sich auf das gewählte Bachelor-Programm beziehen. Damit sollen die Bewerberinnen und Bewerber die Chance erhalten, ihren im ersten Teil erreichten Leistungsschnitt zu verbessern und ihre fakultätsspezifischen Kenntnisse zu zeigen, die von einigen Universitäten bei der Zulassung noch besonders gewichtet werden können (ebd., S. 176). In Ländern, die neben der eigentlichen Maturitätsprüfung eine zusätzliche, zum Teil auf Betreiben der Hochschulen hin landesweit einheitliche Prüfung des auf der Oberstufe Geleisteten vorsehen, hat sich die Reifeprüfung zu einem bloß formalen Abschluss entwickelt, der das Absolvieren des Gymnasiums zwar bescheinigt, aber für den Hochschulzugang nicht ausreichend ist.

3 Zusammenfassung

Der allgemeine Hochschulzugang, den das Maturitätszeugnis gewährt – immer mit Ausnahme der medizinischen Fakultät – ist tatsächlich eine Besonderheit der Schweiz. Einerseits weil in fast allen anderen Ländern im Unterschied zur Schweiz zentral organisierte, standardisierte Maturaprüfungen durchgeführt werden, andererseits weil das Maturazeugnis den Zugang zu allen Studienfächern eröffnet. Lediglich der flämische Teil Belgiens kennt einen ähnlich liberalen Hochschulzugang.

In den übrigen EU-Ländern existieren nach Abschluss der „gymnasialen Form“ Auswahlverfahren für mehr oder weniger Fächer. Es ist ein deutlicher Trend weg von formalen Zugangsberechtigungen hin zur Forderung des Nachweises tatsächlicher Qualifikation über Eingangstests, Notenvergleiche und ähnlichem zu beobachten. Wie das Beispiel

Österreich zeigt, liegt es in der Logik des europäischen Freizügigkeitsabkommens, die eigenen Zugangsbedingungen zu verschärfen, wenn dies auch die Nachbarn tun. Und das Beispiel Italien macht deutlich, wie der noch vor einigen Jahren weitgehend ungeprüfte Zugang zu den Universitäten von diesen de facto abgeschafft wurde, ohne dass offiziell ein Systemwechsel beschlossen worden wäre. In der Schweiz entscheidet die Maturitätsprüfung darüber, ob jemand studieren darf oder kann, was den Gymnasien eine unangefochten starke Stellung verleiht und den Schülerinnen und Schülern ermöglicht, bei der Wahl ihrer Schwerpunkte ihren eigenen Neigungen und Interessen zu folgen, ohne auf die Selektionskriterien der nachfolgenden Stufe zu schielen.

Literatur

Arbeitsgruppe Internationale Vergleichsstudie (2007). *Vertiefender Vergleich der Schulsysteme ausgewählter PISA-Teilnehmerstaaten*. Bonn und Berlin: BMBF.

Arnove, R. F. (2007). Introduction: Reframing Comparative Education: The Dialectic oft he Global and the Local. In R. F. Arnove & C. A. Torres (Hrsg.), *Comparative Education. The Dialectic oft he Global and the Local* (3. Aufl.) (S. 1-20). Lanham: Rowman & Littlefield.

Bartlett, L. & Vavrus, F. (2009). Introduction. Knowing, Comparatively. In F. Vavrus & L. Bartlett (Hrsg.), *Critical approaches to comparative education: vertical case studies from Africa, Europe the Middle East, and the Americas* (S. 1-18). Basingstoke: Palgrave Macmillan.

Benavot, A. (2006). *The Diversification of Secondary Education: School Curricula in Comparative Perspective*. IBE Working Papers on Curriculum Issues No 6. Genf. Abgerufen von http://www.ibe.unesco.org/fileadmin/user_upload/Publications/Working_Papers/seceduc_currcompare_ibewpci_6.pdf

Bos, W. (1999). Empirisch-vergleichende Forschung – Konzeptionelle Probleme und politischer Nutzen. *Tertium Comparationis* 5(2), 118-133.

Chisholm, L. (2010). Bildung in Europa. In R. Tippelt & B. Schmidt (Hrsg.), *Handbuch Bildungsforschung* (3. Aufl.) (S. 233-247). Wiesbaden: VS.

De Gregorio, A. (03.09.2012). Medicina e Architettura, via alla lotteria die test. *Corriere della sera*. Abgerufen von www. http://www.corriere.it/cronache/12_settembre_03/test-universitanumero-chiuso_ddcf2ea0-f5d7-11e1-b714-22a5ae719fb5.shtml

Dienst Uitvoering Onderwijs (2011). *Quotauniver-sities. Fixed quota degree programmes 2012–2013.* Abgerufen von http://www.ibgroep.nl/particulieren/studeren/loten/loten_ wo.asp

Döbert, H., Hörner, W., von Kopp, B. & Reuter, L. R. (Hrsg.) (2010). *Die Bildungssysteme Europas* (3. Aufl.). Baltmannsweiler: Schneider Verlag Hohengehren.

Döbert, H. & Sroka, W. (Hrsg.) (2004). *Features of Successful School Systems. A Comparison of Schooling in Six Countries.* Münster: Waxmann.

EACEA (20.7.2012). Über EURYDICE. Abgerufen von http://eacea.ec.europa.eu/education/eurydice/about_eurydice_de.php

Eberle, F. (2010). Allgemeine Zutrittsberechtigung zur Universität durch die Matura – Ein unlösbarer Spagat zwischen Breite und Tiefe der gymnasialen Bildung? *VSH-Bulletin 3/4,* 24-31.

Eberle, F. & Brüggenbrock, Ch. (2013). *Bildung am Gymnasium.* Bern: EDK. Abgerufen von http://www.edk.ch/dyn/26338.php

Green, A, Wolf, A. & Leney, T. (2000). *Convergence and Divergence in European Education and Training Systems.* London: University of London, Institute of Education.

Gries, J., Lindenau, M., Maaz, K. & Waleschkowski, U. (2005). *Bildungssysteme in Europa. Kurzdarstellungen,* hrsg. v. Institut für Sozialforschung, Informatik und Soziale Arbeit. Berlin. Abgerufen von http://www.bertelsmann-stiftung.de/ bst/de/media/ xcms_bst_dms_11327_11328 _2.pdf

Hödl, E. (2002). *Hochschulzugang in Europa. Ein Ländervergleich zwischen Österreich, Deutschland, England und der Schweiz.* Wien: Böhlau.

Hörner, W. (1999). Historische und gegenwartsbezogene Vergleichsstudien – Konzeptionelle Probleme und politischer Nutzen angesichts der Internationalisierung der Erziehungswissenschaft. *Tertium Comparationis* 5(2), 107-117.

Hörner, W. (2004). „Europa" als Herausforderung für die Vergleichende Erziehungswissenschaft – Reflexionen über die politische Funktion einer pädagogischen Disziplin. *Tertium Comparationis* 10(2), 230-244.

Hofman, R. H., Hofman, W. H. A. & Gray, J. M. (2008). Comparing key dimensions of schooling: towards a typology of European schoolsystems. *Comparative Education* 44(1), 93-110.

Kamens, D. H. & Benavot, A. (2007). World Models of Secondary Education, 1960-2000. In A. Benavot & C. Braslavsky (Hrsg.), *School Knowledge in Comparative and Historical Perspective. Changing Curricula in Primary and Secondary Education* (S. 135-154). Hong Kong: University Press.

Kamens, D. H., Meyer, J. W. & Benavot, A. (1996). Worldwide Patterns in Academic Secondary Education Curricula. *Comparative Education Review* 40(2), 116-138.

Martens, K. & Wolf, K. D. (2006). Paradoxien der Neuen Staatsräson. Die Internationalisierung der Bildungspolitik in der EU und der OECD. *Zeitschrift für Internationale Beziehungen* 13(2), 145-176.

Meri, M. (2010). Finnland. In H. Döbert, W. Hörner, B. von Kopp & L. R. Reuter (Hrsg.), *Die Bildungssysteme Europas* (3. Aufl., S. 226-238). Baltmannsweiler: Schneider Verlag Hohengehren.

Nóvoa, A. & Lawn, M. (Hrsg.) (2002). *Fabricating Europe. The Formation of an Education Space.* Dordrecht: Kluwer.

OECD (2011). *Bildung auf einen Blick 2011.* OECD-Indikatoren. Abgerufen von http:// www. oecd-ilibrary.org/docserver/download/fulltext/9611045e.pdf? expires=1323944225&id =id&accname=oid009350&checksum=5C5996FC07EB F78A90E13A663BE667A5

Oelkers, J. (2008). *Die Qualität der Schweizer Gymnasien. Eine Expertise zuhanden der Bildungsdirektion des Kantons Zürich.* Bern: hep.

Orr, D. & Riechers, M. (2010). *Organisation des Hochschulzugangs im Vergleich von sieben europäischen Ländern.* HIS: Forum Hochschule 11. Abgerufen von http://www.his.de/pdf/pub_fh/fh-201011.pdf

Osterwalder, F. & Weber, K. (2004). Die Internationalisierung der föderalistischen Bildungspolitik. *Schweizerische Zeitschrift für Bildungswissenschaften* 26(1), 11-32.

Rademacher, S. (2013). Fallvergleich und Kulturvergleich. Methodologische Implikationen einer kulturvergleichenden qualitativen Forschung. In M. Hummrich & S. Rademacher, Hrsg. *Kulturvergleich in der qualitativen Forschung* (S. 65-77). Wiesbaden: Springer.

Staatssekretariat für Bildung und Forschung [SBF] (2010). *Internationale Strategie der Schweiz im Bereich Bildung, Forschung und Innovation.* Abgerufen von www.sbf.admin.ch/bfi-international.pdf

Steiner-Khamsi, G. (2010). The Politics and Economics of Comparison. *Comparative Education Review* 54(3), 323-342.

UNESCO Institute for Statistics (2011). *Global Education Digest 2011.* Focus on Secondary Education. Comparing Education Statistics Across the World, Montreal. Abgerufen von http://www.uis.unesco.org

Vertrag über die europäische Union (1992). Amtsblatt Nr. C 191 vom 19. Juli 1992. Abgerufen von http://eur-lex.europa.eu/de/treaties/dat/11992M/htm/11992M .html

Das Abitur in Deutschland – Aktuelle Entwicklungen und Herausforderungen im Überblick

Marko Neumann

Mit dem Abitur erwerben die Schülerinnen und Schüler in Deutschland die allgemeine Hochschulreife, die (formal) zum Studium aller Studienfächer an allen Universitäten und Hochschulen des Landes berechtigt, sofern ausreichend freie Studienplätze vorhanden sind. Im Jahr 2012 betrug der Anteil der Absolventen mit allgemeiner Hochschulreife an der gleichaltrigen Bevölkerung (Abiturientenquote) 42,8 Prozent[1] (vgl. Statistisches Bundesamt, 2014a) und markierte damit einen historischen Höchststand. Neben dem Anstieg der Abiturientenzahlen unterliegt das Abitur in Deutschland in den letzten Jahren darüber hinaus einer Reihe weiterer Veränderungen und Transformationsprozesse, zu denen die Ausdifferenzierung der Wege zum Abitur, die (Wieder-)Einführung eines Kernfachabiturs, die Verkürzung des gymnasialen Bildungsgangs (G9/G8-Umstellung) sowie die Einführung zentraler Abiturprüfungen und nationaler Bildungsstandards zählen.

Der vorliegende Beitrag gibt einen Überblick über diese Veränderungsprozesse und gliedert sich wie folgt. Der folgende Abschnitt gibt zunächst einen Einblick in die quantitative Bedeutung des Abiturs in Deutschland einschließlich der sich vollziehenden Öffnung der Wege zur Hochschulreife. Daran anschließend werden die in den letzten Jahren zu beobachtenden inhaltlichen und organisatorischen Veränderungen in der Ausgestaltung der gymnasialen Oberstufe dargestellt. Im dritten Abschnitt wird auf die Einführung zentraler Abiturprüfungen und nationaler Bildungsstandards sowie die (inzwischen in mehreren Bundesländern

---

1 Infolge der Umstellung vom 9-jährigen auf das 8-jährige Gymnasium wurden im Jahr 2012 in einzelnen Bundesländern doppelte Jahrgänge zum Abitur geführt. Bereinigt um den G8-Effekt betrug die Abiturientenquote 37,3 Prozent, was ebenfalls einem neuen Höchststand entsprach.

wieder aufgeweichte) Verkürzung des gymnasialen Bildungsgangs von neun auf acht Schuljahre eingegangen. Der Beitrag schließt mit einem zusammenfassenden Fazit und einem Ausblick.

1 Anstieg der Abiturientenquote und Öffnung der Wege zur Hochschulreife

Im Jahr 2012 erwarben in Deutschland 356.677 Schülerinnen und Schüler die allgemeine Hochschulreife (vgl. Statistisches Bundesamt, 2014a). Hinzu kamen 144.280 Absolventen mit Fachhochschulreife. Insgesamt haben damit mehr als eine halbe Million Schülerinnen und Schüler eine Studienberechtigung erworben, was einem Anteil von 58,4 Prozent an der gleichaltrigen Bevölkerung entspricht. Bereinigt um doppelte Abiturjahrgänge infolge der G9/G8-Umstellung betrug der Anteil an Absolventen mit allgemeiner Hochschulreife 37,3 Prozent, der Anteil der Absolventen mit Studienberechtigung insgesamt 53,5 Prozent. Dabei zeigen sich nicht unerhebliche Unterschiede zwischen den Bundesländern (vgl. Abbildung 1). Die höchsten Abiturientenanteile finden sich in den Stadtstaaten, wobei bezüglich der ausgewiesenen Abiturientenquote für Berlin zu ergänzen ist, dass eine Bereinigung um den G8-Effekt hier nicht möglich war und die Angabe somit auf dem doppelten Abiturjahrgang 2012 basiert. Ein Jahr zuvor, im Jahr 2011, betrug die Abiturientenquote in Berlin 41,2 Prozent.

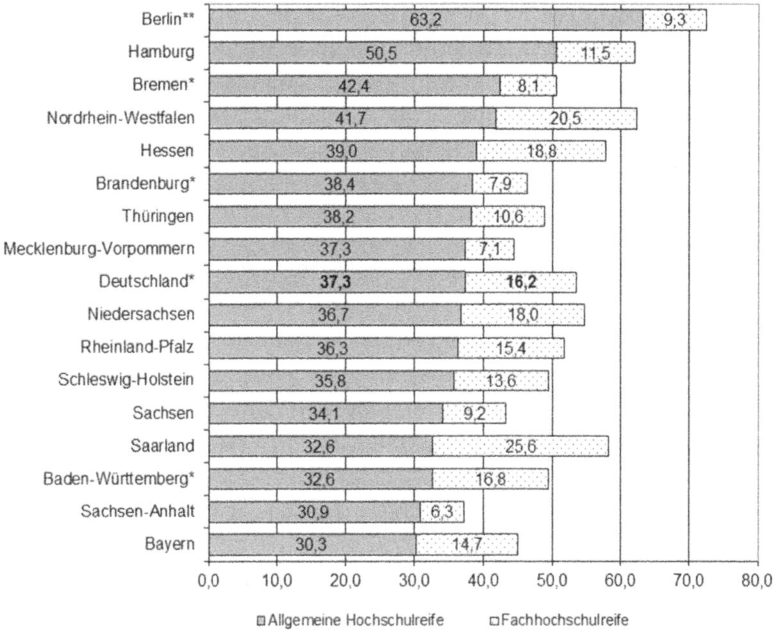

Anmerkungen: *bereinigt um den doppelten Abiturjahrgang 2012; ** Angaben beziehen sich auf den doppelten Abiturjahrgang 2012, keine bereinigten Angaben verfügbar

Abbildung 1: Anteile der Absolventen mit allgemeiner Hochschulreife und Fachhochschulreife im Jahr 2012 nach Bundesland (Quelle: Statistisches Bundesamt, 2014a)

Der Anteil der Abiturient*innen* unter allen Absolventen mit allgemeiner Hochschulreife fiel im Jahr 2012 mit 54,4 Prozent höher aus als der Anteil der Abiturienten (45,6 Prozent). Dies entsprach einer Abiturientenquote von 33,0 Prozent für die männlichen Absolventen und 41,8 Prozent für die weiblichen Absolventen (vgl. Statistisches Bundesamt, 2014a).

Betrachtet man die Entwicklung der letzten Jahre, ist ein stetiger Anstieg der (um den G8-Effekt bereinigten) Abiturientenquote von 30,2 Prozent im Jahr 2007 auf 37,3 Prozent im Jahr 2012 zu konstatieren. Die Studienberechtigtenquote (inkl. Absolventen mit Fachhochschulreife) ist in diesem Zeitraum von 43,7 Prozent auf 53,5 Prozent angestiegen. Die gestiegenen Abschlussquoten spiegeln sich auch in der hohen Schulbesuchsquote des Gymnasiums wider, die im Schuljahr 2012/13 in der Jahrgangsstufe 7 bei 39,4 Prozent[2] und damit ebenfalls auf Höchstniveau lag (Statistisches Bundesamt, 2013).

Der bereits seit Jahrzehnten zu beobachtende Anstieg der Abiturientenzahlen ist nicht nur auf höhere Übergangsquoten auf die Gymnasien zurückzuführen, sondern auch auf den verstärkten Ausbau alternativer Wege zur Hochschulreife. Als quantitativ besonders bedeutsame Einrichtungen sind hier die Gesamtschulen und die beruflichen Gymnasien zu nennen, die ebenfalls den Erwerb der allgemeinen Hochschulreife ermöglichen. Während die Gesamtschulen im Wesentlichen das allgemeinbildende Konzept des Gymnasiums übernehmen, erfolgt an den beruflichen Gymnasien, die in aller Regel auf den Erwerb des mittleren Schulabschlusses aufsetzen, eine stärkere Gewichtung berufsbezogener Inhalte (vgl. Brauckmann & Neumann, 2004). Im Schuljahr 2012 erwarb etwa jeder vierte Abiturient (76,5 Prozent) seine Hochschulzugangsberechtigung *nicht* an einem allgemeinbildenden Gymnasium. 6,5 Prozent der Abiturienten stammten aus Gesamtschulen, 11,9 Prozent aus beruflichen Gymnasien[3] (Statistisches Bundesamt, 2013, 2014a, b). In einigen Bundesländern erwirbt mittlerweile bis zu einem Drittel der Abiturienten das Reifezeugnis an einem der alternativen Hochschulzugangswege. Darüber hinaus wurden in den letzten Jahren zunehmend Möglichkeiten geschaffen, die den Weg an die Universität auch für Personen, die nicht über das Abitur verfügen, öffnen. So hat die Kultusministerkonferenz (KMK) in ihrem Beschluss aus dem Jahr 2009 eine Reihe beruflicher Qualifikationen mit einer allgemeinen bzw. fachbezogenen Zugangsberechtigung für die Hochschule ausgestattet (vgl. KMK, 2009). Zwar hat der Anteil der Studienanfänger, die über diese neu geschaffenen Zugangsmöglichkeiten

2 Anteil der Schülerinnen und Schüler an Gymnasien in der 7. Jahrgangsstufe unter allen Schülerinnen und Schülern bei Ausschluss von Schülerinnen und Schülern an Förderschulen und freien Waldorfschulen.

3 Dies sind die Anteile bezogen auf die Gesamtzahl der Absolventen mit allgemeiner Hochschulreife im Jahr 2012. Zieht man stattdessen die um die doppelten Abiturjahrgänge infolge der G9/G8-Umstellung bereinigten Absolventenzahlen heran, ergibt sich ein Anteil von 7,4 Prozent für die Gesamtschulen und 13,5 Prozent für die beruflichen Gymnasien.

an die Hochschule gelangt sind, in den letzten Jahren deutlich zugenommen, fällt aber mit 2,3 Prozent (bezogen auf das Jahr 2011, vgl. Centrum für Hochschulentwicklung [CHE], 2013) nach wie vor vergleichsweise gering aus.

Insgesamt betrachtet kann damit ein deutlicher Anstieg des Anteils der zum Abitur strebenden Schülerinnen und Schüler konstatiert werden, der sich in städtischen Gebieten gegenwärtig in Übergangsquoten an das Gymnasium von zum Teil bis zu 50 Prozent und mehr manifestiert. Ohne Zweifel ist mit dieser langjährigen Expansion auch eine zunehmende Heterogenität in den individuellen Lernvoraussetzungen und familiären Hintergrundmerkmalen der Schülerinnen und Schüler am Gymnasium verbunden. Hinzu kommt die zunehmende Einrichtung von alternativen Hochschulzugangswegen, nicht zuletzt über das sich in Deutschland zunehmend etablierende zweigliedrige Sekundarschulsystem bzw. Zwei-Wege-Modell (vgl. z.B. Neumann, Maaz & Becker, 2013), das in mehreren Bundesländern explizit auch an den nichtgymnasialen Schulformen in größerem Umfang Schülerinnen und Schüler zur allgemeinen Hochschulreife führen soll und ebenfalls mit einer weiter steigenden Heterogenität der zum Abitur strebenden Schülerinnen und Schüler einhergehen dürfte.

2 Umbau des Kurssystems in der gymnasialen Oberstufe – Rückkehr zum Kernfachabitur

Angesichts der beschriebenen quantitativen Veränderungen beim Zugang zur Hochschulreife und der damit verbundenen größeren Heterogenität der zum Abitur strebenden Schülerschaft mag es kaum verwundern, dass ein Großteil der aktuell zu beobachtenden Transformationsprozesse beim Abitur dem Ziel der Etablierung einheitlicher, übergreifender Leistungsanforderungen und der Stärkung und Angleichung obligatorischer curricularer Inhalte dient. Diese Entwicklung wurde durch die für Deutschland zum Teil sehr ernüchternden Befunde aus den großen internationalen und nationalen Schulleistungsstudien verstärkt, die den deutschen Schülerinnen und Schülern allenfalls ein mittelmäßiges

Leistungsniveau und ein hohes Maß an sozialen, aber auch regionalen (etwa mit Blick auf Leistungsunterschiede zwischen den Bundesländern) Disparitäten bescheinigten (Deutsches PISA-Konsortium, 2001, 2002).

Eine der zentralen Veränderungen in der Ausgestaltung des Weges zum Abitur ist dabei sicherlich in der strukturellen und curricularen Neugestaltung des Kurssystems, wie es aus der großen Oberstufenreform von 1972 hervorgegangen ist, zu sehen. Kennzeichnend für die Stoßrichtung des in den letzten Jahren in vielen Bundesländern realisierten Umbaus der Oberstufe ist die Rücknahme von Wahl- und damit auch Profilierungsmöglichkeiten bei gleichzeitiger Ausweitung der obligatorischen Unterrichts- und Prüfungsfächer, insbesondere im Bereich der „Kernfächer" Deutsch, Mathematik und Fremdsprache (in der Regel Englisch als moderne *lingua franca*) sowie den Naturwissenschaften. Hinzu kommt in vielen Bundesländern die Abschaffung der Niveaudifferenzierung in Grund- und Leistungskurse, in erster Linie in den drei genannten Kernfächern (vgl. im Überblick Neumann & Trautwein, 2014).

Trotz dieses generell zu beobachtenden Trends kann gegenwärtig nicht von einer einheitlichen Ausgestaltung der Oberstufe in den Bundesländern gesprochen werden. Während einige Bundesländer (z.B. Berlin, Bremen und Nordrhein-Westfalen) bislang an der klassischen Trennung von meist dreistündigen Grundkursen und zwei, in der Regel fünfstündigen, Leistungskursen festhalten, hat sich in vielen Bundesländern ein „Kernfachabitur" etabliert, dass den Fächern Deutsch, Mathematik und Fremdsprache eine herausgehobene Stellung einräumt. In einer Reihe von Bundesländern (z.B. Baden-Württemberg, Bayern, Brandenburg, Thüringen, Sachsen-Anhalt, Mecklenburg-Vorpommern) werden diese Fächer ohne Niveaudifferenzierung im gemeinsamen Klassenverband im Umfang von vier Wochenstunden unterrichtet (vgl. im Überblick Neumann & Trautwein, 2014). Zwar haben die Schülerinnen und Schüler in einigen Bundesländern gewisse Wahlmöglichkeiten, ob sie in diesen Fächern ihre Abiturprüfung auf grundlegendem oder erhöhtem Anforderungsniveau ablegen möchten, der Unterricht orientiert sich jedoch in starkem Maße am bisherigen Leistungskursniveau. In Baden-Württemberg ist die schriftliche Abiturprüfung für alle Schülerinnen und

Schüler auf erhöhtem Anforderungsniveau obligatorisch. Darüber hinaus sehen diese Länder zwei bis drei weitere vierstündige Fächer vor, die überwiegend der individuellen Profilierung und Schwerpunktsetzung dienen sollen. Allerdings sind die vorhandenen Wahlmöglichkeiten hier zum Teil sehr begrenzt und beziehen sich etwa auf die Wahl einer Naturwissenschaft oder einer weiteren Fremdsprache. Neben den vierstündigen Fächern sind weitere zwei- bis dreistündige Fächer zu belegen, die sich überwiegend aus dem Bereich der Pflichtfächer speisen.

Daneben existieren in einigen Bundesländern Mischformen, die zwar weiterhin eine Niveaudifferenzierung in den Kernfächern Deutsch, Mathematik und Fremdsprache vorsehen, die Grundkurse in diesen Fächern allerdings vierstündig (in der Fremdsprache zum Teil auch dreistündig) und die Leistungskurse vier- oder fünfstündig unterrichten (z.B. Hamburg, Hessen, Niedersachsen, Saarland, Sachsen). Die Ausweitung der Kernbereiche Deutsch, Mathematik und Fremdsprache in den Belegverpflichtungen ist auch hier unübersehbar. Einige Bundesländer (z.B. Hamburg und Schleswig-Holstein) haben das Konzept der Profiloberstufe implementiert. Die Schülerinnen und Schüler wählen hier mit dem Profil unmittelbar ein Kurspaket, welches neben den Kernfächern weitere profilbezogene Fächer auf grundlegendem und erhöhtem Anforderungsniveau umfasst. Nicht unerwähnt bleiben soll an dieser Stelle, dass die Neugestaltung des Kurssystems in vielen Bundesländern mit einer Reduzierung des für den Unterricht auf erhöhtem Anforderungsniveau zur Verfügung stehenden Fächerspektrums einhergeht. Beispielsweise können in Bayern und im Saarland ausschließlich in den Kernfächern Deutsch, Mathematik und Fremdsprache Kurse auf erhöhtem Anforderungsniveau belegt werden.

Die Umgestaltungen im Kurssystem haben auch zu Veränderungen bei den Anforderungen für die Abiturprüfungen geführt, auf die hier jedoch nicht im Detail eingegangen werden soll (für eine ausführlichere Darstellung der Prüfungsmodalitäten in den Bundesländern vgl. z.B. Aktionsrat Bildung, 2011; Kühn, 2012; Neumann & Trautwein, 2014). Insgesamt ist dabei eine Ausweitung der Prüfungsverpflichtungen festzustellen. In den meisten Bundesländern ist die Abiturprüfung anstatt in bisher vier nun in fünf Fächern vorgeschrieben, von denen eines in den meisten Fällen durch die Einbringung einer besonderen Lernleistung (Seminarkurs oder Teilnahme an einem zugelassenen Wettbewerb) ersetzt werden kann. Die KMK-Oberstufenvereinbarung gibt bundeslandübergreifend vor, dass unter den Prüfungsfächern mindestens zwei der Fächer Deutsch, Mathematik und Fremdsprache sein müssen. Die Länder Baden-Württemberg, Bayern, Hessen, Sachsen-Anhalt und das Saarland gehen über diese Mindestvorgabe hinaus und schreiben eine Prüfung in allen drei Kernfächern vor.

Fragt man nach den Gründen für die skizzierten Veränderungen, wird seitens der Politik einerseits auf Klagen der Hochschulen über ein zu hohes Maß an Spezialisierung in der Oberstufe und zu heterogene Leistungen der Studienanfänger in den Kernkompetenzbereichen verwiesen, was eine Rücknahme als zu groß erachteter Wahlmöglichkeiten notwendig machen würde. So argumentierte beispielsweise die damalige baden-württembergische Kultusministerin Annette Schavan: „In dieser Fächergruppe sind solide Grundkompetenzen für alle wichtiger als Spezialisierungsmöglichkeiten für wenige" (Schavan, 2001, S. 52). Weitere Zielsetzungen der Neuordnung können in der Verbesserung der Vergleichbarkeit der Abiturzeugnisse, Vereinfachungen in der Organisation des Kurssystems sowie der Stärkung der Naturwissenschaften (z.B. Sachsen) gesehen werden. Vor allem in dünner besiedelten Flächenstaaten sind die aktuellen Veränderungen in der Ausgestaltung der Oberstufe aber auch vor dem Hintergrund rückläufiger Schülerzahlen zu sehen, die das Vorhalten eines umfassenden und differenzierten Kursangebots in kleineren Schulen nur unter großem finanziellem und personellem Aufwand erlauben würden.

Die aufgeführten Merkmale und Neuerungen in der Ausgestaltung der gymnasialen Oberstufe und der Abiturprüfung machen deutlich, dass sich das Erscheinungsbild der gymnasialen Oberstufe in vielen Bundesländern in den letzten Jahren grundlegend verändert hat. Die stärksten Änderungen zeigen sich in Hinblick auf Art und Umfang der auf erhöhtem Anforderungsniveau zu belegenden Kurse sowie die insgesamt deutlich ausgeweiteten fachbezogenen Beleg- und Prüfungsverpflichtungen, insbesondere in den Kernfächern Deutsch, Mathematik und Fremdsprache. Gleichzeitig ist festzuhalten, dass die Ausgestaltung der Oberstufe und der Abiturprüfung in den Ländern nach wie vor äußerst heterogen ist und Unterschiede zwischen den Bundesländern durch die Neuordnung der Oberstufe in einzelnen Aspekten eher größer als kleiner geworden sind.

3 Zentrale Abiturprüfungen, nationale Bildungsstandards, Umstellung auf G8 – Standardisierung, Vereinheitlichung und Komprimierung in der gymnasialen Oberstufe

Vor dem Hintergrund der dargestellten Entwicklungen rücken Fragen nach der Standardisierung und Vergleichbarkeit von Leistungsanforderungen und Abschlusszertifikaten in den Vordergrund. Mit der inzwischen bis auf das Bundesland Rheinland-Pfalz flächendeckend erfolgten Einführung zentraler Abiturprüfungen sowie der Verabschiedung nationaler Bildungsstandards für das Abitur wurden in den letzten Jahren zwei zentrale Steuerungsinstrumente implementiert, die dem Zweck erhöhter Standardisierung und Vergleichbarkeit dienen sollen.

Mit Blick auf die zentralen Abiturprüfungen ist zu betonen, dass diese nach wie vor bundeslandspezifisch einheitliche Prüfungen vorsehen, wenngleich zum Teil erste Ansätze bundeslandübergreifender Kooperationen zu beobachten sind. So haben sich die Bundesländer Bayern, Sachsen, Niedersachsen, Hamburg, Schleswig-Holstein und Mecklenburg-Vorpommern auf die Einführung gemeinsamer Aufgaben bzw. Aufgabenteile in den ländereigenen Abiturprüfungen in den Fächern Deutsch, Mathematik und Englisch ab dem Schuljahr 2013/14 verständigt. Die Bundesländer Berlin und Brandenburg setzen bereits seit dem Jahr 2010 in Teilen gleiche Abituraufgaben in ausgewählten Fächern ein. Zwar gibt es regelmäßig Vorstöße für bundesweit einheitliche Abschlussprüfungen (vgl. z.B. Aktionsrat Bildung, 2011), ein bundesweites Zentralabitur scheint jedoch, nicht zuletzt aufgrund organisatorischer Restriktionen mit Blick auf die Vereinheitlichung von Prüfungs- und Ferienterminen, gegenwärtig nicht in Sicht. Bezüglich der Ausgestaltung der zentralen Abschlussprüfungen in den Bundesländern ist weiterhin herauszustellen, dass diese zum Teil ebenfalls sehr unterschiedlich ausfällt, etwa hinsichtlich des einbezogenen Fächerspektrums (nur einzelne Fächer vs. alle Fächer zentral), dem Prozess der Aufgabenerstellung (z.B. „bottom up" vs. „top down") und des konkreten Korrekturverfahrens (z.B. teilweise vs. vollständig anonym; für einen aktuellen Überblick vgl. Aktionsrat Bildung, 2011 sowie Klein, Kühn, van Ackeren & Block, 2009 und Kühn, 2012). Von einheitlichen Abiturprüfungen über die Bundesländer hinweg kann somit nur sehr eingeschränkt gesprochen werden.

Die nationalen Bildungsstandards für das Abitur wurden im Jahr 2012 durch die KMK beschlossen und ersetzen die bisherigen Einheitlichen Prüfungsanforderungen für die Abiturprüfung (EPA). Bislang liegen die Standards für die Fächer Deutsch, Mathematik und fortgeführte Fremdsprache (Englisch und Französisch) vor. Es handelt sich um Regelstandards, die die jeweiligen Leistungsanforderungen für das grundlegende und das erhöhte Anforderungsniveau vorgeben. Die Bundesländer haben sich darauf geeinigt, dass die neuen Bildungsstandards beginnend mit dem Schuljahr 2013/14 Eingang in die gymnasiale Oberstufe finden und erstmalig die Grundlage für die Abiturprüfung im Schuljahr 2016/17 sein sollen (KMK, 2013). Bis dahin am soll am Institut zur Qualitätsentwicklung im Bildungswesen (IQB) ein umfassender Aufgabenpool einschließlich zugehöriger Korrekturhinweise entwickelt werden, auf den die Bundesländer für ihre Abiturprüfungen zurückgreifen können. Die Länder sind jedoch nicht verpflichtet, Aufgaben aus dem nationalen Aufgabenpool zu nutzen.

Zu den – auch in der Öffentlichkeit – besonders intensiv diskutierten Fragen rund um das Gymnasium und das Abitur zählt auch die „richtige" Dauer des gymnasialen Bildungsganges (G8/G9, vgl. für einen aktuellen Überblick der G8/G9-Diskussion in Deutschland Kühn et al., 2013). Nachdem bis auf das Bundesland Rheinland-Pfalz nahezu flächendeckend auf das achtjährige Gymnasium umgestellt wurde, zeichnen sich aktuell insbesondere in den westdeutschen Bundesländern „aufweichende" bzw. rückläufige Tendenzen ab, die insgesamt betrachtet auf das parallele Vorhalten von acht- und neunjährigen gymnasialen Bildungsgängen hinauszulaufen scheinen. In Hessen können die Gymnasien bereits zwischen G8 und G9 wählen. In Niedersachsen deutet sich sogar eine Rückkehr zum G9 als Regelangebot bei gleichzeitiger G8-Alternativoption an (vgl. Hannoversche Allgemeine vom 18.02.2014, „Niedersachsen schafft das Turbo-Abi ab"). Auch Bayern hat mit einem Flexibilisierungsjahr (freiwillige Wiederholung einer Klasse in der Mittelstufe bzw. Verteilung des Lernstoffs eines Schuljahres auf 2 Schuljahre) bereits Modifikationen vorgenommen. In den Ländern Baden-Württemberg, Nordrhein-Westfalen und Schleswig-Holstein bieten ebenfalls einige Gymnasien die G9-Variante (zum Teil in Schulversuchsform) an. Ausschlaggebend für die teilweise zu beobachtende Abkehr vom G8-Gymnasium sind die vor allem von Elternseite zu vernehmenden Klagen über ein zu großes Stoffpensum in der Mittelstufe, das die Schülerinnen und Schüler zu stark beanspruche und kaum noch Freiräume für außerschulische Aktivitäten ließe. Da aus den ostdeutschen Bundesländern, die über eine langjährige Tradition und Erfahrung mit dem 12-jährigen Abitur verfügen, vergleichsweise wenige Klagen zu vernehmen sind, liegt es nahe, die Ursachen für die auftretenden Probleme in den westdeutschen Bundesländern weniger in der grundsätzlichen Frage G8 oder G9, sondern eher in Umsetzungsmängeln im Rahmen der G8-Umstellung zu suchen. An dieser Stelle ist auch darauf hinzuweisen, dass mit den alternativen Wegen zur Hochschulreife (z.B. Gesamtschulen, berufliche Gymnasien) bereits in nahezu allen Bundesländern institutionelle Angebote existieren, die den Weg zum Abitur zumeist in 13 statt 12 Schuljahren vorsehen.

4 Fazit und Ausblick

Das Gymnasium und das Abitur unterliegen in den letzten Jahren grundlegenden Transformationsprozessen. Zu den wesentlichen Veränderungen zählt dabei der anhaltende Anstieg des Anteils der zum Abitur strebenden Schülerschaft, der sich sowohl in gestiegenen Übergangsquoten an das Gymnasium als auch im zunehmenden Ausbau alternativer Wege zum Erwerb der Hochschulreife manifestiert. Die Folgen dieser Expansion auf das Leistungsniveau der Abiturientinnen und Abiturienten sind im Augenblick noch nicht absehbar, nicht zuletzt deshalb, da es in Deutschland gegenwärtig keine regelmäßigen bundeslandübergreifenden Lernstandserhebungen gibt, die Auskunft über Veränderungen in den erreichten Kompetenzständen der Abiturientinnen und Abiturienten geben könnten. Allerdings deuten sich zum Teil mögliche Grenzen der Öffnung der Wege zur Hochschulreife an, wie unter anderem aus den Befunden von Leistungsvergleichsuntersuchungen zwischen Abiturienten aus allgemeinbildenden Gymnasien und alternativen Hochschulzugangswegen hervorgeht (vgl. z.B. Trautwein, Köller, Lehmann & Lüdtke, 2007). Hier sind vonseiten der nicht-gymnasialen zum Abitur führenden Schulformen weitere Anstrengungen zu unternehmen, um sich langfristig als attraktive und angesehene Alternative zu den Gymnasien etablieren zu können. Gleichwohl lässt sich konstatieren, dass sich auch die Gymnasien in zunehmendem Maße mit der Herausforderung konfrontiert sehen, der gestiegenen Heterogenität in den individuellen Eingangsvoraussetzungen der Schülerinnen und Schüler durch entsprechende Unterrichtssettings, Differenzierungsmaßnahmen und individuelle Förderangebote gerecht zu werden.

Bezogen auf die organisatorischen und curricularen Veränderungen in der Ausgestaltung der gymnasialen Oberstufe kann resümiert werden, dass sie zu mehr obligatorischen Elementen geführt haben und damit Wahl- und Profilierungsmöglichkeiten reduziert wurden. Dennoch bestehen nach wie vor nicht unerhebliche Unterschiede in der Ausgestaltung der Oberstufe zwischen den Bundesländern, was wiederum Fragen nach der Vergleichbarkeit von Abschlüssen und Abschlussnoten nach sich zieht (vgl. z.B. Holmeier, 2013; Neumann, Nagy, Trautwein & Lüdtke, 2009). Inwieweit hier die Einführung nationaler Bildungsstandards zu einer Annäherung der Leistungsanforderungen (auch in der Abiturprüfung) beitragen wird, bleibt abzuwarten.

Angesichts der insgesamt in Richtung Standardisierung und Komprimierung gehenden Entwicklung auf dem Weg zum Abitur kann abschließend festgehalten werden, dass es zukünftig in noch stärkerem Maß Aufgabe der einzelnen Schulen sein wird, unter den gegebenen

Rahmenbedingungen nach Freiräumen und Lernformen zu suchen, die den Lernvoraussetzungen der Schülerinnen und Schüler gerecht werden und neben dem fachlichen Kompetenzerwerb in ausreichendem Maße Gelegenheit bieten, wissenschaftspropädeutische und weitere studienrelevante Kompetenzen und Fähigkeiten (z.B. selbstständiges Lernen, Selbstorganisation, inhaltliches Interesse; vgl. Huber, 2009) zu erwerben, um in Studium und Ausbildung erfolgreich sein zu können.

Literatur

Aktionsrat Bildung (Vereinigung der Bayerischen Wirtschaft e.V., Hrsg.) (2011). *Gemeinsames Kernabitur: Zur Sicherung von nationalen Bildungsstandards und fairem Hochschulzugang*. Münster: Waxmann.

Brauckmann, S. & Neumann, M. (2004). Berufliche Gymnasien in Baden-Württemberg: Geschichte und heutige Ausgestaltung. In O. Köller, R. Watermann, U. Trautwein & O. Lüdtke (Hrsg.), *Wege zur Hochschulreife in Baden-Württemberg. TOSCA – Eine Untersuchung an allgemein bildenden und beruflichen Gymnasien* (S. 69-111). Opladen: Leske + Budrich.

Centrum für Hochschulentwicklung [CHE] (2013). *Studieren ohne Abitur weiter im Aufwind: 4.000 Studiengänge in neuem Online-Studienführer von CHE und Stifterverband abrufbar. News vom 21.01.2013.* Abgerufen von http://www.che.de /cms/?getObject=5&getNewsID=1512&getCB=398&getLang=de

Deutsches PISA-Konsortium (2001). *PISA 2000. Basiskompetenzen von Schülerinnen und Schülern im internationalen Vergleich.* Opladen: Leske & Budrich.

Deutsches PISA-Konsortium (2002). *PISA 2000. Die Länder der Bundesrepublik Deutschland im Vergleich.* Opladen: Leske & Budrich.

Hannoversche Allgemeine (2014). Niedersachsen schafft das Turbo-Abi ab. Abgerufen von http://www.haz.de/Nachrichten/Politik/Niedersachsen/Rueckkehr -zu-G9-Niedersachsen-schafft-das-Turbo-Abi-ab

Holmeier, M. (2013). *Leistungsbeurteilung im Zentralabitur* (Educational Governance, Band 22). Wiesbaden: Springer VS 2013.

Huber, L. (2009). Von „basalen Fähigkeiten“ bis vertiefte Allgemeinbildung: Was sollen Abiturientinnen und Abiturienten für das Studium mitbringen? In D. Bosse (Hrsg.), *Gymnasiale Bildung zwischen Kompetenzorientierung und Kulturarbeit* (S. 107–124). Wiesbaden: Verlag für Sozialwissenschaften.

Klein, E. D., Kühn, S. M., van Ackeren, I. & Block, R. (2009). Wie zentral sind zentrale Prüfungen? Abschlussprüfungen am Ende der Sekundarstufe II im nationalen und internationalen Vergleich. *Zeitschrift für Pädagogik* 55(4), 596-621.

KMK [Ständige Konferenz der Kultusminister der Länder in der Bundesrepublik Deutschland] (2009). *Hochschulzugang für beruflich qualifizierte Bewerber ohne Hochschulzugangsberechtigung. Beschluss der Kultusministerkonferenz vom 06.03.2009.* Abgerufen von http://www.kmk.org/wissenschaft-hochschule /studium-und-pruefung/hochschulzugang-beruflich-qualifizierter-ohne-schulische-hochschulzugangsberechtigung.html

KMK (2013). *Konzeption zur Implementation der Bildungsstandards für die Allgemeine Hochschulreife. Beschluss der Kultusministerkonferenz vom 10.10.2013.* Abgerufen von http://www.kmk.org/fileadmin/veroeffentlichungen_beschluesse /2013/2013-10-10_Konzeption_Implementation_Bildungsstandards-AHR.pdf

Kühn, S. M. (2012). Die Einführung zentraler Abiturprüfungen im nationalen und internationalen Vergleich mit besonderer Perspektive auf Bremen und Hessen. In K. Maag Merki (Hrsg.), *Zentralabitur. Die längsschnittliche Analyse der Prozesse und Wirkungen der Einführung zentraler Abiturprüfungen in zwei Bundesländern* (S. 25-42) Wiesbaden: VS Verlag.

Kühn, S. M., Ackeren, I. van, Bellenberg, G., Reintjes, C. & Brahm, G. im (2013). Wie viele Schuljahre bis zum Abitur? Eine multiperspektivische Standortbestimmung im Kontext der aktuellen Schulzeitdebatte. In: *Zeitschrift für Erziehungswissenschaft* 16(1), S. 115-136.

Neumann, M. & Trautwein, U. (2014). Die (Rück?)Reform der gymnasialen Oberstufe: Hintergründe, Entwicklungen in den Bundesländern und empirische Befunde aus der TOSCA Repeat-Studie. In F. Tosch & C. Ritzi (Hrsg.), *Gymnasium im strukturellen Wandel: Befunde und Perspektiven von den preußischen Reformen bis zur Reform der gymnasialen Oberstufe* (S. 247-276). Bad Heilbrunn: Julius Klinkhardt.

Neumann, M., Maaz, K., & Becker, M. (2013). Die Abkehr von der traditionellen Dreigliedrigkeit im Sekundarschulsystem: Auf unterschiedlichen Wegen zum gleichen Ziel? *Recht der Jugend und des Bildungswesens* 61(3), 274-292.

Neumann, M., Nagy, G., Trautwein, U. & Lüdtke, O. (2009). Vergleichbarkeit von Abiturleistungen: Leistungs- und Bewertungsunterschiede zwischen Hamburger und Baden-Württemberger Abiturienten und die Rolle zentraler Abiturprüfungen. *Zeitschrift für Erziehungswissenschaft* 12, 691-714.

Schavan, A. (2001). Klassenverbände in der gymnasialen Oberstufe? *Pädagogik* 53(1), 52.

Statistisches Bundesamt (2013). *Allgemeinbildende Schulen Schuljahr 2012/2013 (Fachserie 11, Reihe 1)*. Wiesbaden.

Statistisches Bundesamt (2014a). *Nichtmonetäre hochschulstatistische Kennzahlen (Fachserie 11, Reihe 4.3.1, 1980-2012)*. Wiesbaden.

Statistisches Bundesamt (2014b). *Berufliche Schulen Schuljahr 2012/2013* (*Fachserie 11, Reihe* 2). Wiesbaden.

Trautwein, U., Köller, O., Lehmann, R., & Lüdtke, O. (Hrsg.) (2007). *Schulleistungen von Abiturienten: Regionale, schulformbezogene und soziale Disparitäten*. Münster: Waxmann.

Podiumsdiskussion

Verfasst von Birgit Hartog-Keisker (Universität Zürich)

Die abschließende Podiumsdiskussion steht unter der Fragestellung „Welche Aufgabe hat das Gymnasium im Spannungsfeld von Hochschulvorbereitung und Berufsorientierung?". Sie wird moderiert von Prof. Dr. Franz Eberle, welcher zunächst die Anwesenden begrüßt und die Podiumsteilnehmer vorstellt:

- Hans Ambühl
  (Generalsekretär Schweizerische Konferenz der kantonalen Erziehungsdirektoren (EDK))
- Prof. Dr. Aldo Dalla Piazza
  (Präsident Konferenz Schweizerischer Gymnasialrektorinnen und Gymnasialrektoren (KSGR))
- Gisela Meyer Stüssi
  (Vizepräsidentin Verein Schweizerischer Gymnasiallehrerinnen und Gymnasiallehrer (VSG))
- Dr. Patrik Schellenbauer
  (Projektleiter Avenir Suisse)
- Michael Schoenenberger
  (Redaktor Neue Zürcher Zeitung (NZZ))
- Prof. Dr. Barbara Schneider-Taylor
  (Professorin für Schulpädagogik an der Universität Wien)
- Prof. Dr. habil. Walther Ch. Zimmerli
  (Präsident Brandenburgische Technische Universität Cottbus, Mitverfasser des Berichts „Zukunft Bildung Schweiz")

Patrik Schellenbauer eröffnet die Diskussion, indem er zunächst klar stellt, er sei eigentlich ein Verfechter eines Gymnasiums, welches ein klares Profil behalte in der Art, wie es sich heute zeige: mit erweiterter und vertiefter Allgemeinbildung über die Sekundarstufe I hinaus. Diese Haltung habe er aus drei Gründen: man sei heute bildungspolitisch in einer Situation, in welcher alle, vor allem auf Hochschulstufe, ein bisschen alles machten. Als Ökonom sei er auch ein Verfechter von Wettbewerb und in diesem Falle von Systemwettbewerb. Es sei durchaus gut und könne sehr befruchtend sein und habe auch ein kreatives Element, wenn man auf der einen Seite mit der Berufsbildung ein sehr spezifisches und sehr auf spezifische und praktische Fähigkeiten ausgerichtetes System habe als Kontrapart zum Gymnasium. Als zweites sei die Wissensgesellschaft thematisiert worden und das heiße nichts anderes, als dass allgemeines Wissen relativ zu spezifischen Fähigkeiten und spezifischem Wissen wichtiger geworden sei. Das Schweizer Bildungssystem sei sehr stark auf die Berufsbildung ausgerichtet und war auch sehr erfolgreich damit, das müsse man sagen. Man tue sich nun ein bisschen schwer mit diesem Paradigmenwechsel, welcher das Gymnasium jetzt noch mehr in Richtung Berufsbildung oder Berufsvorbereitung ausrichte, was ein Fehler sei. Der dritte Aspekt betreffe die Studierfähigkeit. In der Bildungspolitik neige man dazu, Restriktionen nicht sehen zu wollen, oder man neige dazu, das System zu überfordern. Natürlich bestehe hier ein Zielkonflikt: Wenn es in den Gymnasien mehr Berufsvorbereitung gäbe, änderten sich die Curricula und anderes müsste zurückstecken, falls Restriktionen verlangt würden.

Franz Eberle ergänzt dazu, er habe den Bericht von Patrik Schellenbauer so verstanden, dass darin eine tertiäre duale Berufslehre vorgeschlagen werde, die an die gymnasiale Matura anknüpfe.

Patrik Schellenbauer erwidert darauf, er stehe weiterhin zu diesen Aussagen. Er sei aber nicht der Meinung, dass es einen Einfluss auf das Gymnasium haben solle, sondern, dass das Gymnasium eine erweiterte Allgemeinbildung ermöglichen solle und dass für diejenigen, welche nach der Matura etwas Praktischeres machen wollten, eine sehr anspruchsvolle Lehre eine Lösung wäre.

Franz Eberle führt an Hans Ambühl gewandt aus, dass er als EDK-Generalsekretär die Fäden jener Institutionen, nämlich der Kantone, in der Hand habe, welche - zusammen mit dem Bund - für jenes gesetzliche Dokument verantwortlich zeichneten, das die Ziele des Gymnasiums vorgäbe, nämlich das Maturitätsanerkennungsreglement und insbesondere der Bildungszielartikel. Es stelle sich die Frage, wo die Aufgabe des Gymnasiums liege: ob das Gymnasium im Hinblick auf den tertiären

Bereich nach wie vor das ausschließliche Ziel der Hochschulvorbereitung habe oder ob Möglichkeiten für eine Erweiterung bestünden.

Hans Ambühl erwidert, dass er hinter MAR und dem Artikel 5 stehe, und zwar nicht nur, weil das die Norm sei und er als Sekretär diese zu vertreten habe. Vielmehr sei er auch überzeugt, dass dieser Artikel 5 immer noch sehr gut formuliert sei. Für ihn habe die gymnasiale Matura im Schweizer System die Hauptfunktion, die Studierfähigkeit an einer Universität vorzubereiten, um die jungen Menschen zu befähigen, ein eigentliches, ein wirkliches akademisches Studium zu betreiben mit allem, was dazu gehöre, und das sei bekanntlich etwas Anforderungsreiches, etwas sehr Selbständiges, was auch wirklich Metakompetenzen erfordere, besonders da die heutigen Universitäten hohe Anforderungen auch methodischer und sprachlicher Art stellten, wenn man beispielsweise an die Fremdsprachenkompetenz denke, die praktisch in allen Fachbereichen erwartet werde. Das sei für ihn die exklusive, die nicht absprechbare Funktion, welche die gymnasiale Matura habe, die solle sie möglichst erfüllen und da bestehe durchaus noch weiterer Handlungsbedarf. Er glaube nicht, dass es sinnvoll sei, Diskussionen darüber zu führen, was das Gymnasium sonst noch erfüllen solle, wenn junge Menschen mit der gymnasialen Matura auch über eine vertiefte Allgemeinbildung verfügten, die sie befähige, Verantwortung in Staat und Gesellschaft in besonderer Weise zu übernehmen. Der Artikel 5 sei ein Eliteartikel; wenn diese Fähigkeiten erlangt seien, dann sollten junge Menschen, die über diesen Ausweis verfügten, auch etwas anderes tun können, als ein universitäres Studium zu beginnen. Er hoffe allerdings, dass möglichst viele ein universitäres Studium beginnen und auch abschließen würden.

Gisela Meyer Stüssi berichtet, dass sie sich lange Gedanken gemacht habe über die Frage, wo das Spannungsfeld von Hochschulvorbereitung und Berufsorientierung sei und es gebe verschiedene Möglichkeiten, dies zu beantworten. Beispielsweise aus der Perspektive der Ethnologie oder der Pädagogik, der Politik oder aus der Wirtschaft und das sei natürlich unmittelbar mit der Frage verbunden, wie viel man bereit sei zu investieren, und bei allen Antworten bestehe das Problem, dass sie entweder deskriptiv oder prognostisch seien. Sie beschränke sich als Gymnasiallehrerin seit zwanzig Jahren und als Fachdidaktikerin seit sechs Jahren darauf, die Position zu bestimmen. Es sei doch derart, dass im normalen Lauf der Dinge sich eine Schülerin oder ein Schüler von einem Kind über einen Jugendlichen zu einem Erwachsenen entwickle, dabei sei die Matura eigentlich ein Initiationsritus - von der Welt der Kinder in die Welt der Berufstätigen -, deshalb auch der Verweis auf die Ethnologie. Der deutsche Begriff „Abitur" drücke das noch viel deutlicher aus: die Jugendlichen sollten weggehen von dort, wo sie vorher waren, denn das „Abitur" sei auf die Zukunft ausgerichtet. Aber man könne den Jugendlichen nicht vorschreiben, wohin sie gehen sollten. Das bleibe offen und deshalb sei sie auch dafür, dass man eine möglichst breite Bildung erwerbe. Man könne nur hoffen, dass die Jugendlichen, welche mit 19 Jahren das Gymnasium verließen, die Reife hätten, etwas Vernünftiges zu machen oder manchmal etwas weniger Vernünftiges, aber etwas, was ihre persönliche Rolle in der Gesellschaft irgendwann einmal bestimme. Alles, was man vorschreiben und lenken möchte, so Gisela Meyer Stüssi, führe zu einer Art Planwirtschaft. Wenn man beispielsweise Ingenieure oder Informatiker jetzt ausbilde, weil es gerade einen Mangel gebe, so brauche man diese in zwanzig Jahren vielleicht nicht mehr, dann gebe es vielleicht zu viele. Als sie vor zwanzig Jahren angefangen habe zu studieren, habe sie dreimal einen Brief der Universität beantworten müssen, ob sie wirklich Lehrerin werden wolle. Zum damaligen Zeitpunkt habe es viel zu viele Lehrer gegeben und als sie ein paar Jahre später das Studium abgeschlossen habe, hatte es zu wenige. Sie wolle den Gymnasiasten das Vertrauen aussprechen, dass sie mit dem, was sie am Gymnasium bekämen, das Richtige machten. Für sie stelle sich eher die Frage, wann das Gymnasium seine Aufgabe nicht erfüllt habe. Das Gymnasium habe sie nicht erfüllt, wenn sie die Absolventen zu reinen Befehlsempfängern erziehe, die ein Programm abspulten, und es habe die Aufgabe erfüllt, wenn die Absolventinnen und Absolventen in zehn, zwanzig, dreißig oder vierzig Jahren die Aufgaben in der Gesellschaft erfüllen könnten, die man ihnen zutrauen müsse und das könne man jetzt nicht beantworten. Ihr habe der Ratschlag, den eine Studentin in ihrer Ausbildung bekommen habe, sehr gefallen: Man solle keine Osterhasen-Pädagogik machen. Man verstecke das Osterei, und nur, wenn man das richtige Osterei finde, habe man erfüllt und wenn man Blumen finde und andere schöne Dinge, habe man nicht erfüllt.

Der Moderator *Franz Eberle* fasst zusammen, dass man somit bezüglich fachlicher Inhalte des gymnasialen Curriculums eine relativ offene Zieldiskussion führe und als Ziel offenbar vor allem Persönlichkeitsmerkmale im Zentrum stünden. Solle man also am Gymnasium vor allem Persönlichkeitsschulung betreiben?

Aldo Dalla Piazza hält fest, dass Hans Ambühl die Ziele des MAR prägnant zitiert habe und er glaube, dass diese komplex genug und wichtig genug seien, um sich darauf zu konzentrieren. Man solle sicherstellen, dass das Gymnasium diese Ziele auch erfüllen könne. Würde man von den Gymnasien andere zusätzliche Zielsetzungen verlangen, beispielsweise, dass sie auch zielgerichtet für gewisse Berufsorientierungen ausbildeten, dann schlüge man einen ungünstigen Weg ein, der eine Verschlechterung des Gymnasiums bedeuten würde. Sehr rasch wäre man nicht mehr in der Lage, die allgemeine Studierfähigkeit sichern zu können und sehr rasch würde man auch den prüfungsfreien allgemeinen Zutritt zu den Hochschulen verlieren. Besser wäre es, sich auf das zu konzentrieren, was man sehr gut machen könne. Im Moment wisse man eigentlich, wo Verbesserungspotenzial für diese zwei Zielrichtungen bestehe und man solle nicht noch zusätzliche Zielrichtungen erarbeiten. Zweifelsohne gebe es in der Berufsbildung Berufe, so Aldo Dalla Piazza, bei denen eine tiefere, breitere und bessere Allgemeinbildung noch notwendig sei. Es gebe einen relativ hohen Prozentsatz an Schülerinnen und Schülern, welche den Weg in Richtung Berufsbildung gingen, aber es sei nicht zielführend, wenn man das Gymnasium umwandle, um auch in diese Richtung eine Entwicklung zu verfolgen. Die Berufsbildung sei am Anfang so geplant worden, dass nach einer vierjährigen Lehre mit Theorieteil ein fünftes Jahr mit Allgemeinbildung folge, aber sehr rasch seien andere, komprimiertere Modelle entstanden. Man könne bei diesen komplexeren beruflichen Studienrichtungen auf vier oder fünf Jahre erweitern und nicht beim Gymnasium eine andere Lösung suchen. Er verstehe nicht, dass in der Berufsbildung gewisse Wege zur Berufsmaturität so komprimiert worden seien. Es bestehe die Möglichkeit, die Ausbildung für komplexere Berufe wieder auszubauen und nicht Änderungen im Gymnasium zu bewirken, die den Kern und die Qualität des Gymnasiums in Frage stellten. Es sei wesentlich, alles daran zu setzen, dass die Gymnasien in dem glaubwürdig blieben, was sie bereits böten, insbesondere den prüfungsfreien Übergang für alle Studienrichtungen an unsere Hochschulen.

Walther Ch. Zimmerli antwortet auf die Frage des Moderators Franz Eberle, welches seine Zukunftsvision für das Schweizer Gymnasium sei, jeder Zukunftsforscher wisse, dass die einzige Möglichkeit, die Zukunft zu prognostizieren darin bestehe, an ihr mitzuwirken. Nur die Zukunft, die man selber mitgestalte, könne man auch ein wenig voraussehen. Deswegen habe man im „Weissbuch Zukunft Bildung Schweiz" versucht, eine entsprechende Vision vorzulegen. Professionell sehe er das Gymnasium aus einer anderen Optik. So sei das Ziel der Studierfähigkeit mindestens in Deutschland und vielleicht auch in der Schweiz aus zwei Gründen massiv verfehlt. Erstens hätten sich weder die Deutschen noch die Schweizer wirklich mit Bologna beschäftigt. Man vergesse immer, dass die erste berufsqualifizierende Abschlussform in Bologna der Bachelor sei. Der Bachelor sei nicht eine Wissenschaftsqualifikation, sondern eine Berufsqualifikation und darauf bereiteten weder die deutschen noch die Schweizer Gymnasien vor. Hier säßen zwei Systeme windschief aufeinander, und das bedeute zum Beispiel für Deutschland, dass man lauter Brückenkurse einrichten müsse, um viel Bildung nachzutragen. Es gebe ein bekanntes Votum: gebildet sei, wer wisse, wo er finde, was er nicht wisse. Das sei zugleich eine wunderbare Definition von Wissensgesellschaft, so Walther Ch. Zimmerli, weil Wissensgesellschaft eben gerade nicht heiße, dass die Menschen alles wüssten und nur kognitiv voran gehen müssten, sondern es bedeute, dass man sich in eine Gesellschaft hinein bewege, bei welcher der Umgang mit Wissenssuch- und -finde-Technologien elementare Bildung sei. Hans-Georg Gadamer habe es so ausgedrückt: Je älter er werde, desto mehr müsse er suchen und je mehr er suche, desto mehr finde er, was er gar nicht gesucht habe. Das sei die Anti-Osterhasen-Didaktik und genau darum ginge es: zu lernen, wie man erkenne, dass man etwas gefunden habe, was man gar nicht gesucht hatte. Und wenn dies das Ziel von Bildung sei, dann habe man einen Humboldtschen Bildungsbegriff, der trotzdem in die Wissensgesellschaft hineinpasse. Deswegen führe gar kein Weg daran vorbei, dass das Gymnasium für den Beruf vorbereite, aber der Beruf könne, wie man seit Max Weber wisse, eben auch der Beruf zur Wissenschaft sein. Die Alternative Beruf oder Wissenschaft sei eine fehlgeleitete Alternative, die einen mit Sicherheit in Zukunft nicht weiter bringen werde wird. Der Begriff des Wissens habe sich völlig verschoben, so Walther Ch. Zimmerli. Man habe früher unterscheiden können zwischen kognitivem Wissen und Know-how, heute sei das alles ineinander geschoben, denn die Wissenstechnologien setzten ein großes Maß an Know-how voraus. Man müsse eben nicht nur kognitiv wissen, sondern man müsse auch wissen, wie man die Wissenstechnologien bediene, und das bedeute, dass dieses Zusammenschieben von Wissen und Können, diese hybride Form des Wissens eigentlich das sei, was man in den Gymnasien üben müsse, damit die Absolventinnen und Absolventen, die aus den Schulen heraus in die akademische oder nicht akademische Qualifikation für einen Beruf hineingingen, vorbereitet seien, also wüssten, wo sie fänden, was sie nicht wüssten.

Michael Schoenenberger führt aus, dass er die von Franz Eberle gestellte Frage, wie das zukünftige Gymnasium aus der Sicht des kritisch-kompetenten außenstehenden Zeitungsredaktors aussehe, so nicht beantworten könne, aber er denke, dass man auf dem richtigen Weg sei. Unabhängig von den Defiziten, die ein Gymnasium oder die Gymnasien heute hätten, impliziere die Fragestellung bezüglich des Spannungsfeldes zwischen Hochschulvorbereitung und Beruf, dass man irgendein Problem bei den Berufen, also bei der Berufsbildung habe, und er denke, man kenne diese Probleme in der Berufsbildung. Er sei ganz auf der Linie von Aldo Dalla Piazzas Aussagen, das Berufsbildungsgesetz werde nicht ausgeschöpft, denn man habe heute tendenziell zu wenig Allgemeinbildung in der Berufsbildung. Es gebe, was Avenir Suisse immer wieder thematisiere, gerade in den Wachstumsbranchen zu wenig Angebote, zu wenig attraktive Lehrstellen, und das sei eigentlich ein Kernproblem, welches man heute zu bewältigen habe. Es stelle sich die Frage, was das eigentlich mit dem Gymnasium zu tun habe, so Michael Schoenenberger. Die Systeme Berufsbildung und Gymnasium sollten nicht miteinander vermischt werden, sondern die Probleme sollten bei der Berufsbildung gelöst werden, was nicht bedeute, dass man nicht im System gewisse Anpassungen treffen könne, aber man solle diese Dinge nicht vermischen.

Franz Eberle ergänzt dazu, dass es diese Vermischung gebe, beispielsweise in Österreich, dass es dort auch das berufsbildende Gymnasium gebe bzw. die berufsbildende höhere Bildung, welche auch den allgemeinen Zutritt zur Universität ermögliche.

Barbara Schneider-Taylor entwirft zur Ursprungsfrage, welche Aufgabe das Gymnasium im Spannungsfeld zwischen Hochschulvorbereitung und Berufsorientierung habe, die Gegenfrage, was eigentlich „Spannungsfeld" heiße. Es stelle sich die Frage, welcher künstliche oder natürliche Gegensatz hier aufgebaut werde. Franz Eberle habe auf dem ersten Symposium in Wien den Begriff der vertieften Gesellschaftsreife eingeführt. Sie möchte diesen Begriff ergänzen bzw. etwas präziser zuspitzen, dass es auch eine andere Facette gebe in diesem Begriff, den sie ganz vorsichtig „vertiefte Persönlichkeitsreife" nennen würde. Dabei beschränke sich diese Persönlichkeitsreife nicht nur auf eine kognitive Entwicklung oder auf die Kompetenz sich zurechtzufinden, sondern umfasse auch im Humboldtschen Sinne die Person, welche die Persönlichkeit allseitig erfasse. Es handle sich um eine Grundbildung und die Dimensionen des Menschseins, soweit man diese heute überhaupt noch anthropologisch benennen könne, und erfasse das kognitive, aber auch das leibliche, das seelische Leben, den Bereich des Ästhetischen. Es stelle sich die Frage, so Barbara Schneider-Taylor, welches Ziel das haben solle. In unserer Gesellschaft westlichen Zuschnitts sei es notwendig, eine rationale Grundhaltung zu erwirken, dabei gehe es um ein wissenschaftliches Begreifen der Welt: dass diese mathematisierbar sei, dass Welt sich in Sprache, Geschichte und Ökonomie ausdrücke. Das lasse sich bei allem Gerede von Globalität nicht ohne Weiteres verallgemeinern, aber das sei der Zuschnitt unseres Bildungsdenkens seit der Antike und das halte sie für etwas keineswegs Obsoletes und Antiquiertes, sondern für etwas ganz

Essenzielles. Damit habe sie vielleicht eine vorläufige Antwort gegeben. Des Weiteren stelle sich die Frage, wenn man das Spannungsfeld aufbaue, den Gegensatz von Hochschulvorbereitung und Berufsorientierung: was stehe eigentlich dahinter, welche Vorstellungen verbänden sich damit? Es frage sich, ob es denn überhaupt zutreffend sei, dass sich Lebensentwürfe und auch Berufsbiographien geradlinig, stromlinienförmig entwickelten, von der Grundschule über die Hauptschule oder das Gymnasium. Sie möchte historisch in Abrede stellen, dass es diese Geradlinigkeit von Berufsbiographien und Lebensentwürfen je gegeben habe, sie glaube, dass man das sehr nostalgisch verklärt sehe. Es frage sich, was dahinterstecke, wenn man solchen Vorstellungen nachhänge. Mit dem Gymnasium verbinde man ein Berechtigungswesen; wenn man dieses erreiche, dann folge der nächste Schritt. Es müsse eine freie Wahl bestehen bleiben, und damit man diese freie Wahl auch treffen könne, müssten eine gewisse allseitige Reife, eine solche wissenschaftliche Grundhaltung, aber auch ein rationales Selbstverhältnis, die Fähigkeit zur Selbstkritik, das Ausloten der eigenen Wünsche und der eigenen Möglichkeiten vorhanden sein, damit man eben für Lebensentwürfe und Entscheidungen für Berufsbiographien – denn auch ein Hochschulstudium münde ja in einen Beruf – eine gute und gelingende Grundlage habe.

Walther Ch. Zimmerli bekräftigt in seiner Aussage, dass die Maturaquote erhöht werden müsse, und zwar deswegen, weil man auf Kosten anderer lebe. Man habe genug Geld, um für alle akademischen Spitzenpositionen Leute von außen einzukaufen. Wenn man die Nahrungskette der akademischen Ausbildung betrachte, dann stelle man fest, dass die ärmsten Länder die Ausbildung in den teuersten Berufen für die reichsten Länder übernähmen. Kuba bilde die Ärzte für Südafrika aus und jetzt könne man weitergehen und am Schluss sei man bei Polen. Die Polen bildeten für Deutschland aus und die Deutschen bildeten für die Schweizer aus und die Schweizer profitierten nicht nur davon, sondern sagten auch noch, das sei gut so und man brauche nicht mehr, sondern klügere Leute. Eine Erhöhung der Maturaquote übe Druck auf das politische System aus, welches darauf reagieren werde.

Franz Eberle wendet ein, dass das Beispiel der Ärzte falsch gewählt sei. Hier liege das Problem bei den beschränkten Ausbildungsplätzen. Eine höhere Maturaquote würde daran nichts ändern bzw. bei gleichbleibender Zahl der Ausbildungsplätze höchstens die Quote der bei der Zulassungsprüfung zum Medizinstudium Abgewiesenen erhöhen.

Aldo Dalla Piazza erläutert zur Problematik der Quotenerhöhung, dass sich dann auch wahrscheinlich grundsätzlich die Struktur des Gymnasiums ändern würde. Man könne mit einer viel höheren Quote nicht mehr sicherstellen, dass die Abgänger prüfungsfrei an die Universitäten gehen könnten. Ob das wünschbar sei, wisse er nicht. Im Moment sei es weder der Wille der Gymnasien noch der Wille der Politik. Es sei nicht der Wille in der Schweiz. Man habe die duale Bildung, die Maturität und die Berufsbildung mit Berufsmaturität entwickelt, um eigentlich die Maturitätsquote allgemein in der Schweiz höher zu haben und trenne die verschiedenen Bildungstypen bis anhin ganz gut voneinander. Die Qualitäten des Gymnasiums gingen verloren, wenn man die Ausbildung zu breit mache, und die Persönlichkeitsreife, die Gesellschaftsreife verliere man vielleicht. Man müsse diese Ausbildungssystematik stärken und unterstützen und nicht auf den Kopf stellen. Die Quote der Maturanden sei für einen Rektor eines Gymnasiums nicht eine so wesentliche Sache, weil man keinen Einfluss darauf habe. Die KSGR habe einen politischen Einfluss und könne etwas unternehmen, aber auf der Stufe der Schule habe man keinen Einfluss. Die größere Sorge sei mehr, Jugendliche, die ins Gymnasium kämen, gut auszubilden, damit sie an die Universität gingen und dort Erfolg hätten.

Michael Schoenenberger ergänzt, dass bei einer Erhöhung der Quoten erwiesenermaßen die Qualität sinke, und das sei für ihn eigentlich das zentrale Argument in dieser Diskussion. Man müsse sich fragen, ob es denn wünschenswert sei, dass man eine breitere Masse von schlechteren Abiturienten habe, die wüssten, wo sie das Wissen finden müssten, aber kein Wissen mehr generieren könnten.

Hans Ambühl bemerkt dazu, ihm fiele auf, wie leidenschaftlich die Quote diskutiert würde über die Jahre, aber keiner wolle vermutlich eine Quotenbewirtschaftung. Zu der Zeit, als er das Gymnasium besucht habe, schlossen in seinem Kanton gerade einmal 3,5 Prozent der Schülerinnen und Schüler mit der Matura ab, heute seien es in seinem Heimatkanton etwa 20 Prozent. Also müsse man die Dinge ja auch nicht so darstellen, als würde sich in der Schweiz nichts entwickeln und der allgemeine oberflächliche bildungspolitische Diskurs, der sei immer eher der gegenteilige gewesen. Den Vorwurf zu erheben, die Schweizerische Bildungspolitik wolle alle in ein Gymnasium bringen, sei natürlich genauso falsch gewesen, wie jetzt zu sagen, man halte krampfhaft an einer Quote fest und verhindere das Bildungsglück der jungen Generation; so sei das nicht. An Walther Ch. Zimmerli gewandt fährt Hans Ambühl fort, dass seine drei Kinder sich alle für den Weg über die Berufsbildung entschieden hätten, ohne dass er spezifisch Einfluss genommen habe, und heute studierten sie alle an irgendeiner Hochschule. Das sei ein weiterer Beleg dafür, dass sich im Schweizer Bildungssystem auch eine Durchlässigkeit etabliert habe. Diese Entwicklung ließe sich im Ausland nicht feststellen. Das seien Faktoren, die ihm in unserem Schweizerischen Bildungssystem wichtig seien. Des Weiteren, so Hans Ambühl, habe man ein Fachkräfteproblem, das sich zwar auch und zum Teil markant im akademischen Bereich festmachen ließe, aber nicht nur im engeren Sinn im akademischen Bereich. Die guten Berufsleute würden ebenso fehlen. Man habe immer in der Schweiz ein bisschen über seine Verhältnisse gelebt.

Patrik Schellenbauer bekräftigt, dass Hans Ambühl natürlich Recht habe mit seiner Aussage, dass man in allen Bereichen einen Mangel an Fachkräften habe. Man erlebe seit sieben Jahren eine Zuwanderung, welche die Bevölkerung jedes Jahr im Durchschnitt um ein Prozent ansteigen ließe, und das habe natürlich einen Grund. Seine Antwort auf die Frage, ob die die Zahl der Schweizer Maturandinnen und Maturanden ausreichend sei, laute klar nein. Es fehlten überall in der Schweiz Fachleute, denn die Schweizer Ökonomie habe Platz für 15 oder 20 Millionen Leute, und das in einem Land für 8 Millionen. Das sei das Grundproblem der Schweiz, was viele bildungspolitische Debatten antreibe. Man tue in der Schweiz natürlich vieles dazu, diesen Mangel über das ganze Qualifikationsspektrum ständig noch zu befeuern, wenn man an die Standortpolitik der Kantone denke oder an die Steuerdebatten. Er denke nicht, dass man in der Schweiz über die Verhältnisse gelebt habe, denn das habe allen genützt, das sei der Grund, warum kaum Arbeitslosigkeit herrsche. Aber der Fachkräftemangel sei der Fluch des Erfolgs, wenn man so wolle. Dazu käme, dass es in einem so hoch globalisierten und so erfolgreichen Land wie der Schweiz eine Verschiebung der Qualifikationsnachfrage nach oben gebe. Es fehlten überproportional viele Hochqualifizierte und Fachkräfte im mittleren Segment und auch in den einfacheren, den persönlichen Dienstleistungen. Die Frage sei aber, wie lange ein Land diese überschichtende Zuwanderung soziologisch gesehen aushielte. Das sei die große Herausforderung, so Patrik Schellenbauer. Man könne nicht die Gymnasialquote verdoppeln, ohne dass dies das Gymnasium verändern würde. Es würden sich aber auch Tendenzen zeigen, welche die Maturaquote ein bisschen zurückdrängen könnten, denn dass die Nachfrage nach dieser erweiterten Allgemeinbildung stiege, sei offensichtlich, zum Beispiel zum Nutzen der „Paukerindustrie". Er habe eine Vision von möglichst verstetigten Zugangskriterien, die immer noch die Studierfähigkeit im Visier hätten. Führe dieses Bestreben dazu, dass man in zehn Jahren nicht mehr 20 Prozent, sondern 25 Prozent Maturanden und Maturandinnen habe, sei das kein Unglück, da es hier einen Spielraum gebe.

Gisela Meyer Stüssi fügt hinzu, aus gewerkschaftlicher Sicht könne man sagen: wenn man möglichst viele Gymnasiasten habe, gebe es auch viele Gymnasiallehrer und dann sei der Berufstand gefragt. Aber aus standespolitischer Sicht müsse man einwenden, an einer Eliteschule zu unterrichten, profiliere den Stand natürlich besser. In diesem Kontext möchte sie das Votum von Walther Ch. Zimmerli aufnehmen, das führe zum Thema Vorbereitung auf anspruchsvolle Berufslehren: die Wirtschaft möchte für anspruchsvolle Berufslehren Maturandinnen und Maturanden haben, weil diese etwas könnten, was die Schülerinnen und Schüler im dualen Bildungswesen nicht vermittelt bekämen. Der Punkt sei, dass es immens wichtig in diesem System sei, ob die Lehrkräfte eine integrative Funktion hätten. Somit sei es auch sehr wichtig, sich auf die Ausbildung und die Weiterbildung der Lehrkräfte zu konzentrieren.

Der Moderator *Franz Eberle* greift die Frage nach dem Übertritt an die Universitäten wieder auf und bezieht sich auf den Bericht von Walther Ch. Zimmerli, welcher die Zukunftsvision entworfen hat, dass die Universitäten ihre Studentinnen und Studenten selbst auswählen. Das sei natürlich eine völlige Systemänderung.

Walter Ch. Zimmerli bemerkt dazu, dass man zunächst zwischen notwendigen und hinreichenden Bedingungen unterscheiden müsse. Eine Matura habe etwas mit Allgemeinbildung zu tun und nichts mit spezifischer Qualifikation für einzelne Studiengänge. Es sei erforderlich, sich noch einmal die Frage zu stellen, ob eine allgemeine Hochschulzugangsberechtigung identisch mit einem Studienplatz in einem bestimmten Studiengang sei, und da denke er, könne man wieder das Beispiel Medizin nehmen. Dass man auf die spezifischen Kompetenzen der Studentinnen und Studenten achte, sei eine wichtige und richtige Sache, so würden viele Universitäten weltweit ein Auswahlverfahren anwenden.

Aldo Dalla Piazza erinnert daran, dass man am Morgen erfahren habe, dass die Gesamtnote an der Matura der bessere Prädiktor sei als die Eignungsprüfungen, womit eine Mischung der beiden eher anzustreben sei. Es stelle sich aber die Frage, ob es sich lohne, von den Ausbildungsinstitutionen Geld für die Auswahlverfahren abzuzweigen, ob man diesen Preis für eine kleine Änderung wirklich bezahlen wolle. Man habe das Auswahlverfahren für die Medizin einführen müssen, weil es zu wenig Kapazitäten gegeben habe, zu wenig Willen, mehr Kapazitäten zu finanzieren und zu viele Studierende. Aber in anderen Fächern brauche man das nicht unbedingt, und er glaube, man müsse die allgemeine Studierfähigkeit nicht als Individualmerkmal auffassen, denn das sei es eigentlich nicht. Im Gymnasium müssten oder dürften basale Kompetenzen nicht vernachlässigt werden. Es dürfe, so Aldo Dalla Piazza, keine Fokussierung auf gewisse Fächer und eine Vernachlässigung von anderen geben, weil man sonst den Schülerinnen und Schülern gewisse Studienrichtungen verwehren würde. In diesem Sinn arbeite das Gymnasium als System für die allgemeine Studierfähigkeit, aber nicht als Individualmerkmal.

Barbara Schneider-Taylor stellt klar, dass sie sich nicht gegen Eingangs- und Eignungsprüfungen grundsätzlich aussprechen möchte, aber sie sehe doch gewichtige Probleme. Wenn man zum Beispiel wie jetzt in Österreich und speziell in Wien darüber diskutiere, eine Eignungsprüfung für Lehrpersonen einzuführen, dann werfe das Probleme auf. Es stelle sich die Frage, wie man denn die Kompetenzen bestimmen wolle, die eine künftige Lehrperson aufweisen solle. Es sei letztlich eine Frage der Perspektive und diese Perspektive könne niemals nicht normativ sein. Das zweite sei: wie könne man von den jungen Menschen, die ein Studium aufnähmen, erwarten, dass sie das alles schon könnten, was sie an der Universität erst lernen wollten, das sei ein gewichtiges Problem. So würde man sich beispielsweise bei den Germanisten über mangelnde sprachliche Ausdrucksfähigkeit beklagen. Natürlich sei das ein Mangel und da müsse die Schule etwas daran ändern, aber die Studentinnen und Studenten sollten das auch im Studium erst erwerben. Vielleicht erwarte man auch einfach zu viel.

Franz Eberle erwidert darauf, dass Ziele natürlich immer normativ seien. Die ganze Institution des Gymnasiums sei letztlich auch normativ und da müsse man sich festlegen, es brauche einen Konsens, den man finden müsse.

Eine Diskussionsteilnehmerin, welche im Gebiet der Berufs- und Laufbahnberatung arbeitet, möchte den Fokus noch etwas anders setzen. In der Sekundarstufe I erwarte man ganz selbstverständlich, dass die Schülerinnen und Schüler die gesellschaftliche Fähigkeit hätten, einen Beruf zu wählen. Sie stelle fest, dass die Gesellschaft die Fähigkeit, sich eine Vorstellung über berufliches Leben in den Gymnasien zu machen, nicht mehr vorsehe. Sie sehe hier einen gewissen Zusammenhang zwischen einer zunehmenden Orientierungslosigkeit in dieser langen Phase von Allgemeinbildung während des Gymnasiums bis ans Ende des Studiums, die man irgendwie bearbeiten sollte. Insbesondere sollten sich hier auch die Gymnasiallehrpersonen Kompetenzen aneignen.

Hans Ambühl bedankt sich für diese Bemerkung und fährt fort, dass er glaube, es gebe zahlreiche Indikatoren dafür, dass man noch einen großen Nachholbedarf habe. Einer der Indikatoren für ihn sei auch die bis anhin nicht diskutierte Dropout-Rate an den Universitäten. Im Kontext der Bemühungen, das Potenzial größtmöglich auszuschöpfen, stelle sich die Frage, warum über 25 Prozent der Studentinnen und Studenten das universitäre Studium nicht abschlössen, was systemisch gesehen ein großer Mangel sei. Man müsse diese Diskussion nicht führen, denn offenbar würden alle diese Menschen vom Arbeitsmarkt absorbiert. Aber mit dem Argument könne man immer alles zudecken, so Hans Ambühl. Man habe über das akademische Potenzial und seine bestmögliche Ausschöpfung diskutiert. Da die Beratung und die Hinführung zur Studienwahl letztlich immer eine Berufswahl sein werde, in der einen oder anderen Form mindestens mittelbar, habe man auch eines der Teilprojekte bei den Nachfolgeprojekten zu EVAMAR II diesem Aspekt besonders gewidmet. Es stelle sich die Frage, ob man die jungen Menschen bei dem Vielen, was man ihnen zumute und zutraue, dann einfach so ziehen lassen könne.

Aldo Dalla Piazza erwähnt im Kontext der Frage der allgemeinen Studierfähigkeit zwei Facetten, die zu beachten sind. Zum einen solle die Ausbildung qualitativ hochstehend sein, zum anderen müsse die Allokationsfunktion der Schulen wahrgenommen werden. Das könne man natürlich nicht alleine machen, aber mit der Unterstützung der Laufbahn- und Berufsorientierung und in Zusammenarbeit mit den Hochschulen könne man dafür sorgen, dass man die Schülerinnen und Schüler während des Gymnasiums besser begleite. Aldo Dalla Piazza räumt ein, dass es durchaus Entwicklungspotenzial gebe, aber er würde nicht akzeptieren, dass man behaupte, im Moment geschehe an den Gymnasien diesbezüglich noch nichts. Es sei sehr viel entwickelt worden und es müsse weiter entwickelt werden, aber es sei schon eine ganz wichtige Verantwortung der Gymnasien, die sie auch wahrnehmen wollten. Man sei bis anhin nicht inaktiv gewesen. So gebe es bei der EDK zwei Teilprojekte, die sich mit dieser Fragestellung beschäftigten.

Eine Diskussionsteilnehmerin, welche an der kantonalen Maturitätsschule arbeitet, erwähnt, dass an ihrer Schule junge Leute mit der Berufsmaturität in einem zweijährigen Kurs zur Maturität geführt werden. Oft kämen diese Leute relativ ungehalten zu ihnen, weil sie nicht verstehen würden, dass sie zwei Jahre zusätzlich zur Berufsmaturität investieren müssten. So wie Hans Ambühl aufgetreten sei, habe er ganz apodiktisch gesagt, dass das Monopol des Gymnasiums der Hochschulzugang sei. Sie stünden aber von der Seite der Berufsbildung enorm unter Druck, die Berufsmaturität gleich zu behandeln wie die Maturität, und für sie als Maturitätsschule an der Schnittstelle zwischen Berufsbildung und Hochschule würde schlicht das alleinige Monopol des Gymnasiums das Aus bedeuten. Man habe durchaus etwas Angst um den eigenen Futtertrog.

Hans Ambühl erwidert darauf, dass er seine Aussage klar mit Bezug auf die universitäre Studierfähigkeit gemeint habe, sonst würde er die Berufsmatura als spezifische, auf einen bestimmten Fachhochschulstudiengang gezielte Studierfähigkeit diskreditieren, das wolle er in keiner Weise, weil genau da der entscheidende Unterschied läge. Bei der Totalrevision der Berufsmaturitätsverordnung sei zunächst eine Richtlinie vom Bundesrat in Vernehmlassung gegeben worden, die sehr eigenartig gewesen sei, da sie bei der Berufsmatura eine allgemeine Maturitätsfunktion stipuliert habe. Das sei ein riesiges Missverständnis gewesen, das sich offenbar im Bundesrat in letzter Minute ergeben habe, welches mit Nachdruck hätte korrigiert werden müssen. Man tue der Berufsmatura und den Fachhochschulen nichts Gutes, wenn man die Dinge verwische und Zweideutigkeiten zuließe. Man habe im Unterschied zu Deutschland ein Fachhochschulsystem aufgebaut, insbesondere in den klassischen Fachhochschuldomänen, die aus der Berufsbildung kämen, in welchen man die Berufsbildungsabsolvierenden zu einem berufsbefähigenden Bachelor führen wolle. Das gelänge auch, die Abgänger hätten eine hervorragende Absorption auf dem Markt. Diese Berufsmatura sei nicht zu trennen von der Berufsausbildung, welche diese jungen Menschen machten und das sei eine sehr spezifische Ausbildung. Hans Ambühl stellt klar, dass man für die allgemeine Studierfähigkeit und für die allgemeine gymnasiale Maturität einen ganz anderen Zugang bei der Allgemeinbildung öffnen muss, und das brauche Zeit.

Walter Ch. Zimmerli bemerkt zum Zusammenhang von Dropout-Quote und prädiktiver Kraft des Maturanotenschnitts, dass in allen Hochschulen, in denen spezifische Hochschulzugangstests gemacht würden, die Quote unter zwei Prozent liege. Das habe mit der prädiktiven Kraft nichts zu tun, welche ein Durchschnittswert sei. Zum Beispiel sei man bei den Zulassungstests für das Zahnarztstudium nicht daran interessiert, ob der Zahnarzt nobelpreisverdächtig sei. Es würde interessieren, ob er zwei linke Hände habe oder nicht, aber zwei rechte Hände alleine würden nicht reichen, wenn er es kognitiv nicht umsetzen könne. Solche spezifischen Tests hätten eine erheblich höhere prädiktive Kraft als andere.

Aldo Dalla Piazza bezieht sich in seiner Aussage auf Hans Ambühl, welcher im Kontext der Dropout-Quote darauf hinwies, dass 25 Prozent Maturandinnen und Maturanden an der Universität nie zu einem Diplom kämen. Man habe heute auch gehört, dass die Erfolgsstatistik für die Passerellen-Inhaber nicht bekannt sei. Bevor man die Frage angehe, ob die Berufsmaturitäten als Zugangsberechtigung für die Universität dienen könnten, müsse man die Erfolgsstatistik der Passerellen-Inhaber kennen.

Ein Diskussionsteilnehmer aus dem Publikum bringt ein, dass man den Aspekt der Sozialisierung in den verschiedenen Bildungsgängen wenig beleuchtet habe. In zwei großen Unternehmen, in denen er gearbeitet habe, habe es zwei bis drei Monate gedauert, bis die Trainees, die vor allem von der HSG gekommen seien, überhaupt sozialisiert worden seien. Auf der anderen Seite habe er mit vielen Nichtakademikern zusammen gearbeitet, und es sei nie gefragt worden, ob er Akademiker sei, sondern er habe ein Problem lösen müssen, um das Projekt zu gewinnen, und er habe oft das Gefühl gehabt, dass die Nichtakademiker sehr gut ausgerüstet seien. Man müsse die ganze Sache noch aus anderen Perspektiven betrachten als nur aus der Sicht der kognitiven Leistungsfähigkeit und der Quote der Akademiker.

Der Moderator *Franz Eberle* dankt allen Beteiligten für Ihre Teilnahme und aktive Mitgestaltung dieser Podiumsdiskussion.

Die Autorinnen und Autoren

Dorit Bosse, Dr., Professorin für Schulpädagogik mit dem Schwerpunkt Gymnasiale Oberstufe am Institut für Erziehungswissenschaft der Universität Kassel. Arbeits- und Forschungsschwerpunkte: Unterrichtsforschung und Schulentwicklung in der gymnasialen Oberstufe, Mediendidaktik, Lehrerbildung. Kontakt: bosse@uni-kassel.de.

Christel Brüggenbrock, Dr., ist Wissenschaftliche Mitarbeiterin am Institut für Erziehungswissenschaft der Universität Zürich. Arbeits- und Forschungsschwerpunkte sind: Qualität der gymnasialen Bildung (2013 erschien mit F. Eberle: „Bildung am Gymnasium", Bern: EDK, http://www.edk.ch/dyn/26338.php), Wissenschaftspropädeutik, Übergang vom Gymnasium an die Hochschule. Kontakt: christel.brueggenbrock@ife.uzh.ch.

Lucien Criblez, Prof. Dr. phil.; Studium der Pädagogik, Psychologie, Geschichte und Germanistik an der Universität Bern; in Heimerziehung, Jugendarbeit, Lehrerbildung und in der Bildungsverwaltung tätig; Assistent und wissenschaftlicher Mitarbeiter an den Universitäten Bern und Zürich; 2003-2007 Professor für Pädagogik und Leiter des Instituts Forschung und Entwicklung der Pädagogischen Hochschule der FHNW; seit 2008 Professor für Pädagogik an der Universität Zürich. Forschungsschwerpunkte: Bildungsgeschichte, Bildungspolitikanalysen, Schultheorie und Lehrerbildung. Kontakt: lcriblez@ife.uzh.ch.

Franz Eberle, Dr., Ordentlicher Professor für Gymnasialpädagogik an der Universität Zürich. Arbeits- und Forschungsschwerpunkte: Gymnasium als Schultyp, Bildungsprogramm und -standards am Gymnasium, Schnittstellenpassung Gymnasium–Universität, Kompetenzen und Kompetenzmessung auf der Sekundarstufe II, Allgemeine Didaktik und Fachdidaktik Wirtschaft und Recht. Kontakt: feberle@ife.uzh.ch.

Bernd Hackl, Professor für Schulpädagogik an der Universität Graz. Arbeitsschwerpunkte: Rekonstruktionslogische Forschung über Schuldidaktik, Körperkommunikation im Unterricht, pädagogische Architektur. Publikationen: „Systemisch denken – pädagogisch handeln? Reichweite, Paradoxien und Selbstmissverständnisse eines populären Idioms" (2000), „Bildungspolitische Aufklärung. Um- und Irrwege der österreichischen Schulreform" (Hrsg. m. H. Pechar, 2007), „Sinnliche Bildung? Pädagogische Prozesse zwischen vorprädikativer Situierung und reflexivem Anspruch" (Hrsg. m. R. Egger, 2010).

Birgit Hartog-Keisker, Dr., ist als Wissenschaftliche Mitarbeiterin in verschiedenen Projekten des Lehrstuhls von Prof. Dr. Franz Eberle am Institut für Erziehungswissenschaft der Universität Zürich tätig. Kontakt: birgit.keisker@ife.uzh.ch.

Sarah Heinzer, Dr. des., ist wissenschaftliche Mitarbeiterin am Lehrstuhl für Erziehungswissenschaft bei Professor Eberle. Sie hat an der Universität Fribourg Allgemeine Pädagogik und Pädagogische Psychologie studiert und ebenfalls darin doktoriert. Zudem ist sie ausgebildete Gymnasiallehrerin für die Fächer Pädagogik/Psychologie und Philosophie. Zu ihren Forschungsinteressen gehören: berufliche Bildung, professionelle Handlungskompetenzen, moralische Entwicklung und professionelles Berufsethos sowie Identitätskonzepte.

Esther Kaufmann, Dr., ist Wissenschaftliche Mitarbeiterin bei Prof. F. Eberle (Universität Zürich) im Projekt Modellierung und Messung wirtschaftsbürgerlicher Kompetenz, welches in Zusammenarbeit mit der Universität Konstanz (Prof. S. Schumann) durchgeführt wird. 2009 beendete sie ihre Dissertation zur Urteilsgenauigkeiten in unterschiedlichen Anwendungskontexten („Flesh on the bones: A critical meta-analytic perspective of achievement lens studies", Universität Mannheim Prof. W. W. Wittmann). Ihre Forschungsinteressen sind: Online-Assessments,

Urteilsgenauigkeiten bei Lehrpersonen, PISA (mathematische Kompetenz), Psychometrische Meta-Analysen.

Michaela Kirsch ist seit Juli 2011 als Universitätsassistentin bei Frau Prof. Dr. Barbara Schneider-Taylor (Lehrstuhl: Schulpädagogik) am Zentrum für LehrerInnenbildung der Universität Wien beschäftigt. 2010 hat sie ihre Ausbildung zur Gymnasiallehrerin abgeschlossen und arbeitet seitdem an ihrer Dissertation zu dem Thema: „Reine Fiktion? Jean-Jacques Rousseaus Konzeption von Weiblichkeit und Mädchenerziehung vor dem Hintergrund konkreter Frauen des 18. Jahrhunderts." Kontakt: michaela.kirsch@univie.ac.at

Marko Neumann, Dr., ist wissenschaftlicher Mitarbeiter in der Abteilung Struktur und Steuerung des Bildungswesens am Deutschen Institut für Internationale Pädagogische Forschung (DIPF) in Berlin. Zu seinen Forschungsschwerpunkten zählen die Untersuchung von Reformprozessen im Bildungswesen, der Einfluss institutioneller Lernumwelten auf die Entwicklung schulischer Leistungen und Bildungsverläufe sowie generelle Fragen rund um die gymnasiale Oberstufe und das Abitur. Kontakt: marko.neumann@dipf.de.

Maren Oepke, Dr., ist Wissenschaftliche Mitarbeiterin am Institut für Erziehungswissenschaft der Universität Zürich. Ihre Forschungsschwerpunkte sind: Studierfähigkeit und Übergang vom Gymnasium an die Hochschulen, Bedingungen von Studienerfolg, berufliche Bildungsprozesse. Kontakt: maren.oepke@ife.uzh.ch.

Philipp Sarasin, Ordinarius für Geschichte der Neuzeit und Schweizer Geschichte am Historischen Seminar der Universität Zürich, Forschungsstelle für Sozial- und Wirtschaftsgeschichte. Forschungsschwerpunkte: Geschichte des Wissens, Theorie der Geschichtswissenschaft, Geschichte des Kalten Krieges, Stadtgeschichte, Körper- und Sexualitätsgeschichte. Kontakt: psarasin@hist.uzh.ch.

Stephan Schumann, Univ.-Prof. Dr., seit 2013 Professor für Wirtschaftspädagogik im Fachbereich Wirtschaftswissenschaften an der Universität Konstanz. Arbeitsschwerpunkte: Erfassung und Förderung ökonomischer Kompetenzen, Unterrichtsforschung, Wirksamkeit von Schule und Unterricht, Übergänge Jugendlicher von der Schule in Ausbildung und Beruf.

Günter Trost, Prof. Dr., Diplom-Psychologe. Honorarprofessor der Universität Heidelberg. Mitbegründer und Gesellschafter der ITB Consulting GmbH in Bonn, 1992-2007 deren Geschäftsführer. 1975-1997 Direktor des Instituts für Test- und Begabungsforschung der Studienstiftung des deutschen Volkes. Arbeitsschwerpunkte: Entwicklung, Anwendung und Evaluation diagnostischer Verfahren im Bildungsbereich und in der Wirtschaft. Beratung und Unterstützung von Unternehmen und Behörden bei Personalauswahl und Personalentwicklung. Lehrtätigkeit und mehr als 80 Veröffentlichungen zu Themen der Psychologischen Eignungsdiagnostik und der Begabungsforschung.

Made in the USA
Las Vegas, NV
11 November 2024

11554398R00157